AF452746

ALGÉRIE

Département de Constantine

VILLE DE BONE

RECUEIL

des

ARRÊTES MUNICIPAUX

publié

PAR LES SOINS DE LA MUNICIPALITÉ

et dressé

Par H. CAUSSIN

SECRÉTAIRE GÉNÉRAL DE LA MAIRIE

Bône. — Imp. du *Courrier de Bône* (Ph. Puccini, propr.)
place d'Armes & rue Vieille-Saint-Augustin

1895

RECUEIL
des
ARRÊTES MUNICIPAUX
publié

PAR LES SOINS DE LA MUNICIPALITÉ
et dressé
Par H. CAUSSIN
SECRÉTAIRE GÉNÉRAL DE LA MAIRIE

Bône. — Imp. du *Courrier de Bône* (Ph. Puccini, propr.)
place d'Armes & rue Vieille-Saint-Augustin

1895

TABLEAU

des

MEMBRES DU CONSEIL MUNICIPAL

en exercice au 1er janvier 1895

1 MM. BERTAGNA (JÉRÔME), négociant, Chevalier de la Légion d'honneur, Officier d'Académie, maire.

2 MARCHIS (FERDINAND), avocat-défenseur, Chevalier de la Légion d'honneur, 1er adjoint.

3 LEGENDRE (LÉONOR), libraire, 2e adjoint.

4 FERRY (HENRI), représentant de commerce, conseiller.

5 SASS (LAURENT), pelletier, conseiller.

6 DAUBÈZE (LOUIS), carrossier, conseiller.

7 BAILLY (VICTOR), horloger-bijoutier, conseiller.

8 DE CERNER (PHILIPPE), directeur du Mokta-el-Hadid, Chevalier de la Légion d'honneur, conseiller.

9 DANTON (JEAN-BAPTISTE), entrepreneur, Chevalier du Mérite Agricole, conseiller.

10 LANGLOIS (HENRI), propriétaire, conseiller.

11 QUEREILHAC (JULES), avocat-défenseur, conseiller.

12 PAPIER (AUGUSTE), propriétaire, Chevalier de la Légion d'honneur, Officier de l'Instruction publique, conseiller.

13 GARBE (ANTOINE), courtier maritime, conseiller.

14 BRUNET (PIERRE), propriétaire, conseiller.

15 CHAIX (EMILE), propriétaire, Chevalier de la Légion d'honneur, Officier d'Académie, conseiller.

16 MAUNIER (ANTOINE), entrepreneur de peinture, conseiller.

17 MAGLIULO (JEAN), architecte, conseiller.

18 CHAUBRON (JULES), propriétaire, conseiller.

19 PÉTROLACCI-STÉPHANOPOLI (FÉLIX), docteur en médecine, conseiller.

20 GIUILY (DAVID), banquier, conseiller.

21 MM. RAISON (Pierre), propriétaire, conseiller.
22 DEVRIÈS (Théodore), banquier, conseiller.
23 VERNIN (Louis), imprimeur, Officier d'Académie, conseiller.
24 HANUS (Achille), propriétaire, conseiller.
25 VEIL (Achille), négociant, conseiller.
26 N., conseiller.
27 N., conseiller.
28 MOHAMED TAHAR BOU MAIZA, propriétaire, Officier
   de la Légion d'honneur, adjoint indigène.
29 MUSTAPHA BEN MOHAMED CHAOUCH, propriétaire,
   conseiller.
30 MUSTAPHA BEN OZEN AHMED, propriétaire, conseiller.
31 MOHAMED KARAT, propriétaire, conseiller.
32 HADJ SALAH GUECH, propriétaire, conseiller.
33 AMOR BEN MOHAMED, propriétaire, conseiller.

RECUEIL

DES

ARRÊTÉS MUNICIPAUX DE LA VILLE DE BONE

❦

TITRE PREMIER

Police des marchés, de l'abattoir, du poids public et de la voie publique.

CHAPITRE PREMIER

DISPOSITIONS GÉNÉRALES

Arrêté réglementaire du 17 décembre 1852

Nous, Maire de la ville de Bône, chevalier de la Légion d'honneur,

Vu les plaintes réitérées qui nous ont été adressées au sujet de l'accaparement exercé par les revendeurs sur les marchés publics et des ventes illicites qui ont lieu sur les routes, en dehors desdits marchés,

Considérant qu'indépendamment de la hausse des prix qui en résulte pour le consommateur, il arrive que certaines denrées achetées clandestinement pour être livrées directement aux aubergistes et restaurateurs ont cessé de paraître sur les marchés,

Considérant qu'il importe de fixer d'une manière précise les emplacements des divers marchés de la ville de Bône et de déterminer les mesures de police et de surveillance qui devront être employées pour y maintenir le bon ordre et prévenir les abus,

Vu l'article 3, titre XI, de la loi du 16-24 août 1790, l'article 46, titre I, de la loi du 19-22 juillet 1791, l'article 5 de l'arrêté du 7 brumaire an 9, les arrêtés de M. le Gouverneur général des 8 juillet 1840, 16 et 28 juillet 1842 et 1er avril 1843, l'article 30 de l'ordonnance royale du 28 septembre 1847, les articles 471, 474, 475, 476, 477, 478, 479 du Code pénal,

Avons arrêté et arrêtons ce qui suit :

ARTICLE PREMIER. — . . . .

ART. 2. — . . . .

ART. 3. — . . . . — .

Ordre intérieur

ART. 4. — Les contestations qui pourraient s'élever au sujet des places ou de la perception des droits seront jugées sur les lieux soit par le contrôleur des revenus municipaux, soit par les inspecteurs ou agents de police de service, sauf recours devant l'autorité compétente.

ART. 5. — Les vendeurs ne pourront laisser stationner sur la voie publique les bêtes de somme, voitures ou brouettes qui auront servi au transport des denrées pour l'approvisionnement des marchés. Ils devront, aussitôt après le déchargement, les conduire soit à la fourrière publique, soit dans tout autre lieu de stationnement de leur choix.

ART. 6. — Aucune échoppe, baraque ou gourbi, aucun auvent, aucun étalage mobile ou fixe, tels que montre, table ou banc, aucun café ou débit en plein air ne pourra être établi sur le bord des routes, sur les places et marchés, ni dans les rues et carrefours de la ville, à moins d'une autorisation expresse délivrée par le Maire, visée à la police, et du paiement des droits journaliers. Cette permission sera représentée à toute réquisition de l'autorité et des surveillants des marchés.

Des revendeurs et de l'accaparement des denrées

ART. 7. — Il est expressément défendu aux revendeurs de séjourner, de circuler, de paraître même sur les marchés, d'y acheter aucun objet, soit par eux-mêmes, soit par des personnes interposées avant huit heures du matin en été, du 1er avril au 30 septembre, et neuf heures en hiver, du 1er octobre au 31 mars.

Ils ne pourront y demeurer que jusqu'à deux heures de l'après-midi en toute saison.

Il est également défendu aux aubergistes et restaurateurs, aux fournisseurs, à quelque titre que ce soit, ou à leurs délégués, de se présenter sur les marchés avant sept heures du matin en toute saison.

ART. 8. — Les habitants de la ville et autres individus du dehors qui achètent des denrées pour les transporter dans les centres environnants, les pourvoyeurs des bâtiments de l'Etat et du commerce sont assimilés aux revendeurs.

ART. 9. — Il est interdit en outre à tout revendeur, à tout aubergiste, à tout fournisseur et à leurs représentants aussi bien qu'aux particuliers de se transporter sur les routes et chemins pour y attendre le passage des Arabes et leur acheter des bestiaux, des denrées ou des marchandises quelconques avant leur arrivée sur les marchés et l'acquittement des droits de place. Ce fait, qui constitue l'accaparement et qui frustre la commune d'un de ses principaux revenus, sera désormais l'objet d'une répression sévère et, le cas échéant, procès-verbal collectif de contravention sera dressé contre le vendeur et l'acheteur qui demeureront tous les deux passibles des mêmes peines et seront poursuivis conformément à l'article 471 § 15 du Code pénal.

Les denrées et objets trafiqués seront en outre saisis sans rémission et vendus au profit de la caisse communale.

ART. 10. — Quiconque voudra exercer la profession de revendeur sera tenu d'en faire la déclaration à la police et de consigner ses nom, prénoms et demeure sur un registre *ad hoc*.

ART. 11. — Nul ne sera admis à vendre ses produits ni à exposer des animaux en vente que sur les emplacements affectés à chaque genre de marché.

ART. 12. — Les articles de consommation, les grains, les comestibles et les combustibles, toutes marchandises en général, ne pourront être introduites en ville pour y être vendues ou livrées qu'autant qu'elles auront été préalablement exposées sur les marchés publics. A cet effet, les revendeurs ambulants qui voudraient trafiquer en ville seront obligés de s'adresser à la police qui leur délivrera, s'il y a lieu, une permission spéciale pour le débit de leurs denrées; cette formalité sera remplie chaque jour, le matin et le soir. En aucun cas, il ne leur sera permis de stationner sur la voie publique. L'infraction aux dispositions qui précèdent sera punie de la saisie des objets mis en vente, sans préjudice des poursuites de droit.

ART. 13. — Les denrées exposées en vente seront, sous le rapport de la salubrité, l'objet d'un examen journalier de la part de la police, conformément au § 4 de l'article 20 de notre arrêté du 1er janvier 1849.

Des portefaix

ART. 14. — Les portefaix ou porteurs, quel que soit leur âge, devront être munis de la plaque et du livret prescrits par l'arrêté du Gouverneur général en date du 19 février 1843.

DISPOSITIONS PARTICULIÈRES

Marché aux grains

ART. 15. — Le marché aux céréales est ouvert au public, savoir :

Du 1er mai au 31 août, de cinq à dix heures du matin et de deux à cinq heures du soir.

Du 1er septembre au 31 octobre, de six à dix heures du matin et de une à cinq heures du soir.

Du 1er novembre au 28 février, de sept à dix heures du matin et de midi à cinq heures du soir.

Du 1er mars au 31 avril, de six à dix heures du matin et de une à cinq heures du soir.

Les Arabes vendeurs y sont admis à toute heure du jour et de la nuit.

ART. 16. — L'entrée en est sévèrement interdite aux revendeurs ambulants; elle l'est également aux porteurs d'eau et débitants quelconques qui ne seraient pas munis d'une autorisation personnelle pour pouvoir y pénétrer. Les portefaix et conducteurs de bêtes de somme n'y seront admis que sur la réquisition des acheteurs et pour l'enlèvement immédiat des marchandises.

ART. 17. — L'enlèvement s'effectuera de la manière suivante :

Le matin, un quart d'heure avant la fermeture du marché et, le soir, à quatre heures, un coup de cloche avertira le public d'avoir à faire enlever les marchandises. Après ce signal, il ne sera plus mesuré de grains. L'enlèvement qui n'aura pu s'achever dans la journée pourra avoir lieu le lendemain matin pendant la première heure qui suivra l'ouverture.

ART. 18. — Il est défendu, sous quelque prétexte que ce soit, d'attacher des bêtes de somme aux palissades du marché, ni de les laisser stationner dans l'intérieur, ainsi qu'il est dit à l'article 5.

ART. 19. — Aucuns grains ne pourront être achetés sous peine de confiscation, autre part que sur le marché aux céréales. Sont exceptés de cette prohibition les achats directs faits par l'administration de la guerre ou par l'administration civile à titre d'encouragement aux colons ou pour l'approvisionnement des armées de terre et de mer par voie d'adjudication.

ART. 20. — Le mode de mesurage au moyen de chevalets poinçonnés, prescrit par notre arrêté du 1er avril 1851, est rendu facultatif pour le vendeur comme pour l'acheteur. Cependant, en cas de contestation et à toute réquisition des intéressés, les mesureurs seront tenus d'opérer la vérification à l'aide de ces derniers instruments. Il n'est apporté aucune autre modification aux dispositions de notre arrêté précité concernant les ventes en bloc et sans mesurage, les reventes, la conservation des grains dans les sacs et l'imposition du double droit pour les grains qui séjourneraient sur place plus de trois jours.

ART. 21. — Le surveillant, préposé à la garde du marché, devra veiller assidûment pendant la nuit et les heures d'absence des employés à ce qu'aucune marchandise ne sorte clandestinement du marché, à ce que des personnes, autres que les vendeurs ne cherchent à s'y introduire, à ce qu'aucun détournement, aucune soustraction n'aient lieu à travers les palissades.

Marché aux chevaux et marché aux bestiaux

ART. 22. — Le marché aux chevaux, ouvert à cinq heures du matin en été et à la pointe du jour en hiver, est fermé à midi. Passé cette heure aucune bête ne devra plus séjourner sur place.

ART. 23. — Il est défendu d'amener sur les marchés et d'exposer en vente des animaux atteints de maladie contagieuse; ceux qui seraient reconnus malades seront mis en fourrière à part et pourront être abattus s'il y a nécessité d'après la déclaration du vétérinaire sans préjudice du procès-verbal auquel cette contravention pourra donner lieu. Dans tous les cas, les frais de fourrière et de visite seront supportés par le propriétaire.

ART. 24. — Les chevaux seront constamment tenus en bride ou attachés à des poteaux sous la surveillance d'un gardien. Ils seront conduits à la main et ne pourront être essayés que sur le terrain qui leur est affecté en dehors de la chaussée.

ART. 25. — Chaque tête de bétail vendue sera soumise au droit de stationnement prescrit par l'arrêté du Gouverneur général du 8 juillet 1840 conformément à la délibération du Conseil municipal en date du 9 août 1852.

ART. de 26 à 38. — . . . .

ART. 39. — Toute contravention aux dispositions qui précèdent et aux arrêtés précités sera constatée par un procès-verbal de la police, de la gendarmerie et des gardes-champêtres.

ART. 40. — Toute saisie opérée par suite d'une contravention sera également l'objet d'un procès-verbal dont copie sera remise, tant au Maire qu'au receveur municipal chargé d'en effectuer la vente aux enchères sur l'un des marchés. Il dressera à son tour un procès-verbal de cette opération, en ayant soin d'inscrire les nom, prénoms, profession et domicile de l'acheteur, le prix de chaque objet ou de chaque lot adjugé. Le produit de la vente sera versé ensuite à la caisse municipale pour être attribué à l'art. 10 des recettes ordinaires du budget de la commune (*produit des saisies opérées pour contravention aux règlements de police*).

ART. 41. — Le commissaire de police, la gendarmerie, les gardes-champêtres, le receveur municipal, le contrôleur des revenus municipaux, les receveurs et employés des marchés et de l'abattoir sont chargés, chacun en ce qui le concerne, de l'exécution du présent arrêté.

Fait à Bône, le 17 décembre 1852.

Le Maire,
LACOMBE.

Vu et approuvé :
Constantine, le 3 janvier 1853.

Le Préfet,
DE CHAPELAIN.

CHAPITRE II

MARCHÉ AUX LÉGUMES

Arrêté du 4 avril 1878.

Vu la loi du 24 mai 1790, l'arrêté du 7 frimaire an IX, les articles 471 et 474 du Code pénal et les ordonnances et décrets sur l'organisation municipale en Algérie;

Vu la délibération du 29 mars 1878, approuvée par M. le Préfet le 12 avril 1878, aux termes de laquelle le Conseil municipal a fixé le tarif des droits à percevoir sur le nouveau marché couvert édifié place de Strasbourg,

ARRÊTE :

ARTICLE PREMIER. — Le marché installé provisoirement, suivant arrêté préfectoral du 3 janvier 1853, sera transféré, à partir du 1er mai 1878, dans la halle construite à cette destination, place de Strasbourg.

L'ouverture et la fermeture seront annoncées au son d'une cloche.

ART. 2. — Le marché sera ouvert tous les jours : du 1er avril au 30 septembre, de trois heures du matin à six heures du soir, et du 1er octobre au 31 mars, de quatre heures du matin à cinq heures du soir.

Toutefois, les opérations d'achats et de ventes seront interrompues de onze heures du matin à une heure de l'après-midi, pour le balayage et le nettoiement.

ART. 3. — Les places auront chacune trois mètres cinquante-quatre centimètres de superficie.

Suivant les besoins des marchands et sur leur demande, ces superficies pourront être augmentées par la suppression d'un ou deux panneaux séparatifs.

ART. 4. — . . . .

ART. 5. — Un emplacement annexe, situé aux alentours de la

halle, sera affecté, jusqu'à nouvel ordre, à la vente des marchandises en gros qui y seront admises et de certaines autres denrées ou marchandises encombrantes qui ne sauraient trouver place dans le marché couvert.

Le droit de perception sur cet emplacement est fixé, comme sur les autres marchés non couverts, à 0,10 centimes par mètre occupé.

La vente en gros sera interdite après six heures du matin, pendant l'été, et après sept heures du matin, pendant l'hiver.

ART. 6. — Un collecteur-gardien sera attaché exclusivement à l'établissement, afin de percevoir les droits et veiller à la bonne tenue du marché.

ART. 7. — En échange de la somme payée pour droit de place, le collecteur remettra à l'occupant des bulletins de la même valeur, que ce dernier devra conserver pendant vingt-quatre heures afin de les représenter au besoin à qui de droit sous peine d'être exposé à payer les droits une seconde fois.

ART. 8. — Un tirage au sort déterminera annuellement le rang de chaque détaillant, d'après la liste ouverte au bureau du contrôle des marchés, pour l'inscription des demandes et dans la limite du nombre de places disponibles.

Le premier tirage au sort aura lieu aussitôt après la publication du présent règlement.

Le tirage au sort se fera dans l'ordre suivant :

1· Maraîchers et producteurs (légumes, fruits et fleurs);

2· Revendeurs de légumes, fruits et fleurs;

3· Marchands de volailles, œufs, gibier et laitage ;

4· Bouchers, charcutiers, tripiers ;

5· Boulangers et autres marchands.

Le paiement des droits sera exigé du titulaire journellement, pour toute la durée de la location, qu'il soit présent ou absent, sans qu'il puisse disposer en faveur d'un tiers de la place qui lui est échue, l'administration se réservant le droit de la céder temporairement au cas où il ne viendrait pas l'occuper avant sept heures du matin en été et huit heures en hiver.

Ceux qui ne participeront pas au tirage au sort ne pourront occuper que les places que leur indiquera l'administration, soit dans la halle, soit sur les autres marchés.

Les places devenues vacantes, pour quelque cause que ce soit, seront ensuite réparties mensuellement par la voie du sort, entre les ayants-droit.

Art. 9. — Chaque marchand apposera à l'endroit le plus apparent de sa place, une plaque ou écriteau d'un modèle uniforme, indiquant son nom.

Art. 10. — L'emploi du feu ou de toutes matières dangereuses, tant au point de vue de la sécurité que de la salubrité, ou encore incompatibles avec la propreté et la bonne tenue de l'établissement, est interdit.

Art. 11. — Il est expressément défendu aux locataires de boutiques ouvertes ou fermées, de changer quoi que ce soit à la disposition intérieure ou extérieure desdites boutiques, sous peine d'avoir à payer les travaux de réparation nécessaires pour la remise des lieux en l'état primitif.

Toutes modifications ou appropriations à l'usage des locataires qui pourraient être reconnues utiles devront être préalablement autorisées par l'administration. Les dégradations commises et la remise des lieux en l'état primitif incomberont toujours aux locataires.

Les panneaux ou cloisons de séparation des places ne pourront être placés ou déplacés que par les agents de l'administration municipale.

Art. 12. — Les marchands se renfermeront strictement dans les limites de leurs places et auront le soin de n'embarrasser en aucune façon les passages et toutes parties du marché réservées pour la circulation.

Ils se conformeront à tout ce qui leur sera prescrit pour l'alignement, l'élévation de leur étalage et la tenue des places en général.

Art. 13. — Les places et leurs abords devront être constamment en parfait état de propreté. Aucuns résidus ou autres matières ne pourront être jetés sur les chemins. Ils seront conservés par les marchands dans un coin de l'emplacement occupé par eux, jusqu'au moment où ces immondices seront enlevés par l'entreprise du nettoiement de la ville, à l'heure fixée pour le balayage.

On ne pourra plumer du gibier ou des volailles que dans des seaux, paniers ou corbeilles.

Art. 14. — Les marchands des boutiques ouvertes qui n'auront acquitté les droits de place que pour le marché du matin devront avoir emporté leurs denrées et vidé les lieux à onze heures au plus tard. Ceux qui auront payé la journée entière se retireront à l'heure de la fermeture.

Art. 15. — Il est expressément défendu de vendre, acheter ou colporter aucune marchandise dans les chemins ou passages du marché, comme aussi aux abords sur la voie publique.

Art. 16. — Il est interdit de laver quoi que ce soit aux fontaines publiques et dans l'intérieur de la halle.

Art. 17. — Il est défendu de vendre ou d'exposer en vente des marchandises falsifiées, corrompues ou nuisibles.

Toute tromperie envers le public, soit sur le prix, soit sur le poids, soit sur la quantité ou la qualité de la marchandise, sera poursuivie et punie conformément à la loi.

Art. 18. — Les voitures et bêtes de somme des jardiniers et autres approvisionneurs du marché devront être retirées des abords immédiatement après leur déchargement ou chargement, et ne pourront stationner sur d'autres points de la voie publique.

Art. 19. — Il est interdit aux revendeurs et tous autres marchands de se transporter sur les routes et voies publiques, pour y attendre les producteurs et acheter ou marchander les denrées avant leur arrivée sur le marché.

Art. 20. — Les portefaix et commissionnaires admis à exercer leur industrie dans le marché couvert devront toujours être munis de la plaque délivrée par le service de la police et prescrite par l'arrêté municipal en date du 17 juin 1852.

Les portefaix et commissionnaires stationneront en dehors du marché et ils attendront pour prêter leur office qu'ils en soient requis par les marchands ou les consommateurs.

Art. 21. — Les marchands forains et colporteurs devront, à toute réquisition des agents chargés de la police et de la surveillance de la halle, justifier qu'ils ont acquitté les impôts communaux et l'impôt des patentes de l'année courante.

Art. 22. — . . . .

Art. 23. — Le contrôleur en chef des marchés et le commissaire, chef de la police, sont chargés, chacun en ce qui le concerne, de l'exécution du présent arrêté.

Bône, le 4 avril 1878.

Le Maire,

P. DUBOURG

Vu et approuvé :

Constantine, le 12 avril 1878.

Le Préfet,

D'ORGEVAL.

Arrêté du 27 septembre 1890

Nous, Maire de la ville de Bône, chevalier de la Légion d'honneur,

Vu la loi du 5 avril 1884,

Vu les arrêtés municipaux des 4 avril 1878 et 18 décembre 1882, portant fixation des droits de place à percevoir au marché aux légumes,

Vu l'arrêté du 20 décembre 1888, autorisant la location aux enchères publiques de diverses boutiques dudit marché sur la mise à prix fixée par le cahier des charges approuvé par délibération du Conseil municipal en date du 12 décembre 1888.

Attendu que la substitution de la location aux enchères publiques de certaines boutiques du marché aux légumes à l'ancien système de location par voie de tirage au sort n'a pas produit les effets que l'on attendait ; que le nouveau mode de location a, au contraire, eu pour résultat de faire baisser les recettes de ce marché,

Vu la délibération du Conseil municipal en date du 30 août dernier décidant qu'il y a lieu de revenir à l'ancien mode de location des boutiques du marché aux légumes, mais en en augmentant le prix qui n'est plus en rapport avec l'importance qu'a acquise cet établissement.

ARRÊTONS :

ARTICLE PREMIER. — L'article 4 de notre arrêté du 4 avril 1878 est abrogé et remplacé par l'article suivant :

ART. 4 NOUVEAU. — Le prix de location des places sera payé chaque jour et d'avance entre les mains du receveur du marché aux légumes d'après le tarif suivant :

Boutiques formant pourtour intérieur du marché et comprenant les nᵒˢ 1 à 64 :

Par jour : deux francs l'une

Boutiques de l'allée centrale comprenant les nᵒˢ 71 et 72, 85 et 86, 99 et 100, 113 et 114, 127 et 128, 141 et 142, 155 et 156, 169 et 170, 183 et 184, 197 et 198 :

Par jour : deux francs l'une.

Boutiques de la grande allée latérale comprenant les n°° 129 à 140, côté des bouchers :

Par jour : deux francs l'une

Boutiques de la grande allée latérale comprenant les n°° 121 à 126 et 143 à 148 :

Par jour : un franc cinquante centimes l'une

Boutiques des petites rues comprenant les n°° 65 à 70, 73 à 84, 87 à 98, 101 à 112, 115 à 120, 149 à 154, 157 à 168, 171 à 182, 185 à 196 et 199 à 204 :

Par jour : un franc l'une

ART. 2. — Cette modification recevra son effet à partir du 1er janvier 1891.

ART. 3. — Les arrêtés municipaux des 18 décembre 1882 et 20 décembre 1888 sont et demeurent rapportés.

ART. 4. — Le droit de gardiennage fixé à 20 centimes par l'art. 22 de l'arrêté municipal du 4 avril 1878 est supprimé.

ART. 5. — Le receveur municipal, l'inspecteur des produits communaux et le commissaire de police, chef de service, sont chargés, chacun en ce qui le concerne, de l'exécution du présent arrêté.

Bône, le 27 septembre 1890.

Le Maire,

J. BERTAGNA.

Vu et approuvé :
Pour le Préfet,
Le Secrétaire général,

ESMÉNARD.

CHAPITRE III

MARCHÉ AUX POISSONS

Arrêté du 31 août 1884

Nous, Maire de la ville de Bône, chevalier de la Légion d'honneur,

Vu la loi du 5 avril 1884 sur l'organisation municipale ;

Vu nos arrêtés des 14 mars 1877 et 7 juin 1883 ;

Vu la délibération du Conseil municipal de la commune de Bône, en date du 23 août, modifiant le tarif des droits à percevoir au marché aux poissons;

Considérant qu'il y a lieu de mettre les arrêtés sus-visés en harmonie avec les nouveaux tarifs adoptés par le Conseil,

ARRÊTONS :

ARTICLE PREMIER. — Tout le poisson entrant dans la ville ou sur le territoire de la commune de Bône sera transporté dans l'intérieur de la poissonnerie et vendu à la criée, par le ministère d'un agent de la commune et par corbeille dont le poids ne devra pas dépasser treize kilogr., corbeille comprise.

ART. 2. — Le vendeur, quel qu'il soit, paiera le droit de stationnement suivant :

» *15 par corbeille, pour le poisson de première catégorie.*

» *05 pour le poisson de deuxième catégorie.*

2 50 les 100 kilogr. pour le thon et autres gros poissons.

L'acheteur, quel qu'il soit, paiera un droit de 7 % sur le prix d'achat pour les poissons de première et de deuxième catégorie, et 10 % sur le prix d'achat pour le thon et autres gros poissons.

La première catégorie comprend les poissons suivants :

Crevettes, soles, langoustes, rougets, rascasses et autres poissons de rochers, pageots, brochets, aiguilles, mérans, aurades, daurades, étoiles, merlans, loups, serres, ombrines, sarres, bonites, maquereaux, saints-pierres, galinettes, arai-

gnées, bandreuils, thons, turbots, saurels, congres, murènes.
anguilles, pommards, poissons limons, pilotes, etc.

La deuxième catégorie comprend :

Mulets, sardines, allaches, sarragues, tortues, barbeaux,
seiches et encornés, aloses, sarpes, cigales, goujons, chevrettes,
clanches, capellans, marbrés, coquillages, oursins, chiens de
mer, requins et similaires, oblades, poulpes.

ART. 3. — Le prix de vente résultant de l'adjudication sera
payé immédiatement par l'acheteur entre les mains du receveur
de la poissonnerie, y compris les droits de 7 ou 10 % fixés par
l'art. 2, dont il lui sera délivré un reçu extrait d'un registre à
souche.

Le prix de vente sera inscrit sur un registre spécial et le
montant en sera versé, entre les mains du vendeur, une demi-
heure avant la fermeture de la poissonnerie.

Les droits de 0,15 et 0,05 par corbeille seront retenus et un
bulletin extrait d'un registre à souche *ad hoc* lui sera délivré.

ART. 4. — Le prix de location des tables, fixé à 0,25 pour le
matin et 0,25 pour le soir, sera payé chaque jour.

ART. 5. — Le tirage au sort des places aura lieu tous les
mois dans l'ordre suivant :

1° *Pêcheurs ;* 2° *Revendeurs.*

ART. 6. — L'installation des pêcheurs et revendeurs de poissons se fera par les soins du receveur de la poissonnerie. Des
places spéciales seront réservées aux marchands de coquillages.

Nul locataire ne pourra céder sa place ou se faire remplacer
sans l'autorisation du receveur.

ART. 7. — Le prix de la place tirée au sort sera payé à la
commune par le locataire, quand même sa table ne serait pas
occupée ; et, après sept heures le matin et trois heures le soir,
s'il n'existe pas d'autres places disponibles, par suite d'encombrement, l'administration se réserve le droit d'en disposer si
elle se trouve libre.

ART. 8. — Dans l'intérêt de la salubrité publique et de l'hygiène,
le receveur devra faire saisir, pour être soumis à l'examen de
l'inspecteur des produits communaux chargé de la visite des
denrées alimentaires mises en vente dans les marchés, le poisson qui ne lui paraîtra pas en état parfait de fraîcheur.

En cas d'opposition de la part des pêcheurs ou revendeurs,
procès-verbal sera dressé par le commissaire de police, pour le
fait être poursuivi conformément à la loi.

Art. 10. — Les heures d'ouverture et de fermeture de la poissonnerie sont fixées ainsi qu'il suit :

Saison d'été (du 1er avril au 30 septembre)

Matin. — Ouverture : cinq heures; fermeture : onze heures.

Soir. — Ouverture : une heure; fermeture : sept heures.

Saison d'hiver (du 1er octobre au 31 mars)

Matin. — Ouverture : cinq heures et demie; fermeture : onze heures.

Soir. — Ouverture : une heure et demie ; fermeture : à la nuit.

L'ouverture et la fermeture du marché seront annoncées par plusieurs coups de cloche.

Art. 11. — Les ventes à la criée commenceront :

En été. — Le matin à cinq heures ; le soir à une heure et demie.

En hiver. — Le matin, au jour ; le soir, à deux heures.

Elles auront lieu au fur et à mesure des arrivages ; chaque criée sera annoncée par un coup de cloche.

Les ventes à la criée seront suspendues de dix heures et demie à midi en été et de dix heures et demie à deux heures en hiver.

Elles seront également suspendues une demi-heure avant la fermeture de la poissonnerie.

Art. 12. — Les compartiments placés au-dessous des tables resteront pendant la durée de chaque séance à la disposition des locataires desdites tables, pour y loger leurs corbeilles.

Les étalagistes resteront responsables de toutes les dégradations qui pourraient être commises sur leurs étaux.

Aux heures fixées pour la fermeture de la halle, les corbeilles, seaux et autres ustensiles appartenant aux vendeurs devront être enlevés afin que le local soit entièrement vide et à la disposition du service du nettoyage et de l'entretien.

Art. 13. — Le colportage du poisson, dans la ville et la banlieue, pourra être autorisé aux conditions suivantes :

1· Tout colporteur de poisson devra être muni d'une plaque portant son nom et son numéro d'ordre. Cette plaque lui sera délivrée par le maire ou son délégué et donnera lieu au paiement d'un droit fixe de cinq francs par an ;

2· Le poisson destiné à être colporté devra sortir de la poissonnerie et être pesé par le receveur, qui délivrera au colporteur un reçu de la somme de 0 fr. 10 par corbeille, portant son nom et le numéro de sa plaque ;

3· A défaut par le colporteur de présenter sa plaque et son reçu aux agents de l'autorité, son poisson sera saisi et livré aux établissements de bienfaisance sans préjudice des poursuites de droit.

Art. 14. — Un agent de la police municipale sera spécialement chargé du service de la halle aux poissons à l'effet d'assurer la stricte exécution des dispositions qui précèdent. Cet agent devra déférer aux réquisitions qui lui seront faites par le receveur, dans l'intérêt du service.

Art. 15. — Un endroit spécial désigné par l'autorité sera affecté au débarquement du poisson, sur les quais.

Art. 16. — Il est interdit aux porteurs ou commissionnaires de stationner ou circuler dans la halle, autrement qu'accompagnés de la personne qui aura requis leur service.

Art. 17. — Tous arrêtés antérieurs sont abrogés.

Art. 18. — Les contraventions au présent arrêté seront poursuivies conformément à la loi.

Art. 19. — Le receveur municipal, l'inspecteur des produits communaux, le commissaire de police et son service, le receveur de la poissonnerie sont chargés, chacun en ce qui le concerne, de l'exécution du présent arrêté qui sera affiché dans un endroit apparent de la halle aux poissons, afin que tout intéressé puisse y avoir recours et en exiger l'exécution.

Bône, le 31 août 1884.

Le Maire,

P. DUBOURG.

Vu et approuvé :

Pour le Sous-Préfet,

Le Secrétaire de la Sous-Préfecture,

A. MONCAUP.

CHAPITRE IV

MARCHÉ AUX CÉRÉALES

*Voir pour la police de ce marché les art. 15 à 21 de l'arrêté
réglementaire du 17 décembre 1852.*

Arrêté du 1er avril 1851.

Nous, Maire de la ville de Bône,

Vu la loi du 16-24 août 1790, titre XI, art. 3,

Vu l'art. 30 de l'ordonnance du 28 septembre 1847,

Considérant que, depuis quelque temps, il s'est introduit, au marché aux céréales, une foule de revendeurs qui achètent en bloc des quantités considérables de grains et les revendent sans déplacement à des prix plus élevés.

Considérant que cet état de choses, qui donne lieu à des contestations quelquefois suivies de rixes entre les vendeurs et les acheteurs, est de nature à entraver le développement du commerce avec l'intérieur et nuit essentiellement à la consommation en faisant hausser la mercuriale.

Attendu que cet abus a pour effet de frustrer la commune du droit de mesurage qui serait exigible si les ventes s'effectuaient régulièrement,

Après avoir pris l'avis de la Chambre de Commerce

AVONS ARRÊTÉ CE QUI SUIT :

ARTICLE PREMIER. — Les ventes en bloc, sans mesurage, ainsi que les reventes de céréales, sont et demeurent interdites sur le marché de Bône.

Les achats ne pourront s'y faire que directement et au prix de l'hectolitre mesuré.

ART. 2. — Les grains ne pourront, sous aucun prétexte, être

versés à terre qu'au moment de l'opération du mesurage ; ils seront aussitôt après renfermés dans des sacs et devront être enlevés avant la fin de la journée, à moins qu'ils n'aient point encore été vendus.

Art. 3. — Les grains qui séjourneraient plus de trois jours sur le marché seront imposés d'un double droit de mesurage, supporté de moitié par le vendeur.

Art. 4 — En cas de contraventions aux dispositions qui précèdent, les grains seront saisis et vendus au profit de la caisse municipale, sans préjudice de l'application de l'art. 471 du Code pénal.

Art. 5. — Le commissaire de police est chargé de l'exécution du présent arrêté.

Fait à Bône, le 1er avril 1851.

Le Maire,

LACOMBE.

Vu et approuvé :
Le Sous-Préfet,
ZŒPFELL.

Arrêté du 10 juin 1873

Nous, Maire de la ville de Bône,

Vu l'arrêté du 7 brumaire an IX,

Vu l'ordonnance du 28 septembre 1847, art. 30,

Vu la délibération prise par le conseil municipal de la ville de Bône, le 5 juin 1873, dûment approuvée,

ARRÊTONS :

ARTICLE PREMIER. — A partir du 1er juillet 1873, les droits de mesurage seront perçus, sur le marché aux céréales de la commune de Bône, de la façon suivante :

Blé..................*par hectolitre* 0 60
Orge et légumes secs.... *id.* 0 40

Art. 2. — Le contrôleur et le personnel du marché et le

receveur municipal sont chargés, chacun en ce qui le concerne, de l'exécution du présent arrêté.

Bône, le 10 juin 1873.

Le Maire,

P. DUBOURG.

Vu et approuvé :

Le Préfet,

DESCLOZEAUX.

Nous croyons devoir reproduire également ici l'arrêté préfectoral du 18 septembre 1878, qui fixe le système de mesurage des grains dans tout le département de Constantine.

Arrêté préfectoral du 18 septembre 1878

Le Préfet du département de Constantine,

Vu les arrêtés préfectoraux des 28 décembre 1873 et 1er septembre 1874, appliquant à tous les marchés du département le système de mesurage des grains alors en usage sur la halle de Constantine ;

Considérant que l'expérience a démontré que ce système, qui consiste à tirer la mesure à soixante-quinze centimètres du chevalet avant de la rader, n'a pas donné les résultats qu'on en attendait ; que le mouvement imprimé à la mesure ainsi tirée produit un tassement très appréciable au détriment du vendeur et qui varie selon la violence plus ou moins vive des secousses que le mesureur imprime à la mesure ;

Considérant que les abus qui résultaient de l'ancien mode de mesurage se sont produits avec cette aggravation qu'ils se présentaient sous une apparence de légalité ;

Vu la délibération du 17 mars 1877, par laquelle le conseil municipal de Constantine, voulant enlever tout prétexte à des réclamations et toutes prises à la fraude, a décidé que le chevalet en usage à Marseille, avec un orifice de 60 millimètres, serait adopté sur le marché de Constantine, et que la mesure serait rigoureusement radée sous le chevalet sans avoir été touchée ni déplacée ;

Vu la délibération du 30 mai 1878, par laquelle le conseil municipal a adopté la substitution aux mesures en bois de mesures en tôle, qui offrent de plus grandes garanties de durée et de solidité, résistent mieux aux influences climatériques et assurent plus complètement la facilité et l'uniformité du mesurage ;

Considérant que ce système de mesurage présente un intérêt réel au point de vue de la moralité des transactions ;

Considérant qu'il importe d'établir sur tous les marchés du département l'uniformité du mesurage ;

Vu la loi du 18 juillet 1837, l'ordonnance du 16 juin 1839 et le décret du 27 octobre 1858,

ARRÊTE :

ARTICLE PREMIER.— Les arrêtés préfectoraux des 28 décembre 1873 et 1er septembre 1874, sus-visés, sont rapportés.

ART. 2. — Le système de mesurage des grains, adopté par la commune de Constantine, sera mis en usage dans le plus bref délai possible, sur tous les marchés du département.

Constantine, le 18 septembre 1878.

Le Préfet,

Signé : **JULES CAMBON.**

CHAPITRE V

MARCHÉ ARABE OU FONDOUK

Arrêté du 5 août 1882.

Nous, Maire de la ville de Bône, chevalier de la Légion d'honneur,

Vu la loi du 24 mai 1790 ;

L'arrêté du 7 frimaire an IX ;

Les articles 471 et 474 du Code pénal ;

Et les ordonnances et décrets sur l'organisation municipale en Algérie ;

Vu la délibération du conseil municipal du 5 août 1882, approuvée par M. le Préfet, aux termes de laquelle le conseil municipal a fixé le tarif des droits à percevoir sur le nouveau marché arabe ou fondouk édifié sur la place du Palmier,

ARRÊTONS :

ARTICLE PREMIER. — Le marché installé provisoirement place Alexis-Lambert sera transféré à une date ultérieurement fixée, dans le fondouk construit à cet effet place du Palmier.

ART. 2. — Le marché sera ouvert tous les jours :

Du 1er avril au 30 septembre, à trois heures du matin.

Du 1er octobre au 1er avril, à six heures du matin ;

La fermeture aura lieu tous les jours à dix heures du soir.

Pendant le Ramadan, l'ouverture du marché de nuit pourra être autorisée par M. le Maire.

De trois heures du matin à six heures, en été, la porte de l'horloge seule sera ouverte au public.

Les autres portes ne seront ouvertes qu'à six heures en été, et fermées à la nuit ; l'entrée aura lieu alors par la porte donnant sur le poste de police.

Après dix heures du soir, les locataires des stalles pourront entrer dans le marché en présentant à l'agent de garde au poste de police la carte spéciale dont ils seront munis.

Art. 3. — Les droits de place seront payés chaque jour au collecteur qui sera spécialement affecté à ce marché.

Cependant, les occupants qui voudront payer leurs stalles au mois ou à l'année pourront acquitter les droits tous les mois et d'avance ; quittance leur sera donnée sur reçu extrait d'un registre à souche créé à cet effet.

Art. 4. — Les droits de place des boutiques du fondouk sont fixés ainsi qu'il suit :

....

(Tarif abrogé et remplacé par celui fixé par l'arrêté ci-après du 27 décembre 1888).

Art. 5. — Le prix des places dans la cour intérieure du fondouk sera fixé à raison de 20 cent. par mètre et par jour, à l'exception des laines, tabacs et de la cire dont le droit sera établi ainsi qu'il suit :

  Laines...............Fr. 2 » les 100 kilogr.
  Tabacs................. 2 » id.
  Cire................... 3 » id.

Art. 6. — Le classement des produits dans les boutiques aura lieu dans l'ordre suivant :

1· Dans la galerie A, parallèle à la rue Bugeaud, les marchands d'étoffes et autres industries similaires ;

2· Dans les galeries C et D, parallèles aux rues Gambetta et Negrier, les marchands de fruits, volailles, épiciers, marchands de sel, tabac, etc. ;

3 Dans la galerie B, parallèle à la rue des Karézas, les revendeurs d'effets, vieilles ferrailles, cordonniers, etc.

Art. 7. — La cour intérieure sera spécialement affectée aux marchands de lait et beurre, œufs, laines, tabacs, cire, peaux, pastèques et melons, pain arabe, volailles et figues de barbarie, (producteurs).

Pour les pastèques et melons, lorsque la place sera insuffisante dans la cour intérieure, les marchands pourront être autorisés à stationner aux alentours du fondouk.

Art. 8. — Chaque marchand apposera sur le fronton de sa boutique un écriteau ou plaque d'un modèle uniforme indiquant son nom.

Art. 9. — L'installation des marchands dans l'intérieur des

boutiques devra se faire avec le plus grand soin et de manière à ce que les dégradations aux murs puissent être facilement réparées.

Les réparations incombent toujours au locataire. Ceux qui voudront établir une soupente devront en faire la demande et se conformer au type de l'administration municipale.

Art. 10. — Les marchands se renfermeront strictement dans l'étendue de leurs places et ils se conformeront à tout ce qui leur sera prescrit par les agents du service pour assurer l'ordre et la propreté.

Art. 11. — Un gardien chargé du nettoyage, de l'ouverture et de la fermeture des portes sera spécialement affecté à ce marché.

Art. 12. — Les voitures et bêtes de somme des jardiniers et autres producteurs approvisionnant le marché ne pourront stationner aux abords et dans l'intérieur de cet établissement que pendant le temps strictement nécessaire au déchargement des marchandises.

Il est formellement interdit de faire pénétrer des voitures ou bêtes de somme dans l'intérieur des galeries.

Art. 13. — Le stationnement des marchandises aux abords du fondouk est formellement interdit.

Art. 14. — Il est expressément défendu aux revendeurs de séjourner, de circuler, de paraître même sur le marché, d'y acheter ou marchander aucun objet, soit par eux-mêmes, soit par des personnes interposées, avant huit heures du matin, du 1er avril au 30 septembre, et neuf heures du matin, du 1er octobre au 31 mars.

Ils ne pourront y demeurer que jusqu'à deux heures de l'après-midi en toute saison.

Art. 15. — Les habitants de la ville et autres individus achetant en gros et demi-gros des denrées alimentaires pour les transporter dans les centres environnants seront assimilés aux revendeurs.

Art. 16. — Il est interdit, en outre, à tout revendeur, à tout aubergiste, à tout fournisseur et à leurs représentants, aux marchands de sangliers, aussi bien qu'aux particuliers, de se transporter sur les routes et chemins pour y attendre les Arabes au passage et leur acheter des denrées ou marchandises quelconques avant leur arrivée sur les marchés et l'acquit des droits de place.

Il est, en outre, interdit aux voitures dites des marchés de vendre ou déposer en ville et dans les fourrières les marchandises telles que : œufs, volailles, beurre, peaux, etc. Ces produits devront être immédiatement déposés dans le fondouk aux endroits désignés à cet effet.

Les contrevenants aux dispositions qui précèdent seront poursuivis conformément à la loi et les marchandises *saisies* pour être vendues au profit des établissements de bienfaisance.

ART. 17. — Il est expressément défendu de vendre, acheter ou colporter aucune marchandise dans les chemins ou passages du marché, comme aussi aux abords, sur la voie publique.

ART. 18. — Il est défendu de vendre ou d'exposer en vente des marchandises falsifiées, corrompues ou nuisibles.

Toute tromperie envers le public, soit sur le prix, soit sur le poids ou la quantité, soit sur la qualité de la marchandise, sera poursuivie et punie conformément à la loi.

ART. 19. — Les portefaix et commissionnaires admis à exercer leur industrie dans le marché arabe devront toujours être munis de la plaque délivrée par le service de la police et prescrite par l'arrêté municipal en date du 17 juin 1882.

Les portefaix et commissionnaires stationneront en dehors du marché et ils attendront pour prêter leurs offices qu'ils en soient requis par les marchands ou les consommateurs.

ART. 20. — Le colportage en ville de toutes les denrées alimentaires servant à l'approvisionnement des marchés ne pourra avoir lieu qu'avec l'autorisation de l'administration municipale.

ART. 21. — Toutes les infractions au présent règlement, susceptibles de pénalités, seront constatées par procès-verbaux, nonobstant l'expulsion et la saisie, selon le cas.

ART. 22. — Le receveur municipal, le commissaire de police, l'inspecteur des produits communaux sont chargés, chacun en ce qui le concerne, de l'exécution du présent arrêté.

Bône, le 5 août 1882.

Le Maire,

P. DUBOURG.

Vu et approuvé :

Bône, le 12 septembre 1882.

Le Sous-Préfet,

DUNAIGRE.

Arrêté du 27 décembre 1888

Nous, Maire de la ville de Bône,

Vu la loi du 5 avril 1884 ;

Vu nos arrêtés des 5 août 1882 et 16 février 1883 portant fixation des droits de place à percevoir au fondouk ;

Vu la délibération du Conseil municipal en date du 22 du courant qui augmente de 25 0/0 environ le prix des places du fondouk,

ARRÊTONS :

ARTICLE PREMIER. — L'article 4 de notre arrêté du 5 août 1882 et l'article 1er de notre arrêté du 16 février 1883 sont abrogés et remplacés par les dispositions suivantes :

« Les droits de place des boutiques du fondouk sont fixés ainsi qu'il suit :

« 1° Les boutiques de 4 mètres 50 carrés, comprenant les n° 18, 19, 37, 38, 60 et 61,

« *Quarante centimes par jour.*

« 2° Les boutiques de 9 mètres carrés, comprenant les n°s 1, 2, 3, 4, 5, 6, 7, 8, 9, 10, 11, 12, 13, 14, 15, 16, 17, 20, 21, 22, 23, 24, 25, 26, 27, 28, 29, 30, 31, 32, 33, 34, 35, 36, 39, 40, 41, 42, 46, 47, 48, 49, 50, 51, 52, 56, 57, 58, 59, 62, 63, 64, 65, 69, 70, 71, 72, 73, 74, 75, 79, 80, 81 et 82,

« *Soixante-quinze centimes par jour.*

« 3° Les boutiques de 12 mètres carrés, comprenant les n°s 43, 45, 53, 55, 66, 68, 76 et 78,

« *Un franc dix centimes par jour.*

4° Les boutiques de 18 mètres carrés, comprenant les n°s 44, 54 et 67,

Un franc cinquante centimes par jour.

« Le paiement des droits sera exigé du titulaire, qu'il soit présent ou absent, et sans qu'il puisse céder sa boutique à un tiers, l'administration se réservant le droit d'en disposer à son gré. »

Art. 2. — Ces nouvelles dispositions recevront leur effet à partir du jour qui suivra la publication du présent arrêté.

Art. 3. — Le receveur municipal, le commissaire de police, l'inspecteur des produits communaux sont chargés, chacun en ce qui le concerne, de l'exécution du présent arrêté.

Bône, le 27 décembre 1888.

Le Maire,

J. BERTAGNA.

Vu et approuvé :

Pour le Préfet,

Le Conseiller délégué,

COLY.

CHAPITRE VI

MARCHÉ AUX TABACS

Arrêté du 25 février 1890

Nous, Maire de la ville de Bône, chevalier de la Légion d'honneur,

Vu la loi des 16-24 août 1890 et celle du 5 avril 1884 ;

Vu l'arrêté municipal du 17 décembre 1852, approuvé par M. le Préfet, et prescrivant que toutes les denrées apportées en ville pour y être vendues doivent être au préalable exposées sur le marché ;

Vu l'arrêté municipal du 5 août 1882, approuvé par M. le Préfet, fixant le tarif des droits à percevoir sur les tabacs au fondouk ou marché arabe ;

Vu la délibération du Conseil municipal en date du 28 mai 1889, fixant le droit d'abri et de gardiennage à percevoir sur les tabacs entreposés dans les magasins de la commune ;

Vu la délibération du Conseil municipal du 24 février 1890,

portant transfert, dans le terrain communal attenant à la manufacture de l'Etat, du marché aux tabacs actuellement tenu au fondouk ;

Considérant que ce transfert a pour but de faciliter aux planteurs la vente et la livraison de leurs produits ; qu'ainsi ceux dont le numéro d'ordre ne permettrait pas l'entrée immédiate de la manufacture laisseraient leurs marchandises exposées à la vente sur le carreau ou les remiseraient dans les magasins qui seront établis sur le pourtour, à la garde des agents de la commune ;

Considérant que les planteurs ne se trouveraient plus de la sorte dans l'obligation de séjourner une, deux et même trois semaines pour attendre leur tour ; que, d'autre part, les tabacs refusés par la manufacture n'auraient pas à subir un camionnage fort coûteux pour être ramenés en ville ; qu'ainsi toutes les opérations seraient concentrées sur un seul point et cela évidemment au grand avantage des producteurs de l'Etat et de la commune,

ARRÊTONS :

ARTICLE PREMIER. — Le marché aux tabacs qui se tient actuellement au fondouk ou marché arabe, place du Palmier, est transféré sur le terrain communal attenant à la manufacture de l'Etat.

ART. 2. — Il n'est rien innové aux stipulations des arrêtés municipaux des 17 décembre 1852 et 5 août 1882, régulièrement approuvés par l'autorité préfectorale.

ART. 3. — Les producteurs qui voudront entreposer leurs produits dans les magasins du marché paieront, en sus du droit de place, un droit d'abri et de gardiennage de dix centimes par jour et par cent kilogr. ou fraction de cent kilogr.

ART. 4. — Toute infraction au présent arrêté sera constatée par procès-verbal et poursuivie conformément à la loi.

ART. 5. — Notre arrêté du 1er juin 1889 est et demeure rapporté.

ART. 6. Le receveur municipal, l'inspecteur des produits communaux et le commissaire chef du service de la police sont chargés, chacun en ce qui le concerne, de l'exécution du présent arrêté.

Fait à Bône, le 25 février 1890.

Le Maire,

J. BERTAGNA.

CHAPITRE VII

MARCHÉ AUX BESTIAUX

Voir pour la police de ce marché les art. 22 à 25 de l'arrêté réglementaire du 17 décembre 1852.

Arrêté du 21 janvier 1889

Nous, Maire de la ville de Bône, chevalier de la Légion d'honneur,

Vu la loi du 5 avril 1884 ;

Vu l'arrêté de M. le Gouverneur général du 23 mars 1861, abrogeant l'arrêté de son prédécesseur en date du 28 juillet 1842, sur la police des marchés et laissant à l'autorité municipale le soin de réglementer par voie d'arrêtés locaux toutes les matières dites de police municipale ;

Vu la délibération du Conseil municipal, en date du 12 du courant, fixant le nouveau tarif des droits de stationnement à percevoir sur le marché aux bestiaux,

ARRÊTONS :

ARTICLE PREMIER. — Le marché aux bestiaux de la ville de Bône sera soumis, à partir de la publication du présent arrêté, à l'application des taxes ci-après déterminées, savoir :

Droit de stationnement des chameaux, chevaux, juments, mulets, mules, poulains et pouliches.. » 50 par tête.

Droit de stationnement des taureaux, bœufs, vaches, bouvillons et génisses.................. » 30 —

Droit de stationnement des veaux de six mois et au-dessous................................. » 15 —

Droit de stationnement des boucs, béliers, chèvres, moutons, brebis, agneaux et chevreaux. » 10 —

Droit de stationnement des ânes, ânons et ânesses..................................... » 20 —

Droit de stationnement des porcs .... » 15 —

ART. 2. — Le receveur municipal, l'inspecteur des produits

municipaux et le commissaire de police sont chargés, chacun en ce qui le concerne, de l'exécution du présent arrêté.

Bône, le 21 janvier 1889.

Le Maire,

J. BERTAGNA.

Vu et approuvé :

Pour le Préfet,

Le Conseiller délégué,

COLY.

CHAPITRE VIII

MARCHÉ AUX BOIS, CHARBON & FOURRAGE

Arrêté du 29 janvier 1885.

Nous, Maire de la ville de Bône, chevalier de la Légion d'honneur,

Vu la loi du 5 avril 1884 ;

Vu les réclamations qui nous ont été adressées par les voisins de l'emplacement provisoire occupé par le marché aux bois, fourrage et charbon, qui se tient actuellement sur la place des Karézas ;

Considérant qu'il n'existe en ville d'autre emplacement disponible pour la tenue de ce marché que l'intérieur du marché aux grains qui peut sans inconvénients y être affecté,

ARRÊTONS :

ARTICLE PREMIER. — A partir du 1er février prochain, le marché aux bois, fourrage et charbon sera transféré dans l'intérieur du marché aux grains.

ART. 2. — Les bois, fourrages et charbons destinés à

l'approvisionnement de ce marché ne pourront plus circuler en ville qu'accompagnés par l'acheteur.

ART. 3. — Le commissaire de police et l'inspecteur des produits communaux sont chargés, chacun en ce qui le concerne, de l'exécution du présent arrêté.

Bône, le 29 janvier 1885.

Le Maire,

P. DUBOURG.

Vu et approuvé :

Pour le Sous-Préfet,

Le Secrétaire de la Sous-Préfecture,

ADRIEN MONCAUP.

CHAPITRE IX

ABATTOIR COMMUNAL

Arrêté du 19 juin 1892

Nous, Maire de la ville de Bône, chevalier de la Légion d'honneur,

Vu la loi des 19-22 juillet 1791 et l'art. 471, n° 13, du Code pénal ;

Vu les arrêtés du Gouverneur général des 14 juillet 1863 et 8 janvier 1869 sur la liberté du commerce de la boucherie ;

Vu les arrêtés municipaux des 1er avril 1849, 17 décembre 1852, 1er juin 1869, 1er septembre 1873, 20 janvier 1875, 14 mars 1885, 22 janvier 1889 et 11 avril 1892 ;

Vu la loi du 5 avril 1884, art. 94 et suivants ;

Vu la délibération du Conseil municipal en date du 18 juin 1892 ;

Considérant que les dispositions des arrêtés municipaux sus-mentionnés ne sont plus en rapport avec les exigences actuelles ; qu'il importe, d'autre part, de les coordonner en les renfermant en un arrêté unique et en les mettant d'accord avec les nouvelles lois sur la police sanitaire,

Arrêtons :

Article premier. — L'abattoir public de la ville de Bône sera ouvert de cinq heures à dix heures du matin et de une heure à six heures du soir, pendant la période du 15 avril au 15 octobre de chaque année; du 15 octobre au 15 avril de l'année suivante, il sera ouvert de sept heures à onze heures du matin et de une heure à cinq heures du soir.

Les dimanches et jours fériés seulement, il est fermé soit à dix heures, soit à onze heures, suivant la saison.

Il ne pourra être abattu en dehors des heures ci-dessus désignées que dans des cas exceptionnels et avec une autorisation du Maire ou de son délégué, après toutefois que le vétérinaire aura constaté que l'animal est sain et qu'il peut être livré à la consommation.

Art. 2. — Les bestiaux seront conduits à l'abattoir par les chemins d'accès indiqués à l'arrêté municipal du 1er septembre 1873. Ils seront attachés dans les parcs jusqu'au moment de l'abatage.

La visite aura lieu, dans la saison d'été, à huit heures du matin; dans la saison d'hiver, à neuf heures. Par exception, la visite du jeudi aura toujours lieu à midi.

Après cette visite, les droits d'abatage des animaux reconnus sains devront être immédiatement versés entre les mains du receveur qui en délivrera récépissé.

Art. 3. — Des locaux distincts et séparés seront affectés dans l'abattoir aux bouchers européens, musulmans et israélites.

Un local spécial est également affecté aux charcutiers. Il en est de même pour les tripiers.

Art. 4. — Les bestiaux agréés pourront être abattus immédiatement ou remisés dans le parc aux bestiaux. Dans cette dernière hypothèse, ils ne pourront y séjourner plus de vingt-quatre heures.

Art. 5. — Les animaux qui, lors de la visite du vétérinaire, seront refusés, recevront immédiatement une marque spéciale, de façon à ne pouvoir être représentés avant une amélioration constatée. Ils seront immédiatement mis hors de l'abattoir.

Art. 6. — Dans le cas où une contre-expertise serait réclamée par le propriétaire de l'animal refusé, soit sur pied, soit après l'abatage, il y serait procédé immédiatement par les soins d'un vétérinaire désigné par le Maire. Les frais d'expertise étant à la charge de la partie qui succombe, seront consignés à l'avance entre les mains du receveur par le propriétaire de la bête. Ils seront restitués, s'il y a lieu.

Art. 7. — Toute viande qui, même après la visite, sera reconnue impropre à la consommation, sera saisie, dénaturée au moyen de l'acide phénique et livrée à l'équarrisseur, aux frais du propriétaire, à moins que celui-ci ne justifie qu'il peut en tirer parti pour tout autre usage que l'alimentation humaine. Dans tous les cas, les cornes, les ongles, les peaux, le suif seront remis au propriétaire de l'animal. Procès-verbal de la saisie et de la destruction des chairs et issues, si elles ne sont pas réclamées, sera dressé par le vérificateur de l'abattoir en présence du propriétaire, ou ce dernier dûment appelé.

Art. 8. — Les animaux, au moment de l'abatage, devront être attachés ou liés, de façon à ne pouvoir causer d'accidents. Les bouchers sont responsables de toute négligence à cet égard

Art. 9. — Aussitôt l'abatage terminé, les viandes seront marquées, selon la nature de l'animal, au moyen d'une marque sur chaque quartier, marque que l'administration se réserve le droit de changer ou de modifier à son gré pour prévenir toute fraude. En conséquence, les viandes ne pourront être reçues en ville, ni mises en vente sans l'accomplissement de cette formalité.

Les viandes devront également être pesées avant leur sortie de l'abattoir. Cette opération ne donnera lieu à la perception d'aucun droit ou indemnité.

Art. 10. — Les bouchers, charcutiers et tripiers devront être munis de tous les ustensiles nécessaires à leurs opérations. Ils devront les entretenir, les nettoyer avec soin et les emmagasiner, après le travail, dans le local désigné à cet effet, lequel devra toujours être tenu très proprement.

Art. 11. — Nul, dans l'étendue de la commune, ne pourra tuer des bestiaux destinés à la consommation publique, autre part que dans l'abattoir communal. Sera considérée comme destinée à la consommation publique toute bête tuée par les aubergistes, cabaretiers et autres industriels.

Dans l'intérêt de la salubrité publique, les porcs et autres animaux destinés par les particuliers à leur consommation personnelle devront également être abattus à l'abattoir communal et ne pourront l'être, en aucun cas, dans l'intérieur de la ville et des faubourgs.

ART. 12. — Les abats de nuit ne pourront avoir lieu qu'exceptionnellement et sur une autorisation spéciale du Maire.

ART. 13. — L'introduction des viandes foraines sur le territoire de la commune de Bône est formellement interdite.

Les viandes provenant d'abatages clandestins ou celles introduites frauduleusement du dehors seront saisies par les agents préposés à la surveillance et dirigées sur l'abattoir. Elles y seront soumises à l'examen du vétérinaire, lors de la visite, et à l'application de la marque, s'il y a lieu, après paiement des droits, sans préjudice des peines encourues par les délinquants, à raison de la contravention, dûment constatée, relevée contre eux.

ART. 14. — Toute viande ainsi saisie et dirigée sur l'abattoir qui, après avoir été reconnue saine, ne sera pas réclamée dans les douze heures, sera immédiatement livrée, par les soins du receveur et contre récépissé, à un établissement hospitalier ou de bienfaisance qui sera désigné par le Maire ou son délégué.

Dans le cas où elle serait reconnue malsaine, elle serait livrée à l'équarrissage, comme il a été dit à l'art. 7 du présent arrêté.

ART.15. — Il est formellement interdit aux bouchers, charcutiers et tripiers de sortir de l'abattoir d'autre sang que celui de porc et de veau. En conséquence, le receveur exigera que le sang des autres animaux soit répandu en sa présence dans le conduit à ce affecté, à moins d'une permission contraire du Maire ou de son délégué et pour tout autre usage que celui de l'alimentation publique.

ART. 16. — Les animaux qui auraient été blessés accidentellement pourront être portés à l'abattoir et livrés à la consommation, après avoir subi les visites réglementaires et acquitté les droits auxquels ils sont assujettis.

ART. 17. — Le chargement des viandes se fera avec la plus grande célérité, et le transport en ville s'effectuera au moyen de voitures entièrement couvertes et fermées, construites d'après les instructions de l'administration et uniquement affectées à ce transport.

Les viandes que ces voitures renfermeront devront reposer

sur du *linge blanc*, très propre. Après chaque transport, le fond et les parois latérales devront être soigneusement nettoyés et lavés.

Art. 18. — Avant de sortir de l'abattoir, chaque voiture recevra un cadenas qui sera placé par les employés de cet établissement. Ce cadenas ne pourra être enlevé qu'à l'arrivée de la voiture devant l'étal du boucher auquel elle appartiendra.

Art. 19. — Toute voiture rencontrée par un des agents chargés de l'exécution du présent arrêté, qui ne sera pas munie du cadenas prescrit plus haut, donnera lieu à un procès-verbal de contravention, et son propriétaire sera poursuivi devant le tribunal compétent.

Art. 20. — Il est interdit aux bouchers, charcutiers et tripiers de placer dans les voitures des cuirs, peaux et autres issues ou débris d'animaux, de nature à exercer une influence nuisible sur la viande de consommation.

Art. 21. — Chaque jour, la propreté intérieure de l'abattoir devra être assurée par les soins et aux frais des bouchers, charcutiers et tripiers. Ces derniers ne devront laisser couler aucun débris animal avec les eaux de lavage.

Les panses et boyaux devront être vidés dans les bassins créés à cet effet.

Les auges et chaudières qui servent à la préparation des issues et des viandes de charcuterie et de triperie devront être journellement nettoyées et lavées, ainsi que les conduits qui servent d'écoulement aux eaux de lavage.

Les bouchers, charcutiers et tripiers se conformeront d'ailleurs aux indications qui leur seront données par le receveur de l'abattoir ou ses agents.

Ils ne pourront quitter l'établissement qu'après en avoir entièrement terminé le nettoyage.

Art. 22. — En cas d'inexécution des prescriptions qui précèdent, les bouchers, charcutiers et tripiers seront personnellement responsables des contraventions qui résulteraient de leur négligence ou de leur mauvais vouloir.

Après une mise en demeure adressée aux intéressés, le receveur constatera par un procès-verbal leur refus de faire le balayage et le lavage prescrits, et il y sera immédiatement pourvu à leurs frais, à la diligence de l'administration.

Art. 23. — Les bouchers, charcutiers et tripiers ne pourront laisser séjourner dans l'abattoir ni cuirs, ni pieds, ni autres issues impropres à la consommation, provenant des animaux qu'ils auront abattus. Ces issues devront être emportées de l'abattoir avant l'enlèvement des viandes.

ART. 24. — Il est expressément défendu d'abandonner aucune issue, ni d'étendre aucun cuir aux abords de l'abattoir.

ART. 25. — Les bouchers, charcutiers et tous autres fréquentant l'abattoir communal auront le droit de disposer, comme ils le jugeront convenable, des issues destinées à la consommation et provenant des animaux abattus par eux.

Ces issues ne pourront toutefois sortir de l'abattoir qu'après avoir subi au moins un lavage à grande eau, et après avoir été débarrassées de toutes les matières susceptibles d'en hâter la putréfaction.

Les lavages et nettoyages ne pourront être faits ailleurs que dans la triperie de l'abattoir.

Les issues dont il est parlé ci-dessus pourront être préparées et cuites dans les ateliers de la triperie.

La répartition des locaux destinés aux opérations de la triperie et celle des heures de travail sera faite entre les bouchers, charcutiers et tripiers, en raison de l'importance de l'exploitation de chacun d'eux. Ils devront s'entendre, à cet égard, avec l'inspecteur des produits communaux qui est délégué pour procéder à cette répartition.

Les bouchers, charcutiers et tripiers se pourvoiront, à leurs frais, des brouettes, seaux et autres ustensiles nécessaires à leur manutention, ainsi que du combustible pour la préparation, l'échaudage et la cuisson de leurs produits.

ART. 26. — Les tripiers et boyaudiers devront tenir dans le plus grand état de propreté les locaux par eux occupés; ils devront nettoyer les chaudières après l'échaudage et renouveler l'eau des piles après chaque lavage.

ART. 27. — Sont considérées comme impropres à la consommation et comme telles doivent être saisies les viandes présentant les altérations suivantes :

Saisies totales dans le cas de :

Tuberculose généralisée; maigreur et tuberculose associées; maigreur extrême; ladrerie; peste bovine; morve; farcin; charbon essentiel ou symptomatique; rage; mort naturelle; trychinose; carcinome et mélanose; septicémie; gangrène; résorption purulente; mort-nés.

Saisies partielles dans le cas de :

Lésions aiguës, chroniques et parasitaires des viscères et des séreuses; traumatisme (ecchymoses, plaies, abcès, viandes dites cassées, sans fièvre générale) ; viandes fiévreuses, saigneuses, surmenées; rouget; viandes corrompues; crapaud aux jambes pour le cheval.

ART. 28 — Les bouchers, charcutiers et tripiers, ainsi que leurs garçons, ne seront admis à abattre qu'après avoir été préalablement agréés par l'administration.

A cet effet, chacun d'eux devra être pourvu d'un livret qui lui sera délivré par l'autorité municipale, sur la présentation de certificats et papiers réguliers, justifiant de son aptitude et de sa moralité. Ce livret restera entre les mains du receveur de l'abattoir, chargé de la discipline de l'établissement.

ART. 29. — L'entrée de l'abattoir est interdite aux bouchers, charcutiers et tripiers, ainsi qu'à leurs garçons, qui n'auront pas rempli les formalités prescrites par l'article précédent.

Il en sera de même pour les personnes étrangères au service de l'abattoir, à moins d'une permission du Maire ou du receveur de l'établissement.

ART. 30. — Les chiens amenés par les bouchers ou leurs garçons, dans l'intérieur de l'abattoir, devront être attachés.

ART. 31. — Les bouchers, charcutiers et tripiers seront responsables des dégâts commis à l'abattoir par eux et leurs garçons.

ART. 32. — Toutes querelles, disputes, injures, provocations ou voies de fait contre les agents de l'abattoir ou tous autres, entraîneront l'expulsion immédiate des perturbateurs qui s'en seront rendus coupables, sans préjudice des poursuites qui pourront être dirigées contre eux, comme il est dit à l'art. 33 ci-après.

ART. 33. — Les contraventions au présent arrêté seront constatées par des procès-verbaux des agents de l'abattoir et de la police, chacun en ce qui le concerne, et déférées au tribunal compétent pour les auteurs, être poursuivis conformément à la loi et notamment à l'art. 471 du Code pénal.

ART. 34. — Le tarif des droits à percevoir à l'abattoir de Bône et à acquitter par les propriétaires des animaux abattus est fixé ainsi qu'il suit :

Bœufs..............................Fr.	9	»	par tête.
Vaches de moins de 9 ans..............	12	»	—
Vaches de plus de 9 ans	7	»	—
Taureaux...........................	12	»	—
Veaux	3	»	—
Béliers.............................	2	»	—
Moutons	1 25		—
Brebis de moins de 6 ans.............	1 50		—
Brebis de plus de 6 ans...............	1 25		—
Agneaux et chevreaux................	1	»	—
Chèvres et boucs.....................	2	»	—
Porcs..............................	10	»	—
Chevaux et mulets...................	5	»	—
Anes...............................	2	»	—
Sangliers au-dessus de 20 kilog.........	10	»	les 100 k.
Sangliers de 20 kilog. et au-dessous.....	2	»	par tête.

Droits de lavage et de nettoyage des issues :

Issues de l'espèce bovine................		»	30 par tête.
Issues de l'espèce ovine.................		»	15 —

Ces droits seront perçus en même temps que les droits d'abatage.

Art. 35. — Le présent arrêté, après qu'il aura été approuvé par M. le Préfet, sera imprimé, publié et affiché dans l'étendue de la commune de Bône, notamment à l'abattoir, où il devra exister en permanence.

Art. 36. — Le receveur municipal, l'inspecteur des produits communaux, le receveur de l'abattoir, le service de la police, la gendarmerie et les gardes-champêtres de la commune de Bône sont chargés, chacun en ce qui le concerne, de l'exécution du présent arrêté qui abroge tous les arrêtés antérieurs, en ce qu'ils ont de contraire aux dispositions qui précèdent.

Bône, le 19 juin 1892.

Le Maire,

J. BERTAGNA.

Vu et approuvé :
Pour le Préfet,
Le Conseiller délégué,

LESBROS.

Arrêté du 2 avril 1873.

Nous, Maire de la ville de Bône,

Vu l'ordonnance du 28 septembre 1847, titre II, art. 30 et le décret du 27 décembre 1866 sur l'organisation municipale en Algérie ;

Vu l'art. 471 § 15 du Code pénal ;

Considérant qu'il se vend habituellement à Bône un grand nombre de sangliers qui n'ont pas été soumis à une visite constatant si la viande en est saine ; que ces animaux, dont la mort remonte quelquefois à plusieurs jours, sont dépouillés en pleine ville, ce qui compromet la salubrité publique ;

Considérant qu'il est nécessaire de remédier à cet état de choses ;

Vu la délibération du Conseil municipal en date du 1er avril 1873,

ARRÈTONS :

ARTICLE PREMIER. — Nul ne pourra mettre en vente de la viande de sanglier, si cette viande n'est pas revêtue de la marque de l'abattoir communal ; à cet effet, le dépouillement de ceux de ces animaux qui seront destinés au commerce ne pourra avoir lieu que dans cet établissement.

ART. 2. — La marque sera apposée après vérification faite par le vétérinaire chargé de la visite qui autorisera la vente si la viande est reconnue saine ; à défaut du vétérinaire, la visite sera faite par le receveur de l'abattoir.

ART. 3. — ....

ART. 4. — Tout sanglier exposé en vente et ne portant pas la marque de l'abattoir, sera saisi, procès-verbal sera dressé et la viande distribuée aux établissements de bienfaisance.

ART. 5. — La police, la gendarmerie, les gardes-champêtres, le contrôleur des marchés et abattoirs, le personnel de l'abattoir, le vétérinaire de la commune et le receveur municipal sont chargés, chacun en ce qui le concerne, de l'exécution du présent arrêté.

Bône, le 2 avril 1873.

Le Maire,

P. DUBOURG.

Vu et approuvé :

Le Préfet,

DESCLOZEAUX.

Arrêté du 1er septembre 1873

Nous, Maire de la ville de Bône,

Vu l'ordonnance du 28 septembre 1847 sur l'organisation municipale en Algérie, art. 26 § 3, 27 § 1er et 30 § 1er et 2:

Vu le Code pénal, art. 479 § 2, 475 § 4 et 471 § 15:

Considérant que des bestiaux tels que bœufs, vaches, moutons, porcs, etc., traversent journellement la ville, soit pour aller au marché, soit pour aller à l'abattoir;

Que cet état de choses est compromettant pour la sécurité publique, tant par les dangers que présentent les animaux de la race bovine que par l'encombrement occasionné dans les rues par un troupeau d'animaux quels qu'ils soient:

Vu la délibération du Conseil municipal en date du 14 août 1873, approuvée,

ARRÊTONS :

ARTICLE PREMIER.—A partir de la publication du présent arrêté, il est formellement interdit de faire circuler, dans les rues de la ville, aucun troupeau de bœufs, vaches, moutons, porcs, etc.

L'itinéraire à suivre pour les animaux conduits à l'abattoir est fixé ainsi qu'il suit, mais jusqu'à six heures du matin seulement, du 1er mai au 1er novembre et jusqu'à sept heures du matin du 1er novembre au 1er mai, savoir :

1º *Porte d'Hippone, rue de la Darse et chemin de l'Avant-port;*

2º *Porte Randon, boulevard des Casernes, porte des Caroubiers.*

ART. 2. — Après les heures ci-dessus fixées, les bestiaux conduits à l'abattoir devront s'y rendre par les chemins du Fort-Génois et des Caroubiers (hors ville).

ART. 3. — Les animaux destinés à être embarqués suivront à toute heure de la journée l'itinéraire suivant :

Porte d'Hippone, rue de la Darse et les quais jusqu'au lieu d'embarquement.

ART. 4. — Les contrevenants aux dispositions ci-dessus seront poursuivis conformément à la loi.

ART. 5. — M. le commissaire de police et son personnel sont chargés de veiller à l'exécution du présent arrêté.

Bône, le 1er septembre 1873.

Le Maire,
P. DUBOURG.

Vu et approuvé :
Le Sous-Préfet,
BERNELLE.

CHAPITRE X

STATIONNEMENT SUR LA VOIE PUBLIQUE

Arrêté du 23 décembre 1889

Nous, Maire de la ville de Bône, chevalier de la Légion d'honneur,

Vu l'arrêté de M. le Gouverneur général du 28 juillet 1842, portant règlement général sur la police des marchés, les droits à percevoir, les contraventions, etc.;

Vu l'arrêté ministériel du 23 mars 1861, annulant l'arrêté qui précède et ordonnant, à l'avenir, qu'il serait pourvu à la matière par des règlements municipaux;

Vu la loi du 5 avril 1884, art. 89 et suivants, qui donne au Maire le soin de réglementer, par voie d'arrêtés, toutes les matières dites de police municipale;

Considérant que, jusqu'à ce jour, le droit de stationnement sur la voie publique n'a été ni réglementé ni fixé par un arrêté municipal et qu'il convient de combler cette lacune;

Vu la délibération du 20 du courant, fixant à 15 cent. par mètre et par jour le tarif desdits droits de stationnement,

ARRÊTONS :

ARTICLE PREMIER. — Les permis de stationnement sur la voie publique, dans tout le territoire de la commune de Bône, sont délivrés par le Maire ou par son délégué et donnent lieu à la perception d'un droit qui s'effectuera conformément aux dispositions et aux tarifs du présent arrêté.

ART. 2. — Le droit de stationnement est dû :

1º Par tous les spectacles, exhibitions, panoramas, animaux savants, ménageries, manèges, cirques, jeux de palets, de bagues, de quilles, de paume, tirs et tous autres jeux d'adresse, jeux de tourniquets, de dés, de loterie et tous autres jeux de hasard installés sur la voie publique ou sur ses dépendances;

2º Par tous les marchands ambulants quels qu'ils soient, colporteurs, laitiers, marchands de gâteaux, de beurre, d'huile, de pétrole, de bois, etc.. bimbelotiers et tous autres qui circulent ou qui stationnent sur ladite voie publique et ses dépendances ;

3° Pour toutes les ventes qui s'effectuent sur la voie publique et ses dépendances par le ministère des huissiers, commissaires-priseurs et courtiers de commerce ;

4° Pour toutes les marchandises, denrées, produits quelconques de l'industrie exposés en vente en dehors des marchés, qu'ils soient étalés sur la voie même ou exposés à la devanture des magasins en saillie et au-dessus de la voie publique ;

5° Par tous les industriels qui exercent en plein vent, tels que dentistes, charlatans, saltimbanques, savetiers, rémouleurs, etc.;

6° En un mot, par tout ce qui peut occasionner un encombrement quelconque sur la voie publique.

Art. 3. — Le stationnement sur la voie publique, tel qu'il vient d'être déterminé par l'article qui précède, est passible d'un droit uniforme de 15 centimes par mètre carré de terrain occupé et par jour.

Ce droit sera perçu par les collecteurs du service des halles et marchés suivant le mode habituel.

Art. 4. — Le droit pourra être perçu par jour ou par abonnement suivant la décision que prendra l'administration, sur la demande des intéressés ; quel que soit le mode de paiement, le droit est toujours exigible à l'avance.

Art. 5. — Pour les objets de peu de valeur et occupant un petit espace, tels que : une poule, un pigeon, un lapin, une douzaine d'œufs, etc., le droit pourra être fractionné et réduit à cinq centimes, soit un tiers de mètre. Pour deux quantités de la nature ci-dessus, il pourra être de dix centimes, soit deux tiers de mètre ; pour toute quantité supérieure, il devra être évalué au minimum à 15 centimes, soit un mètre carré et être intégralement perçu.

Art. 6. — Tout refus de paiement, toute contravention aux dispositions qui précèdent entraînera pour le contrevenant le retrait du permis de stationnement, sans préjudice de l'action civile qui pourra lui être intentée.

Art. 7. — Tout industriel, tout commerçant exerçant son industrie ou son commerce sur la voie publique sans être muni d'un permis de stationnement ou de la plaque instituée par notre arrêté du 1er juin 1883, toute personne visée dans l'article

2 qui précède, qui contreviendra aux dispositions du présent arrêté, sera poursuivie et punie conformément à la loi.

ART. 8. — Le receveur municipal, l'inspecteur des produits communaux et le service de la police sont chargés, chacun en ce qui le concerne, de l'exécution du présent arrêté qui entrera en vigueur à partir du jour de sa publication.

Bône, le 23 décembre 1889.

Le Maire,

J. BERTAGNA.

Vu et approuvé :

Pour le Préfet,

Le Conseiller délégué,

GRUCKER.

CHAPITRE XI

DÉPOT DE TABLES & DE CAISSES A FLEURS

sur la voie publique

Arrêté du 1ᵉʳ décembre 1885

Nous, Maire de la ville de Bône, chevalier de la Légion d'honneur,

Vu la délibération du 13 novembre 1885, par laquelle le conseil municipal a fixé à dix centimes par jour et par table le droit à percevoir, à partir du 1ᵉʳ janvier 1886, sur les tables déposées devant les cafés et débits, soit sur les trottoirs, soit sur tout autre point de la voie publique;

Vu la loi du 5 avril 1884;

Considérant qu'il y a lieu de réglementer le dépôt des tables sur la voie publique, afin d'éviter l'encombrement qui se produit à certains moments sur le cours National,

ARRÈTONS :

ARTICLE PREMIER. — Les cafetiers et débitants qui en feront la demande pourront être autorisés à déposer des tables devant leurs établissements aux conditions suivantes :

1· Il ne pourra être placé qu'un seul rang de tables sur les trottoirs; ces tables devront être disposées de manière à laisssr pour la circulation un espace libre de 1 mètre 50 au moins sous les galeries du cours National et de la place d'Armes, et de 1 mètre au moins sur les autres trottoirs;

2· Il pourra être placé des tables entre les piliers des galeries du cours National, mais ces tables ne devront pas empiéter sur la galerie.

Les entre-piliers servant d'accès dans le prolongement des galeries devront rester absolument libres.

Il ne pourra être placé qu'un seul rang de tables contre le mur de l'établissement sous la galerie en prolongement de la rue Saint-Augustin;

3° Il pourra être placé un rang de tables dans la rue, le long du trottoir, mais d'un seul côté seulement, et ces tables ne devront pas empiéter de plus de 1^{m}50 sur la voie publique, dans les artères qui auront au moins 6 mètres de chaussée;

4° Il est défendu de placer des tables dans les rues qui auront moins de six mètres et sur les trottoirs qui auront moins de trois mètres de largeur ;

5° Les propriétaires de cafés donnant sur le cours National pourront placer des tables sur cette promenade au droit de leur établissement, mais seulement entre le bord du trottoir et la première ligne d'arbres. Il est formellement défendu d'en placer sur les trois allées qui forment le milieu du cours, à moins d'une autorisation spéciale donnée dans les circonstances que l'autorité municipale appréciera;

6° Il ne pourra être placé de tables dans les rues suivantes qui sont trop étroites et très fréquentées :

Rue Damrémont; rue Constantine; rue du Quatre-Septembre; rue Caraman; depuis la rue du Quatre-Septembre jusqu'à la place d'Armes.

Art. 2. — Le droit à percevoir est fixé à dix centimes par jour et par table, sans distinction d'emplacement.

Art. 3. — Toute infraction au présent arrêté entraînera le retrait de l'autorisation donnée et sera poursuivie, conformément à l'art. 471 du Code pénal.

Art. 4. — Le receveur municipal, le commissaire de police, l'inspecteur des produits communaux et l'agent voyer sont chargés, chacun en ce qui le concerne, de l'exécution du présent arrêté.

Bône, le 1er décembre 1885.

Le Maire,
P. DUBOURG.

Vu et approuvé :
Le Préfet,
MENGARDUQUE.

Arrêté du 22 juin 1882

Nous, Maire de la ville de Bône, chevalier de la Légion d'honneur,

Vu notre arrêté en date du 2 janvier 1874, fixant le tarif des droits de place à percevoir sur les tables déposées dans les cafés et débits;

Considérant que certains cafetiers ou débitants déposent également devant leurs établissements des caisses contenant des arbustes ou des fleurs; qu'il y a lieu d'assimiler lesdites caisses aux tables au point de vue de l'encombrement qu'elles produisent;

Vu les art. 27 § 3 et 30 § 1er de l'ordonnance du 28 septembre 1847,

ARRÊTONS :

ARTICLE PREMIER. — A partir du 1er juillet 1882, le droit de place suivant sera perçu sur les caisses contenant des fleurs ou des arbustes déposées devant les cafés et débits de la ville de Bône, savoir :

Cinq centimes par caisse et par jour.

Art. 2. — Le receveur municipal et l'inspecteur des produits communaux sont chargés, chacun en ce qui le concerne, de l'exécution du présent arrêté.

Bône, le 22 juin 1882.

Le Maire,

P. DUBOURG.

Vu et approuvé :
Le Sous-Préfet,

DUNAIGRE.

CHAPITRE XII

SERVICE DU POIDS PUBLIC

Arrêté du 20 octobre 1891.

Nous, Maire de la ville de Bône, chevalier de la Légion d'honneur,

Vu la loi du 5 avril 1884 et notamment : 1º l'article 94 qui donne au Maire le droit de prendre des arrêtés à l'effet d'ordonner les mesures locales sur les objets confiés à sa vigilance et à son autorité ; 2· l'article 97 qui donne au Maire le droit de prescrire notamment : § 1er tout ce qui intéresse la sûreté et la commodité du passage dans les rues, quais, places et voies publiques etc.: § 5, l'inspection sur la fidélité du débit des denrées qui se vendent au poids ou à la mesure, etc. ;

Vu l'arrêté de M. le Gouverneur général, en date du 8 juillet 1840, portant règlement sur le pesage, mesurage et jaugeage publics ;

Vu la délibération du Conseil municipal du 19 février 1880, approuvée par M. le Préfet, fixant les tarifs du poids public;

Vu l'arrêté municipal du 20 février 1880, fixant les conditions d'établissement et de fonctionnement des bureaux de poids publics;

Considérant que ces conditions ne sont plus en rapport avec les besoins de la population; qu'il y a lieu notamment de prescrire de nouvelles mesures afin d'assurer la libre circulation du public sur les quais du port de Bône, sans cependant porter préjudice aux besoins du commerce,

ARRÊTONS :

ARTICLE PREMIER.— Les tarifs du poids public sont fixés ainsi qu'il suit :

Tarif n° 1

Grande bascule. — Désignation des marchandises.

Pierres, platre, chaux, charbon de terre, charbon de bois, coke, alfas, écorces à tan, fourrage, paille, lièges, céréales et autres graines, laine, sel, farine, bétail et autres marchandises similaires.

Par parties de   1 à 2000 kilog............. » 10 par 100 kil.
     —   2001 et au-dessus........... » 05   —

Les fractions se décomposent ainsi :
De 1 à 50 kilog......................... » 05
De 51 à 100   — .... » 10

Ce tarif sera applicable à toutes marchandises nécessitant le transport sur des voitures.

Tarif n° 2

Bascules de la marine, du marché arabe
et autres non désignées. — Désignation des marchandises.

Farine, savon, miel, cire, tabac, légumes, haricots, pois, lentilles, riz, porc salé, sucre, café, graisse, beurre, fromage, fruits secs, cuirs, laines, suif, autres marchandises similaires et bétail :

Série A, de 1 à 500 kilog.................... » 20 par 100 kil.
Série B, de 501 kilog. et au-dessus.......... » 10   —

Pour la série A, les fractions se décompteront ainsi :
De 1 à 25 kilog......................... » 05
De 26 à 50   — .... » 10

De 51 à 75 kilog........................... » 15
De 76 à 100 — .... » 20

Pour la série B :

De 1 à 50 kilog......................... » 05
De 51 à 100 — .... » 10

Tarif no 3

Sel.. » 05 par 100 kil.

Tarif no 4

Désignation des marchandises.

Pommes de terre, châtaignes, caroubes, charbons, fruits frais, céréales, légumineuses et autres marchandises similaires non comprises dans le tarif n° 2................ » 10 par 100 kil.

Fractions :

De 1 à 50 kilog......................... » 05
De 51 à 100 — .... » 10

Tarif no 5

Pesées sur les quais ou à domicile par des peseurs auxiliaires.
Désignation des marchandises.

Céréales et graines de toute nature, écorces à tan, charbons de terre, charbons de bois, coke et autres marchandises similaires...................................... » 05 par 100 kil.

Les négociants seront tenus de livrer 30 tonnes au minimum par jour, pendant la durée de l'opération.

Tarif no 6

Opérations diverses ressortissant du poids public.

Mesurage : au mètre de longueur, 0,01 par mètre de longueur.

— au litre (céréales exceptées), 0,05 par décalitre.

Dépôtage : main-d'œuvre fournie par la commune, 0,20 par hectolitre.

— main-d'œuvre fournie par la partie intéressée, 0,10 par hectolitre.

Cubage par mètre cube : de 0,05 à 1 fr., suivant les bois.

Jaugeage par hectolitre : 0,10 par hectolitre.

Mesurage pour poids spécifique : 0,20 par 100 kil.

Vacation au poids spécifique à quai ou à domicile : 3 fr. chaque.

(La vacation donne droit à 15 doubles décalitres).

Les instruments des opérations de poids spécifique sont fournis par la commune.

Le transport de ces instruments sera à la charge des intéressés.

Art. 2. — Les bascules publiques seront ouvertes au public dans les conditions suivantes :

Service d'été. — Matin :

Grande bascule, de cinq heures à onze heures.

Marine, de sept heures à dix heures et demie.

Marché arabe, de six heures à onze heures.

Soir :

Grande bascule, de une heure et demie à six heures.

Marine, de une heure et demie à cinq heures et demie.

Marché arabe, de une heure à cinq heures.

Pendant la saison des fourrages, la grande bascule de la porte d'Hippone sera ouverte dès quatre heures du matin.

Service d'hiver. — Matin :

Grande bascule, de six heures à dix heures.

Marine, de sept heures à dix heures.

Marché arabe, de sept heures à onze heures.

Soir :

Grande bascule, de midi à quatre heures.

Marine, de midi à cinq heures.

Marché arabe, de midi et demi à quatre heures et demie.

Les dimanches et jours fériés, la grande bascule et celle du marché arabe seront fermées à dix heures du matin.

La bascule de la marine, seule, ne fera aucune opération, en raison de la fermeture des bureaux de la douane.

Art. 3. — Les heures d'ouverture des bureaux fixées à l'art. 2 ne pourront être modifiées que dans le cas d'opérations à quai ou à domicile et lorsque le chef du service en aura reconnu l'urgence.

Art. 4. — Nul ne pourra exercer les fonctions de peseur public s'il n'a préalablement prêté serment et s'il n'est agréé par l'autorité municipale.

Aucune autre personne ne pourra exercer, dans l'enceinte des marchés, halles, quais, places et autres lieux soumis à la surveillance de la police, les fonctions de peseur, mesureur et jaugeur, à peine de confiscation des instruments destinés au mesurage, pesage ou jaugeage et sans préjudice de l'amende qui pourra être prononcée contre elle en vertu de l'article 471 § 15 du Code pénal.

Art. 5. — Les pesées, jaugeage et autres opérations pratiquées sur les quais ou à domicile par des agents auxiliaires, conformément au tarif n° 5, ci-dessus, auront toujours lieu sous la responsabilité du préposé de la bascule de la marine, et sous la direction de l'inspecteur des produits communaux.

Les peseurs auxiliaires seront toujours des agents agréés par la commune.

Art. 6. — Le transport des instruments affectés à ces opérations sera à la charge de la commune pour les parties dépassant 200 quintaux et à la charge des intéressés pour les parties moindres.

Art. 7. — Toute opération exécutée par les agents du poids public donnera lieu à la délivrance d'un reçu extrait d'un registre à souche visé chaque jour par l'inspecteur des produits communaux.

Les bulletins par eux délivrés feront foi en justice en cas de contestation.

Art. 8. — Les droits perçus pour chaque opération seront immédiatement acquittés entre les mains du receveur par le vendeur ou l'acheteur, sans qu'il puisse être allégué par les parties que des opérations ultérieures doivent encore avoir lieu et les marchandises ne pourront être enlevées qu'après le paiement des droits, dont le recouvrement sera poursuivi par voie de contrainte s'il y a lieu.

Art. 9. — Les préposés au pesage, jaugeage et mesurage interviendront dans les ventes faites au poids, à la jauge ou à la mesure, dans les places, marchés, quais et autres lieux soumis à la surveillance de la police. Sera assimilé à cette opération tout transvasement de liquides ou de denrées d'un récipient dans un autre. Ils interviendront également, même en dehors de toute contestation, dans toutes les opérations de pesage, mesurage et jaugeage qui se feront dans l'enceinte des halles, marchés, quais et autres lieux publics, pour quelque motif que ce soit.

Dans aucun cas, le droit de peser, mesurer ou jauger n'appartient ni à l'acheteur, ni au vendeur, ni aux tiers, et les mesures de répression prévues à l'art. 4 ci-dessus seront appliquées à tout contrevenant.

Art. 10. — Aucune opération de pesage, mesurage, jaugeage, aucune manipulation, manutention, aucun transvasement de liquides, grains et denrées diverses, ne pourra avoir lieu sur les quais sans l'autorisation du Maire. Cette interdiction n'est pas applicable aux opérations matérielles de chargement et de déchargement des navires, charrettes et wagons de chemin de fer, ni aux opérations de pesage, mesurage et jaugeage qui peuvent être nécessaires pour la perception des droits d'octroi, de douanes et autres institués par le gouvernement.

Art. 11. — Seront exceptées, néanmoins, de l'art. précédent, et sauf l'obligation pour les préposés d'intervenir s'ils en sont requis par les parties intéressées, les ventes au détail faites dans les lieux publics ci-dessus désignés, soit au poids avec des balances à la main, soit au décalitre et au-dessous, ainsi que les ventes des liquides, lorsque les pièces seront prises de gré à gré pour leur contenance.

Art. 12. — Les préposés ne pourront intervenir dans les ventes qui auront lieu dans les maisons, boutiques et magasins des particuliers que lorsqu'ils seront appelés par l'une des parties intéressées.

Art. 13. — Tout préposé au pesage, jaugeage et mesurage qui sera convaincu d'avoir fait usage de faux poids ou de fausses mesures sera passible des peines édictées par l'art. 423 du Code pénal.

Art. 14. — En cas de contestation sur l'application du tarif, tout porteur ou conducteur sera tenu, au préalable, de consigner, entre les mains du peseur ou receveur, le droit exigé ; il pourra ensuite adresser sa réclamation au conseil municipal.

Art. 15. — Les contraventions au présent arrêté seront constatées par le service de la police, soit d'office, soit sur la réquisition du préposé au poids public. La confiscation des instruments en sera toujours la conséquence et aura lieu dans les mêmes formes.

Art. 16. — Sont et demeurent abrogées toutes les dispositions contraires au présent arrêté.

Art. 17. — Le receveur municipal, l'inspecteur des produits communaux, le commissaire de police sont chargés, chacun en ce qui le concerne, de l'exécution du présent arrêté.

Bône, le 20 octobre 1891.

Le Maire,

J. BERTAGNA.

Accusé de réception du 24 octobre 1891.

CHAPITRE XIII

SERVICE DES VOITURES PUBLIQUES

Arrêté du 6 avril 1893.

Nous, Maire de la ville de Bône, chevalier de la Légion d'honneur,

Vu la loi du 5 avril 1884;

Vu le décret du 3 novembre 1855, sur la Police du roulage;

Vu l'arrêté municipal du 20 juin 1884;

Considérant que ce dernier arrêté n'est plus en rapport avec les besoins actuels, et qu'il y a lieu de le remplacer par un autre arrêté mieux approprié aux exigences de la situation présente;

Vu la délibération du conseil municipal en date de ce jour, approuvant en tant que de besoin les dispositions contenues dans le présent arrêté,

ARRÊTONS :

Dispositions applicables aux voitures

ARTICLE PREMIER. — (Voir l'arrêté du 30 juin 1893, ci-après).

ART. 2. — Le numéro sera peint à l'huile, en blanc, et en chiffres arabes de huit centimètres de hauteur, sans ornements ni encadrement : pour les calèches, à l'intérieur de la capote et sur les panneaux extérieurs des portières; pour les paniers, sur le rebord de la caisse, au-dessus des deux marche-pieds; pour toutes les voitures, enfin, soit ouvertes, soit fermées, il devra figurer, en outre, en chiffres rouges de mêmes dimensions sur la vitre la plus apparente de chaque lanterne.

Les cochers veilleront à ce qu'il ne soit jamais caché.

ART. 3. — A l'intérieur de chaque voiture des exemplaires du tarif placés d'une manière apparente, dans une pochette ou dans une bride élastique, seront tenus à la disposition du voyageur.

ART. 4. — ....

Art. 5. — Tout attelage circulant sans autorisation, ou dont la voiture, les chevaux et les harnais ne seraient pas conformes au règlement sera l'objet d'un procès-verbal de contravention. Si nonobstant avis de ce procès-verbal dûment signifié au cocher, l'attelage est retrouvé dans les mêmes conditions d'irrégularité, il sera mis en fourrière. Sera également mis en fourrière tout attelage abandonné sur la voie publique, ou dont le cocher serait surpris en flagrant délit d'ivresse, d'insultes ou de voies de fait.

Art. 6. — Toute voiture de place que son propriétaire retirera de la circulation, soit afin de la faire réparer, soit pour tout autre motif, pourra être remplacée momentanément par une autre voiture. Celle-ci sera soumise aux mêmes conditions d'expertise et d'acceptation que la première et en portera aussi le numéro. Ces deux voitures ne devront jamais circuler simultanément.

En cas de cessation définitive de roulage d'une ou plusieurs de ces voitures, le propriétaire devra en faire la déclaration au commissariat de police et rapporter les papiers de la voiture ou des voitures retirées de la circulation.

Tout changement de domicile ou de siège d'établissement devra être aussi déclaré au commissariat de police au moins quarante-huit heures à l'avance.

Dispositions applicables aux cochers

Art. 7. — La profession de cocher de voiture publique ne pourra être exercée que par des individus âgés de dix-huit ans au moins et justifiant de leur moralité.

Ils devront, en outre, s'ils débutent, produire un certificat d'aptitude délivré par le vétérinaire communal.

Le propriétaire de voitures qui voudra conduire lui-même est soumis à la même obligation.

Art. 8. — Chaque cocher, dans l'exercice de sa profession, devra toujours être muni de son permis de conduire et du présent règlement, de manière à pouvoir les exhiber à toute réquisition de l'autorité ou des personnes qui l'emploieront.

Dans ce but, le permis de conduire, le règlement et le tarif seront imprimés sous forme de livret, et un exemplaire en sera remis, dans les délais spécifiés à l'art. 1er, à chaque titulaire d'une autorisation de conduire. Le coût du livret est fixé à 3 fr.

Il n'est valable que pour un an et doit être échangé tous les ans, dans le courant de décembre, contre un nouveau livret qui sera délivré au même prix.

Chaque cocher devra être également muni à ses frais de plusieurs exemplaires du tarif qui lui seront délivrés par la municipalité au prix de 2 fr. le cent.

ART. 9. — ....

ART. 10. — Lorsqu'il sera reconnu que, soit par le fait de plaintes graves, soit à cause d'infirmités, ou pour tout autre motif de nature à compromettre la sécurité des voyageurs et des passants, un cocher ne réunit plus les conditions nécessaires à l'exercice de sa profession, le permis de conduire lui sera retiré.

ART. 11. — En toute saison, l'été depuis six heures du matin et l'hiver depuis sept heures jusqu'à onze heures du soir, un nombre de voitures, fixé par le Maire, devra se trouver aux lieux de stationnement et ne s'en écarter que pour le service du public.

De onze heures du soir à six ou sept heures du matin, le stationnement est facultatif, sauf dans certains cas extraordinaires, où le service de la police pourra obliger un certain nombre de voitures à stationner aux endroits habituels pendant un temps déterminé.

ART. 12. — Les cochers prendront rang au stationnement au fur et à mesure de leur arrivée. Les deux premiers en tête se tiendront sur leurs sièges, ayant leurs chevaux bridés et prêts à partir. Les autres demeureront à proximité de leurs voitures, conservant leur rang jusqu'au moment où le public réclamera leurs services.

ART. 13. — Tout entrepreneur de voitures publiques qui voudra jouir de la faculté de faire charger ou stationner ses voitures sur la voie publique, dans la commune de Bône, devra justifier du paiement préalable de la redevance ou droit de stationnement fixé par le conseil municipal.

ART. 14. — Il est prescrit aux cochers de toujours prendre leur droite, surtout lorsqu'il s'agit de croiser une voiture venant en sens contraire. Ils ne prendront à gauche qu'exceptionnellement, soit pour tourner un obstacle, soit pour dépasser une voiture marchant ou stationnant devant eux.

Ils éviteront de faire passer leurs voitures à une distance moindre de 0 m. 70 des maisons ou des trottoirs et de mettre les roues dans le ruisseau.

Il leur est défendu de faire passer sur les trottoirs les roues des voitures, ainsi que leurs chevaux.

Lorsqu'ils se croiseront avec d'autres voitures ils laisseront libre au moins la moitié de la voie publique.

Toutes les fois qu'ils s'arrêteront ou ralentiront leur marche, ils devront élever leur fouet dans le but d'avertir les cochers ou les charretiers qui les suivent.

Art. 15. — Tout cocher allant au trot sera tenu de ralentir la marche de ses chevaux chaque fois qu'il aura à tourner ou à traverser une rue.

Art. 16. — Il est défendu aux cochers de lutter entre eux de vitesse; de mettre leurs chevaux au galop; de les maltraiter et notamment de les frapper avec le manche du fouet; de couper les convois funèbres et les détachements de troupes; de stationner ailleurs qu'aux lieux désignés par l'autorité; de s'attrouper sur le stationnement ou d'y laver leurs voitures, ainsi qu'en tout autre point de la voie publique; de faire claquer leurs fouets de manière à atteindre où à effrayer les passants.

La longueur totale du fouet, jonc et lanière compris, ne devra pas excéder deux mètres et demi pour les voitures à un seul rang de chevaux.

Art. 17. — Lorsque les cochers auront déposé en ville les personnes qu'ils conduisaient, ils devront se rendre immédiatement et sans arrêt à la station qui leur est assignée.

Il est formellement interdit aux cochers de diminuer l'allure du trot, avant d'arriver à la station, à moins de circonstances exceptionnelles.

Aussitôt arrivés à la station, ils devront visiter la voiture et les harnais, notamment les écrous des roues, la cheville ouvrière, les traits, les guides, etc.

Tout accident de route qui serait occasionné par la chute ou la rupture d'une des pièces de la voiture ou des harnais serait sévèrement puni administrativement, sans préjudice de l'action publique ou de l'action civile que pourrait motiver l'accident.

Art. 18. — Les lanternes de toute voiture marchant ou stationnant devront être allumées à la chute du jour.

Art. 19. — Sur la voie publique, les cochers ne pourront faire manger leurs chevaux autrement que dans une musette. Les lieux de stationnement seront tenus par eux en état constant de propreté.

Art. 20. — Il est défendu aux cochers de laisser aucun individu se suspendre aux voitures ou s'y tenir extérieurement de quelque manière que ce soit.

Art. 21. — Lorsqu'un cocher quittera le service, son permis de conduire restera déposé au commissariat de police. Il lui en sera délivré récépissé.

Art. 22. — Tout cocher en quittant le service est tenu de remettre à l'entrepreneur les papiers qui lui auront été confiés pour la conduite de la voiture. En cas de refus de la part du cocher, l'entrepreneur devra en faire la déclaration au commissariat de police, dans les vingt-quatre heures.

Art. 23. — Chaque cocher de voiture publique devra toujours avoir dans sa voiture :

1º Le livret dont il est parlé à l'art. 8;

2º Le permis de circulation et de station de la voiture;

3º Le reçu constatant qu'il a acquitté les droits de stationnement du mois courant.

Il devra représenter ces pièces à toutes réquisitions des agents de l'autorité.

Art. 24. — Il est interdit aux cochers de conduire en état d'ivresse et de dormir lorsque leurs voitures seront en marche.

Art. 25. — Tout cocher de voiture publique trouvé en état d'ivresse aux heures pendant lesquelles il est chargé de conduire sa voiture, ou qui aura sa voiture malpropre, ou qui manquera de convenance envers les voyageurs, ou qui aura demandé un prix supérieur au tarif, ou qui aura refusé de marcher dans les conditions du présent règlement, ou qui aura contrevenu à l'une quelconque des clauses de cet arrêté ou du tableau y annexé, sera puni d'une suspension de quatre à quinze jours, et cette suspension suivant la gravité des cas pourra s'étendre à la voiture qui sera mise alors en fourrière pendant un délai déterminé.

Ces punitions seront prononcées par le Maire et pourront être infligées soit cumulativement, soit séparément.

Dans tous les cas, le permis de conduire et le numéro pourront être retirés, le tout indépendamment de l'action publique ou de l'action civile que pourrait motiver la faute commise par le cocher.

Art. 26. — ....

Art. 27. — Les cochers dont les voitures seront gardées, les placeront de manière à gêner le moins possible la circulation.

Dans les rues n'ayant pas une largeur d'au moins douze mètres (trottoirs compris) il leur est défendu de stationner vis-à-vis d'une voiture déjà arrêtée du côté opposé. Dans aucun cas le stationnement des voitures ne pourra avoir lieu aux carrefours et aux embranchements des rues.

Le cocher qui attendra à la porte des particuliers ou sur tout autre point de la voie publique ne devra en aucun cas quitter sa voiture.

Dispositions intéressant le public

Art. 28. — ....

Art. 29. — Le cocher devra signaler au voyageur, montant dans sa voiture, la pochette ou la bride contenant le tarif. Il devra, sur sa demande, lui en remettre un exemplaire, et sera tenu, si le voyageur l'exige, de lui communiquer en outre le présent règlement.

Art. 30. — Le cocher peut refuser les gens ivres et les animaux gênants ou malpropres. Il aidera les voyageurs, notamment les femmes, les enfants, les vieillards et les infirmes à monter dans sa voiture ou à en descendre; il devra charger et décharger leurs bagages s'ils n'y veulent employer d'autres personnes.

Art. 31. — La mise des cochers sera propre et décente; le port de la blouse leur est formellement interdit. Il leur est interdit d'ôter leurs habits, même pendant les chaleurs, et de fumer pendant qu'ils conduisent. Défense leur est faite de gêner les voyageurs en sifflant ou chantant, d'avoir sur la voiture des chiens leur appartenant. Ils sont tenus, envers les voyageurs, à la plus grande politesse.

Toute demande de pourboire leur est interdite.

Art. 32. — Avant de se mettre en route le cocher demandera au voyageur s'il veut être conduit à l'heure ou à la course.

Art. 33. — Le service à l'heure et le service à la course sont réglés et tarifés conformément au tableau annexé au présent arrêté.

Art. 34. — Toute voiture, sans distinction, marchant à l'heure ou à la course, qu'on enverra chercher au lieu de stationnement, ne pourra se refuser de se rendre au logement de la personne qui en aura besoin, autant que ce logement sera situé dans l'intérieur de la ville et de ses faubourgs.

Ce déplacement donnera lieu aux indemnités fixées par le tarif ci-annexé.

Art. 35. — Toute voiture appelée pour se rendre en dehors de la zône tarifée au tableau ci-annexé ne pourra non plus refuser de se rendre au lieu où elle sera appelée, mais tout autant que ce lieu sera situé dans l'intérieur de la commune.

Dans ce cas la voiture sera payée à l'heure, et l'heure commencera au départ du lieu de stationnement.

Art. 36. — Les voitures prises à la journée, à la demi-journée ou à l'heure doivent marcher à raison de dix kilomètres à l'heure, sauf pour les montées de la route de l'Edough et de la route de la Casbah, où l'allure pourra être réduite à six kilomètres.

Dans les courses continues de plusieurs heures à l'allure de dix kilomètres, le cocher pourra, s'il le juge convenable, faire reposer ses bêtes pendant trente minutes après un parcours sans arrêt de vingt kilomètres. Les heures suivantes seront à l'allure de huit kilomètres avec un temps de repos de trente minutes toutes les deux heures; le temps de repos sera toujours ajouté à la durée de la course après un parcours sans arrêt de vingt kilomètres, même si le voyageur congédiait à ce moment le cocher.

Il est enjoint aux cochers d'aller modérément dans les descentes, sur les ponts, au détour des rues, dans l'intérieur et aux abords de la ville.

Les voitures ne pourront franchir les portes qu'au pas, soit à l'entrée, soit à la sortie.

Art. 37. — Après chaque course et avant que les voyageurs se soient éloignés, le cocher visitera sa voiture et remettra, sur-le-champ, aux personnes qu'il aura conduites, les objets qu'elles pourraient y avoir laissés.

Si ces objets ne sont retrouvés que plus tard, il devra, dès son retour en ville, aller les déposer au commissariat de police et y donner les indications propres à en faciliter la restitution.

Dispositions applicables aux entrepreneurs

Art. 38. — Les entrepreneurs ne pourront employer pour la conduite de leurs voitures que des cochers porteurs d'un permis de conduire.

Art. 39. — En prenant un cocher, l'entrepreneur sera tenu

d'inscrire sur son permis la date de son entrée au service et la voiture qu'il sera chargé de conduire.

Lorsque le cocher quittera le service, l'entrepreneur devra aussi inscrire sur son permis la date de la sortie.

Art. 40. — Les entrepreneurs de voitures publiques devront tenir des registres sur lesquels ils inscriront de suite les noms, prénoms et domiciles de leurs cochers, ainsi que les numéros de leur inscription à la Mairie, les numéros des voitures qu'ils conduisent, la date de leur entrée au service et celle de leur sortie.

Ils seront tenus de représenter ces registres à toute réquisition des agents de l'autorité et de les faire viser par le commissaire de police dans les cinq premiers jours de chaque mois.

Art. 41. — Les conducteurs de voitures et les propriétaires de ces voitures seront solidairement responsables de toutes les contraventions déterminées par le présent arrêté.

En cas d'infraction, la voiture pourra être conduite, par mesure disciplinaire, à la fourrière publique, aux frais de l'entrepreneur, sans préjudice des poursuites judiciaires à exercer contre les contrevenants.

Des voitures faisant le transport en commun

Art. 42. — Toute voiture faisant le transport en commun, stationnant sur la place qui lui aura été assignée, pourra faire le service sur quelque ligne que ce soit, en se conformant aux prix du tarif établi à cet effet.

Art. 43. — Dans le parcours du lieu de stationnement à destination, les voitures faisant le transport en commun pourront prendre des voyageurs jusqu'à ce que le nombre des places vides soit rempli; mais cette faculté ne pourra être exercée quand elles marchent à l'heure ou à la course qu'avec l'autorisation des personnes qui l'auront prise au départ du stationnement.

Art. 44. — Toute voiture faisant le transport en commun, stationnant sur la place qui lui est assignée, sera tenue de se mettre en mouvement avec la moitié du nombre de voyageurs déterminé à raison de la contenance intérieure.

Art. 45. — Si le nombre des voyageurs était inférieur à la moitié précitée, il leur sera facultatif de faire partir la voiture en complétant le prix de la moitié des places intérieures; dans ce cas, le cocher ne pourra recueillir en excédent que le nombre de voyageurs formant le complément de l'autre moitié et ce sur le parcours et sans stationnement.

ART. 46. — En outre des prescriptions et des prohibitions qui précèdent, il est encore défendu aux conducteurs de voitures faisant le transport en commun :

1º De placer un nombre plus considérable de voyageurs que celui fixé soit dans l'intérieur, soit à l'impériale, soit sur la banquette extérieure de la voiture ;

2· D'y admettre des personnes en état d'ivresse ou dans une tenue indécente ;

3· D'y laisser introduire des chiens ;

4· De placer dans l'intérieur, des paquets, paniers ou quelque autre objet que ce soit, de nature encombrante pouvant occuper la place d'un vogageur.

Il est formellement interdit de fumer dans l'intérieur des voitures faisant le transport en commun, et les cochers devront veiller à l'exécution de cette partie du règlement.

ART. 47. — Les dispositions de l'art. précédent, sauf celles du nº 1, ne sont pas applicables aux voitures retenues par une personne seule ou par une société.

Dispositions générales

ART. 48. — Les propriétaires, conducteurs et cochers de voitures publiques sont soumis à l'exécution des dispositions réglementaires du décret du 3 novembre 1855.

ART. 49. — Sur tout le parcours indiqué au tableau annexé au présent arrêté, les cochers devront, quand ils en seront requis, continuer à marcher pour conduire le voyageur à sa destination, même en dehors des lignes et des points déterminés par le présent règlement, pourvu toutefois que les routes soient carrossables.

ART. 50. — Toutes les observations et indications consignées au tableau ci-annexé font partie intégrante du présent règlement, et toutes les infractions à ces observations et indications sont punies comme il est dit à l'art. 25.

ART. 51. — A partir de la publication du présent arrêté, les propriétaires, cochers et entrepreneurs de voitures publiques ont un délai d'un mois pour s'y conformer.

ART. 52. — Le droit de stationnement pour les voitures de

place, fixé par l'arrêté municipal du 9 juillet 1879, est maintenu ainsi qu'il suit :

> Voitures à quatre places............ 15 fr. par mois.
> Breaks-omnibus.................... 21 fr.   —
> Omnibus.......................... 30 fr.   —

ART. 53. — Notre arrêté du 20 juin 1881 est et demeure rapporté.

ART. 54. — Le présent arrêté sera mis en vigueur à partir du 1er juin 1893.

ART. 55. — Le commandant de la gendarmerie, le receveur municipal, l'inspecteur des produits communaux et le service de la police sont chargés, chacun en ce qui le concerne, de l'exécution du présent arrêté.

Bône, le 6 avril 1893.

Le Maire,

J. BERTAGNA.

Vu et approuvé :
Pour le Préfet,
Le Conseiller délégué,
PITTIÉ.

TARIF DES VOITURES PUBLIQUES

VOITURES DE PLACE

PRIX INTRA-MUROS

(Voitures de quatre places et au-dessus, attelées de deux chevaux)

Le jour, de quatre heures du matin à dix heures du soir :

Course simple, avec faculté pour le voyageur de s'arrêter cinq minutes en route..................................... 1 »

Course double, aller et retour, avec quart d'heure d'attente 1 50

La nuit, de dix heures du soir à quatre heures du matin :

Course simple, avec faculté pour le voyageur de s'arrê-ter cinq minutes en route............................ 1 50

Course double, aller et retour avec quart d'heure d'attente .... 2 »

Courses à l'heure

Le jour. (Pour la première heure.................... 2 »
Pour les heures suivantes................. 1 50
Et pour chaque fraction d'heure, par quart
d'heure............................... » 50

La nuit. (Pour la première heure.................... 3 »
Et pour chaque quart d'heure en plus...... » 75

Pour les dimanches et jours fériés, de midi à dix heures du soir, le tarif sera de 2 fr. 50 l'heure. Chaque fraction d'heure sera décomptée à raison de 75 cent. par quart d'heure.

Tout quart d'heure commencé est dû. Le prix de la première heure ne peut être fractionné.

Si la voiture va prendre le voyageur à domicile, il est dû un supplément en plus de : (Pour la ville............ » 25
Pour les faubourgs...... » 50

L'heure commencera au moment où la voiture arrivera à la porte du logement si elle est prise à l'heure. Si la voiture est prise à la course, la durée du stationnement devant la porte de celui qui l'aura réclamée ne devra pas dépasser cinq minutes; chaque quart d'heure ou fraction de quart d'heure en sus sera payé 50 cent.

Pour les voitures marchant à l'heure, le retour à vide est gratuit dans un rayon de trois kilomètres. Il est fixé à 1 fr. lorsque ces voitures n'auront pas dépassé six kilomètres, et 2 francs quand elles auront été au delà de ce rayon, pourvu qu'elles ne soient pas sorties de la commune.

Il sera payé, à tout cocher qui aura été pris sur place et qui sera renvoyé sans avoir été employé, une indemnité de.. » 50

Tarif spécial de la gare ou d'un point quelconque
(INTRA-MUROS)
DE LA VILLE A LA CASBAH

Course simple ou course aller et retour avec quart d'heure d'attente

Le jour. (De la gare.............................. 2 »
De la ville............................. 1 75

La nuit. (De la gare.............................. 3 »
De la ville............................. 2 50

Pour chaque quart d'heure en plus :

Le jour.................................. » 50
La nuit.................................. » 75

Tarif spécial pour le trajet de Bône aux bains de mer

ET AUTRES LIEUX EXTRA-MUROS

DE BONE DES DIVERS POINTS DE STATIONNEMENT	Distance en mètres	TARIF aller et retour	TEMPS d'arrêt	TARIF d'aller seulement	TARIF de retour seulement
Au cap de Garde et Sémaphore	13.000	7 50	» 30	» »	» »
Au Fort-Génois	10.000	5 »	» 30	» »	» »
A la plage Toche	7.000	4 »	» 30	» »	» »
— Fabre	5.000	3 »	» 30	» »	» »
— Luquin, par le chemin de la Corniche ou du Fort-Génois	4.000	2 50	» 15	1 50	1 25
Au Bois de Boulogne	3.500	2 »	» 15	1 25	1 »
A la plage des Cazarins (Grenouillère)	1.700	1 50	» 15	1 »	1 »
A l'Abattoir (par les Cazarins ou le boulevard Victor-Hugo)	1.800	1 50	» 15	1 »	1 »
A la villa Rossy (route du Fort-Génois)	2.000	1 50	» 15	1 »	1 »
A l'un des points quelconques du faubourg Sainte-Anne ou de la. Colonne-Randon	1 400	1 25	» 15	1 »	» 75
A l'Hospice Coll	3 100	2 »	» 15	1 25	1 »
A la maison Crénelée (route de Philippeville)	5 100	3 50	» 30	» »	» »
A l'Orphelinat (par Sainte-Anne ou par Hippone)	5 000	3 50	» 30	» »	» »
A l'usine à gaz (chemin des Lauriers-Roses)	1 100	1 25	» 15	1 »	» 75
Au pont d'Hippone	1 600	1 25	» 15	1 »	» 75
A Saint-Augustin (au pied du mamelon)	2 650	1 50	» 15	1 »	1 »
— (à l'hospice des Vieillards)	3 000	2 »	» 15	1 25	1 »
Au pont de la Seybouse	4 000	2 50	» 15	» »	» »
Au champ de courses (Allélick)	5 000	3 »	» 15	2 »	1 50
A la ferme Grancolas (à l'Allélick)	6 000	3 50	» 15	» »	» »

(Pour la plage Chapuis, la plage Noire, le Cimetière, la Pépinière et les Gares, voir l'arrêté ci-après du 30 juin 1893).

Les prix ci-dessus sont pour quatre personnes. Pour une personne en plus, ils seront augmentés d'un quart, mais seulement pendant le temps que cette personne aura occupé la voiture. Deux enfants de dix ans au plus comptent pour une personne. Les enfants au-dessous de trois ans ne comptent pas.

Chaque quart d'heure d'attente en sus du temps d'arrêt ci-dessus fixé sera payé............................. » 50
    Prix pour la journée de douze heures............... 15 »
    Prix pour la demi-journée de six heures............ 8 »

Pour les voitures prises à la journée, à la demi-journée ou à l'heure, l'allure des chevaux est le trot à raison de six minutes par kilomètre ou de dix kilomètres à l'heure pendant les deux premières heures, et de sept minutes et demie ou huit kilomètres à l'heure pendant les heures suivantes avec trente minutes de repos toutes les deux heures.

Tarif des voitures-omnibus

la place.

De Bône à la plage Chapuis.............*et vice-versa*		» 25
— à la plage Luquin................	—	» 25
— à la villa Rossy	—	» 20
— au cimetière européen...........	..	» 20
— au Bois de Boulogne.............	—	« 25
— à la plage des Cazarins (Grenouillère)	—	» 15
— à Saint-Augustin.................	—	» 25
— au pont d'Hippone	—	» 20
— au champ de courses (Allélick)....	—	» 50

(Pour Sainte-Anne et les Gares, voir l'arrêté ci-après).

Les voitures-omnibus qui desservent, sur la route du Fort-Génois, les bains de mer de la plage Chapuis et de la plage Luquin seront tenues d'effectuer le parcours entier de Bône à la plage Chapuis, alors même que tous les voyageurs seraient descendus à la plus rapprochée de ces plages.

Un droit de 10 cent. sera prélevé sur tout voyageur qui, pris en route, voudra se transporter d'une plage à l'autre.

Transport des bagages

par colis.

D'un point de la ville à la gare..........*et vice-versa*	» 25
Hors ville à la gare......................	—	» 30

Ne sont pas considérés comme colis et doivent être transportés gratuitement : les valises, sacs de nuit, parapluies, cartons à chapeau et autres objets que le voyageur peut porter à la main ou tenir dans l'intérieur de la voiture sans la détériorer.

Si la voiture est occupée par moins de quatre personnes, chaque place vacante aura droit au transport gratuit d'un des colis soumis à la tarification.

Il est formellement interdit aux cochers ou propriétaires de voitures de rien exiger au delà dudit tarif.

Toutes les contestations entre les voyageurs et les cochers seront réglées administrativement par M. le commissaire chef du service de la police.

Vu pour être annexé à notre arrêté en date de ce jour.

Bône, le 6 avril 1893.

Le Maire,

J. BERTAGNA.

Vu et approuvé :

Pour le Préfet,

Le Conseiller délégué,

PITTIÉ.

Arrêté du 30 juin 1893

Nous, Maire de la ville de Bône, chevalier de la Légion d'honneur,

Vu la loi du 5 avril 1884 ;

Vu le décret du 3 novembre 1855 sur la police du roulage ;

Vu l'arrêté municipal du 6 avril 1893, portant règlements et tarifs des voitures publiques ;

Vu la délibération du conseil municipal en date du 24 juin 1893, par laquelle cette assemblée a décidé d'apporter quelques modifications aux dits règlements et tarifs,

ARRÊTONS :

ARTICLE PREMIER. — Les art. 1, 4, 9, 26 et 28 de l'arrêté municipal du 6 avril 1893, sont modifiés ou remplacés ainsi qu'il suit :

ARTICLE PREMIER. — Toute personne qui se propose de mettre une voiture en circulation doit en faire, par écrit, la demande au Maire. Un extrait du casier judiciaire pourra être exigé du requérant et sa voiture devra être soumise à la visite des experts de l'administration.

Après acceptation, et dans le délai de huit jours de la demande, remise est faite, pour la voiture, d'un numéro d'ordre et d'un permis de circulation.

Un droit de visite de dix francs sera versé à la caisse municipale avant la mise en circulation de la voiture.

Art. 4. — La visite des voitures aura lieu généralement dans les dix premiers jours de chaque trimestre et particulièrement toutes les fois que l'administration le jugera convenable. Celles qui ne réuniraient plus les conditions exigées lors de leur admission seront privées de leur permis de circulation jusqu'à ce que les réparations prescrites aient été faites et leur bonne exécution vérifiée.

Sur un ordre du vétérinaire municipal, pourront être temporairement ou définitivement exclus de la circulation, les animaux malades, rétifs, vicieux, non dressés, maigres, trop vieux ou en mauvais état.

Toute mise en service des animaux exclus par le vétérinaire sera constatée par des procès-verbaux et punie administrativement par le Maire.

Le vétérinaire municipal a la surveillance des harnais des attelages autorisés, concurremment avec les autres agents de l'administration.

Le prix de visite est fixé à un franc pour chaque voiture. Un arrêté du Maire répartira les sommes dues aux experts pour chaque visite.

Toutes les voitures devront être visitées au moins deux fois par an.

Art. 9. — Le cocher ne pourra changer de voiture, même pour une journée, sans une autorisation écrite, délivrée par M. le Maire ou, à son défaut, par le commissaire de police, chef de service.

Art. 26. — Toute voiture retenue devra rentrer sous remise ou se rendre au domicile de la personne qui l'aura retenue.

Toute voiture qui sera en stationnement devra marcher à première réquisition du voyageur, sans pouvoir invoquer aucun prétexte, quel qu'il soit, pour s'en dispenser.

Art. 28. — Il est expressément défendu aux cochers dont les voitures ne sont pas louées de les faire stationner sur des points non affectés au stationnement, de racoler les passants soit par paroles ou par gestes, de parcourir la voie publique au pas ou en faisant exécuter aux voitures sur la même ligne un va et vient, tous actes constituant la maraude, qui leur est formellement interdite.

ART. 2. — Le tarif joint à notre arrêté du 6 avril 1893 est modifié de la manière suivante :

Tarif spécial pour le trajet de Bône aux bains de mer

ET AUTRES LIEUX EXTRA-MUROS

DE BOXE DES DIVERS POINTS DE STATIONNEMENT	TARIF aller et retour	TEMPS d'arrêt	TARIF d'aller seulement	TARIF de retour seulement
À la plage Chapuis par le chemin de Sidi-Aïssa....	3 »	» 15	2 »	1 75
— — de la Corniche...	2 75	» 15	1 75	1 50
— — du Fort-Génois..	2 50	» 15	1 50	1 25
À la plage Noire, à la rencontre du chemin de l'Abattoir..............	1 50	» 15	1 »	1 »
Au Cimetière ou à un point quelconque de la Pépinre	1 50	» 15	1 »	» 75
À la Gare des voyageurs (Bône-Guelma)............	1 50	» 15	1 »	1 »
— du Mokta..............	1 50	» 15	1 »	1 »

Le tarif de Bône à la propriété Pastariano, par les Cazarins, est supprimé.

Tarif des voitures-omnibus

De Bône à Sainte-Anne (Quatre-Chemins)......*la place.* » 15
D'un point de la ville à la gare................ — » 25

Tous les autres tarifs sont maintenus sans modifications.

Art. 3. — Le commandant de la gendarmerie, le receveur municipal, l'inspecteur des produits communaux et le service de la police sont chargés, chacun en ce qui le concerne, de l'exécution du présent arrêté.

Fait à Bône, le 30 juin 1893.

Pour le Maire et le 1er Adjoint, empêchés :

Le 2e Adjoint,

L. LEGENDRE.

Vu et approuvé :
Constantine, le 1er septembre 1893.

Pour le Préfet :

Le Conseiller délégué,

G. OPPETIT.

CHAPITRE XIV

PROFESSIONS

s'exerçant sur la voie publique

Arrêté du 1er juin 1883

Nous, Maire de la ville de Bône, chevalier de la Légion d'honneur,

Vu les lois des 16 février 1834 et 8 juillet 1852 ;

Vu l'arrêté du 30 mars 1835, relatif aux fripiers et brocanteurs ;

Vu l'arrêté du 19 mai 1843, concernant l'exercice de la profession de portefaix ;

Vu l'arrêté du 8 mars 1836 relatif aux bateliers des ports ;

Vu l'arrêté du 21 juillet 1849, relatif à la profession de crieur.

de vendeur ou de distributeur sur la voie publique, arrêté rendu applicable aux chanteurs;

Vu l'arrêté du 17 octobre 1844, portant règlement sur l'exercice de la profession de chevrier;

Vu l'ordonnance du 28 septembre 1847;

Vu le décret du 3 septembre 1850, relatif aux corporations indigènes, notamment aux berranis;

Vu le décret du 27 décembre 1866;

Vu le décret du 18 août 1868, plaçant l'administration des indigènes établis en territoire civil sous le nouveau régime communal;

Vu la loi du 29 juillet 1881, promulguée en Algérie;

Vu la délibération du conseil municipal en date du 16 avril 1880;

Vu le décret du 19 décembre 1868,

ARRÊTONS :

ARTICLE PREMIER.— Nul ne pourra exercer, dans la commune de Bône, une des professions énumérées à l'art. 2 sans être muni, selon le cas, d'une plaque, d'un livret ou d'une autorisation délivrée par le Maire ou ses délégués.

ART. 2. — Les professions assujetties à ces obligations sont les suivantes :

1° Portefaix, commissionnaires, porteurs d'eau, cochers, chevriers, bateliers, vendeurs à la criée;

2° Décrotteurs, colporteurs et marchands ambulants, fripiers, chiffonniers;

3° Afficheurs, distributeurs et vendeurs de journaux, écrits, etc., etc., crieurs publics et chanteurs.

ART. 3. — Les autorisations, plaques et livrets donneront lieu au paiement d'un droit fixe :

1° De 5 fr. par an pour ceux compris dans la première catégorie;

2° De 1 fr. 50 par an pour ceux compris dans la deuxième catégorie;

Enfin, ceux compris dans la troisième catégorie devront se conformer aux dispositions des art. 15 et suivants de la loi du 29 juillet 1881.

ART. 4. — Toutes les autorisations devront être renouvelées tous les ans, dans la première quinzaine de juillet.

Art. 5. — Toute infraction sera punie des peines prescrites par le Code pénal.

Art. 6. — Le receveur municipal, l'inspecteur des produits communaux, le commissaire de police et le personnel sous leurs ordres sont chargés de l'exécution du présent arrêté.

Bône, le 1er juin 1883.

Le Maire,
P. DUBOURG.

Vu et approuvé :
Le Sous-Préfet,
REYNARD.

CHAPITRE XV

CHEVRIERS

Arrêté du 23 décembre 1889

Nous, Maire de la ville de Bône, chevalier de la Légion d'honneur,

Vu l'arrêté de M. le Gouverneur général, du 17 octobre 1844, portant règlement sur l'exercice de la profession de chevrier ;

Vu la loi du 5 avril 1884, art. 91 et suivants qui donne au Maire le droit de réglementer par voie d'arrêtés toutes les matières dites de police municipale ;

Considérant que l'exercice de la profession de chevrier est soumis à la surveillance de l'autorité municipale parce que, ainsi que le dit l'arrêté précité, « les chèvres sont, en Algérie surtout, une cause permanente d'insalubrité pour les villes et de dévastations pour les campagnes ; qu'il importe donc tout à la fois de les éloigner des centres de population et de protéger contre leurs ravages, par des mesures efficaces, l'agriculture et les plantations dont elles sont le plus redoutable fléau »;

Vu la délibération du 20 du courant approuvant le nouveau tarif des droits à percevoir au profit de la caisse municipale,

ARRÊTONS :

ARTICLE PREMIER. — Nul ne pourra exercer la profession de chevrier sur le territoire de la commune de Bône, s'il n'est pourvu d'une autorisation spéciale délivrée par l'autorité municipale.

ART. 2. — L'autorisation devra être renouvelée tous les ans, dans la deuxième quinzaine de décembre, et pourra toujours être retirée.

Elle mentionnera les nom, prénoms, domicile, âge et lieu de naissance du titulaire, ainsi que la situation du local occupé par son troupeau et le nombre de têtes dont il se compose. Il sera perçu pour chaque tête un droit de 25 cent. par mois, qui seront versés dans la caisse municipale. A défaut de paiement, le droit de stationnement sera interdit et les chèvres mises en fourrière.

Toute fraude ou tentative de fraude sera passible, au profit de ladite caisse, du droit de dix francs par chèvre non déclarée.

ART. 3. — Un état nominatif de tous les chevriers, contenant toutes les énonciations ci-dessus, sera dressé et affiché au bureau de police et à la mairie de la commune de Bône.

ART. 4. — Quiconque voudra obtenir l'autorisation exigée par le présent arrêté devra justifier, préalablement, qu'il possède, soit à titre de propriétaire, soit à titre de locataire, une étable proportionnée au nombre d'animaux qu'elle sera destinée à contenir et située en dehors de toute agglomération de population.

ART. 5. — Le vétérinaire communal, le service de la police et les gardes-champêtres veilleront à ce que les chèvreries soient entretenues dans le plus grand état de propreté possible et prescriront à cet effet toutes les mesures qui leur paraîtront nécessaires.

ART. 6. — Chaque chèvre doit porter au cou une plaque en métal où sera reproduit le numéro de l'autorisation délivrée à son propriétaire. Ces plaques seront poinçonnées tous les ans, en même temps qu'aura lieu le renouvellement de l'autorisation.

Lesdites plaques seront délivrées au prix de 50 cent. pièce; en cas de perte, elles seront renouvelées moyennant la même redevance. Les fonds provenant de la vente des plaques seront versés à la caisse municipale.

ART. 7. — Les chèvres devront être nourries et tenues constamment renfermées dans leurs étables. Toutefois le Maire désignera des lieux de stationnement où elles pourront être amenées pour la distribution du lait, savoir : de cinq heures à sept heures du matin, à partir du 1er avril jusqu'au 1er octobre; et, pendant les six autres mois, de six heures à huit heures, y compris le temps nécessaire tant pour aller que pour revenir et à la charge pour les chevriers de balayer et d'enlever avant leur départ toutes les ordures occasionnées par ces animaux sur l'emplacement qu'ils auront occupé.

Chaque défaut de balayage ou d'enlèvement donnera lieu contre son auteur au paiement d'un droit de dix francs au profit de la caisse municipale.

Les chèvres devront être munies d'une muselière pendant tout le trajet de l'étable au lieu de stationnement et vice-versa.

ART. 8. — Le syndic de la corporation des chevriers est nommé et révoqué par le Maire; ses fonctions seront gratuites. Elles consisteront à surveiller la pureté du lait et la fidélité du mesurage; à vérifier au moins une fois par mois l'intérieur des étables afin d'examiner si elles sont entretenues en état de propreté; à assurer l'exécution de toutes les mesures relatives au bon exercice de la profession; enfin, à signaler toutes les contraventions qui parviendront de quelque manière que ce soit à sa connaissance.

ART. 9. — Les chevriers seront tenus de se conformer à tous les arrêtés de police générale ou de police municipale qui leur seront applicables, tels que ceux relatifs au port de la plaque obligatoire pour toutes les professions s'exerçant sur la voie publique, à la divagation des animaux et à leur mise en fourrière, à la vérification des poids et mesures, etc. etc.

ART. 10. — Il est accordé aux chevriers actuels un délai de deux mois, à partir de la publication du présent arrêté, pour se conformer à toutes les dispositions qui précèdent.

ART. 11. — Toutes les contraventions au présent arrêté seront poursuivies et punies conformément aux lois.

ART. 12. — Le receveur municipal, l'inspecteur des produits

communaux, le service de la police, les gardes-champêtres sont chargés, chacun en ce qui le concerne, de l'exécution du présent arrêté qui entrera en vigueur à partir du 1er janvier 1890.

Bône, le 23 décembre 1889.

Le Maire,
J. BERTAGNA.

Vu et approuvé :
Pour le Préfet,
Le Conseiller délégué,
GRUCKER.

TITRE II

Mesures de sûreté et d'ordre public en général

CHAPITRE PREMIER

CAFÉS, CABARETS, DÉBITS DE BOISSONS, CAFÉS-CONCERTS, CAFÉS MAURES HOTELS MEUBLÉS, RESTAURANTS & AUTRES ÉTABLISSEMENTS PUBLICS

Arrêté du 27 juillet 1848

Le Maire de la ville de Bône,

Vu les lois des 12-22 décembre 1789, art. 50 ; 16-24 août 1790, titre XI, art. 3 (n·· 3 et 14) ; 19-22 juillet 1791, titre 1ᵉʳ, art. 9, 11, 46, en ce qui concerne les lieux publics ;

Vu les art. 471 (n· 4), 479 (n· 8) du Code pénal ;

Considérant :

1· Que l'inexécution des divers règlements de police relatifs à la fermeture des lieux publics, tels que cafés, restaurants, billards, cabarets, estaminets, débits de vin et liqueurs, contribue à fournir aux perturbateurs des moyens de se livrer au trouble et au désordre ;

2· Qu'au mépris de ces mêmes règlements, quelques maîtres de ces établissements tolèrent chez eux des réunions à des heures indues, même fort avant dans la nuit, et permettent le jeu, notamment celui du billard, de manière à troubler le repos des voisins ;

3° Que quelques-uns embarrassent la voie publique en plaçant des sièges, des tables ou des bancs sur le passage habituel et forcé des piétons ;

4° Qu'il importe de mettre un terme à ces abus et de faire cesser les plaintes,

ARRÊTE :

ARTICLE PREMIER. — Les établissements ci-dessus désignés, cafés, restaurants, billards, estaminets et débits de vin et liqueurs, ne pourront ouvrir avant le jour et devront être fermés à onze heures précises du soir.

ART. 2. — Les citoyens sont invités à se retirer à l'heure désignée et sur l'injonction du maître de l'établissement.

Ils deviendraient eux-mêmes passibles des peines et amendes s'il était prouvé qu'ils s'y fussent refusés.

ART. 3. — Les propriétaires desdits établissements ne pourront, passé onze heures, réunir ni garder chez eux aucune personne sous quelque prétexte que ce soit, donner bal ou concert sans avoir obtenu l'autorisation du Maire.

ART. 4. — En cas de tapage, désordre ou scandale, ils devront requérir sur-le-champ les officiers de police. Les perturbateurs seront arrêtés et punis des peines et amendes déterminées par l'art. 479 du Code pénal cité plus haut.

ART. 5. — Il leur est expressément défendu : 1° de donner à boire à des gens ivres ou à des soldats qui, après la retraite, ne seraient pas munis d'une permission ; 2° de laisser devant leurs portes ou à l'extérieur des tables, sièges ou bancs qui obstruent la voie publique et gênent la circulation.

ART. 6. — Le commissaire de police est chargé de l'exécution du présent arrêté ; il devra veiller au bon ordre, s'assurer des contraventions et en dresser procès-verbal.

Bône, le 27 juillet 1848.

Le Maire,
LACOMBE.

Arrêté du 29 décembre 1852

Le Maire de la ville de Bône, chevalier de la Légion d'honneur,

Considérant :

1· Que les aubergistes et hôteliers de la ville de Bône ont négligé jusqu'à ce jour de remplir les obligations que les lois leur imposent ;

2· Que beaucoup de personnes louent des appartements ou des chambres garnies sans avoir accompli aucune des formalités exigibles ;

3· Qu'il est urgent de remédier à cet état de choses qui nuit essentiellement à l'action de la police et lui enlève bien souvent les moyens de pouvoir se renseigner.

Voulant assurer dans l'intérêt de l'ordre public l'exécution des lois et règlements sur les hôtels et maisons garnies.

· Vu les lois des 16-24 août 1790, 19-22 juillet 1791, 10 vendémiaire et 27 ventôse an IV ;

Vu notamment l'art. 9 du décret du 10 septembre 1805, qui charge spécialement les maires et officiers municipaux de la surveillance à exercer sur les hôtels et maisons garnies.

Vu l'art. 30 de l'ordonnance royale du 28 septembre 1847 sur l'organisation municipale en Algérie ;

Vu les art. 73, 154, 471 § 15, 475 § 2 du Code pénal,

ARRÊTE :

ARTICLE PREMIER. — A partir du jour de la promulgation du présent arrêté, toute personne tenant auberge, hôtel meublé, restaurant ou table d'hôte, tout individu logeant des étrangers ou louant en garni tout ou partie d'une maison ou d'un appartement sera tenu d'en faire la déclaration à la police.

Acte lui sera donné de cette déclaration, qui sera renouvelée à chaque translation de domicile.

ART. 2. — Un écriteau ou enseigne devra être placé au-dessus de la porte d'entrée de chacun de ces établissements ou maisons garnies quelque soit d'ailleurs le nombre de pièces affectées à la location. Il y sera placé également une lanterne qui restera allumée le soir jusqu'à onze heures.

Art. 3. — Les aubergistes, maîtres d'hôtels et logeurs, etc., seront obligés de numéroter leurs appartements et chambres meublées.

Art. 4. — Ils seront tenus d'inscrire jour par jour, de suite, sans blanc, ni interligne, sur un registre spécial, coté et paraphé par le commissaire de police, *les nom, prénoms, qualité, dernier domicile ou domicile habituel, date d'entrée et de sortie* de toutes les personnes qu'ils logeront chez eux, même pour une nuit, et de présenter ce registre à la fin de chaque mois au visa de la police, et en outre toutes les fois qu'ils en seront requis par les agents de l'autorité.

Art. 5. — Ils s'assureront que le passeport des étrangers qu'ils hébergent a été déposé à la police et, dans le cas contraire, ils en exigeront et en opéreront eux-mêmes la remise. Ils prendront également note de la destination des voyageurs ou de leur intention de se fixer à Bône.

S'il se présentait chez eux des individus sans papier, il leur est défendu de les recevoir et, le cas échéant, ils devront en faire part sur-le-champ au commissaire de police.

Ils informeront également ce magistrat par un bulletin journalier, s'il y a lieu, des arrivées et des départs qui pourront s'effectuer.

Art. 6. — Les aubergistes, maîtres d'hôtels et logeurs, ceux enfin qui louent en garni sont civilement responsables des suites de leur négligence et de la non observation des dispositions qui précèdent comme aussi des cas prévus par les articles 1952, 1953 du Code civil et 154 du Code pénal.

Code civil. — Art. 1952. — Les aubergistes ou hôteliers sont responsables comme dépositaires des effets apportés par le voyageur qui loge chez eux ; le dépôt de ces sortes d'effets doit être regardé comme un dépôt nécessaire.

Code civil. — Art. 1953. — Ils sont responsables du vol ou du dommage des effets du voyageur, soit que le vol ait été fait ou que le dommage ait été causé par les domestiques et préposés de l'hôtellerie ou par les étrangers allant et venant dans l'hôtellerie.

Code pénal. — Art. 154 § 2. — Les logeurs et aubergistes qui, sciemment, inscriront sur leurs registres, sous des noms faux et supposés, les personnes logées chez eux, seront punis d'un emprisonnement de six jours au moins et d'un mois au plus.

Art. 7. — Ils devront donner, à toute réquisition, accès dans leurs établissements aux officiers de police et de gendarmerie pour y faire les visites et inspections que les lois autorisent et que réclame la sûreté publique.

Art. 8. — Toutes les fois qu'un aubergiste, hôtelier et logeur quittera sa profession, il déposera son registre d'inscription à la police avec la déclaration énoncée à l'art. 1.

Art. 9. — Il leur est défendu de laisser séjourner des voitures devant la porte de leur établissement, d'encombrer en quoi que ce soit la voie publique, même pendant la nuit.

Art. 10. — La fermeture des portes des auberges, hôtels, maisons garnies et restaurants, est fixée comme celle des lieux publics, à onze heures du soir, en toute saison.

Art. 11. — Le commissaire de police, la gendarmerie, les gardes-champêtres, sont, chacun en ce qui le concerne, chargés de l'exécution du présent arrêté.

Fait à Bône, le 29 décembre 1852.

Le Maire,

LACOMBE.

Vu et approuvé :
Constantine, le 25 janvier 1853.
Le Préfet,
DE CHAPELAIN.

Extrait de l'arrêté du 29 décembre 1855

Nous, Maire de la ville de Bône, officier de la Légion d'honneur,

Vu l'art. 30 de l'ordonnance royale du 28 septembre 1847 ;

L'expérience ayant démontré la nécessité de compléter les divers arrêtés de police municipale par l'application de certaines mesures intéressant la sûreté des habitants, la salubrité et l'ordre publics ;

Dans le but de combler cette lacune et pour faire suite aux règlements déjà en vigeur.

AVONS ARRÊTÉ CE QUI SUIT :

ARTICLE PREMIER. — L'éclairage des cafés, estaminets, billards, débits de boissons et de tous autres établissements publics de ce genre commencera du coucher du soleil et devra durer jusqu'au moment de leur fermeture, c'est-à-dire jusqu'à onze heures du soir.

Chaque lanterne aura la forme d'un carré long, les vitres auront 0 m. 40 de longueur, 0 m. 25 de largeur sur 0 m. 15 de hauteur. Elle sera placée à l'extérieur, au-dessus de la porte de l'établissement.

ART. 2. —   .   .   .   .

ART. 3. — Toute contravention aux dispositions qui précèdent sera poursuivie conformément à l'art. 471 § 15 du Code pénal.

ART. 4. — La police et la gendarmerie sont chargées de l'exécution du présent arrêté.

Bône, le 29 décembre 1855.

Le Maire,

MAZAURIC.

Approuvé :

Pour le Préfet en congé.

Le Secrétaire général :

CHOISNET.

Extrait de l'arrêté du 11 juin 1882

ART. 10. — Tous les lieux d'aisance répandant une odeur fétide seront nettoyés dans les 24 heures sur l'injonction du commissaire de police. En cas de refus ou de non exécution, après qu'un procès-verbal aura été dressé, il sera procédé à cette opération aux frais du propriétaire.

ART. 11. — Tous cafés, débits ou cafés maures devront

posséder des cabinets d'aisance apparents où les consommateurs puissent aller sans sortir de l'établissement.

Le service de la voirie et le service de la police sont chargés, chacun en ce qui le concerne, de veiller à ce que les nouvelles dispositions relatives aux cafés, débits et cafés maures soient exécutées.

Bône, le 11 juin 1882.

Le Maire,

P. DUBOURG.

Approuvé :

Bône, le 11 juin 1882.

Le Sous-Préfet,

DUNAIGRE.

Arrêté du 8 décembre 1885.

Nous, Maire de la ville de Bône, chevalier de la Légion d'honneur,

Vu la loi du 5 avril 1884, art. 97 ;

Vu les décrets des 29 décembre 1851 et 5 janvier 1852 ;

Vu l'art. 475 § 5 du Code pénal ;

Considérant que les cafetiers maures tolèrent dans leurs établissements des jeux de cartes ;

Que bien que la prohibition de l'art. 475 ne porte que sur les jeux de hasard, il entre dans les attributions de l'autorité municipale de prendre relativement aux jeux de toute nature, tels arrêtés qu'elle juge nécessaire ;

Attendu que l'autorisation d'ouvrir des cafés maures ne donne aux titulaires que le droit d'y débiter du café noir et ne s'étend pas à la vente des liqueurs alcooliques,

ARRÊTONS :

ARTICLE PREMIER. — Il est interdit à tout exploitant de café maure :

1· De laisser jouer aux cartes ou à tout autre jeu dans son établissement ;

2· De servir ou laisser servir aucune espèce de boisson alcoolique.

Toute infraction à ces dispositions entraînera le retrait de l'autorisation et sera, de plus, poursuivie en vertu de l'art. 475, § 5 du Code pénal.

Art. 2. — Les cafés maures restent soumis, en dehors de ces prescriptions, aux règlements qui régissent les cafés, cabarets et débits de boissons.

Art. 3. — Le commissaire de police, chef de service, est chargé, en ce qui le concerne, de l'exécution du présent arrêté, qui sera traduit en arabe et devra être affiché d'une manière permanente dans l'intérieur de chaque café maure.

Bône, le 8 décembre 1885.

Le Maire,

P. DUBOURG.

Vu et approuvé :
Bône, le 9 décembre 1885.
Le Sous-Préfet,
DE CHANCEL.

Arrêté du 18 octobre 1892.

Nous, Maire de la ville de Bône, chevalier de la Légion d'honneur,

Vu la loi du 5 avril 1884 ;

Vu l'arrêté municipal du 25 juillet 1873, relatif au service des mœurs ;

Considérant que de nombreuses plaintes nous ont été portées contre divers cafetiers, cabaretiers ou autres débitants de boissons qui, abusant de la tolérance accordée par les règlements municipaux, ont fait de leurs établissements des lieux de désordre dangereux pour la tranquillité publique et les bonnes mœurs ;

Vu les diverses circulaires, instructions ministérielles, arrêts des cours et tribunaux formant jurisprudence en la matière,

ARRÊTONS :

ARTICLE PREMIER. — Afin de prévenir le retour des faits immoraux et scandaleux qui nous ont été signalés, il est interdit aux cafetiers, cabaretiers et autres débitants de boissons d'employer des femmes et des filles étrangères à leur famille pour servir les consommateurs.

ART. 2. — Sont considérés comme étrangers à la famille les collatéraux à quelque degré que ce soit, ne vivant pas habituellement au même foyer que le débitant. Cependant, dans des circonstances exceptionnelles, les personnes appartenant à cette catégorie pourront être tolérées comme femmes de service, après une enquête faite par les soins de la police municipale.

ART. 3. — Il est défendu d'installer des cabinets particuliers ou des cabinets noirs communiquant directement avec les cafés, cabarets ou autres débits de boissons, d'établir des communications intérieures entre ces établissements et les appartements occupés par d'autres locataires.

Un délai, expirant le 15 novembre prochain, est accordé aux propriétaires des établissements existant actuellement pour se conformer aux dispositions qui précèdent.

ART. 4. — Il est défendu aux cafetiers, cabaretiers ou autres débitants de loger chez eux des filles ou femmes publiques, d'en tolérer dans leurs établissements, sous quelque prétexte que ce soit, même occasionnellement, qu'elles soient seules ou accompagnées. La contravention commise de ce chef ne saurait être excusée par l'ignorance où aurait été le débitant de la situation des femmes qu'il aurait reçues.

ART. 5. — Toute contravention au présent arrêté sera poursuivie et punie conformément aux lois.

ART. 6. — Le commissaire, chef du service de la police, est chargé d'en assurer l'exécution.

Bône, le 18 octobre 1892.

Le Maire,

J. BERTAGNA.

Vu et approuvé :

Pour le Préfet,

Le Conseiller délégué,

GRUCKER.

Arrêté du 19 décembre 1892.

Nous, Maire de la ville de Bône, chevalier de la Légion d'honneur,

Vu les art. 94, 95, 97 de la loi du 5 avril 1884,

Considérant qu'il importe, dans l'intérêt de la moralité et de la tranquillité publiques, de réglementer la tenue des cafés-concerts,

ARRÊTONS :

ARTICLE PREMIER. — L'autorisation de tenir un café-concert ne sera accordée qu'à titre essentiellement précaire. Cette autorisation pourra toujours être rapportée.

ART. 2. — La fermeture des cafés concer* aura lieu chaque soir à l'heure fixée pour la fermeture des autres cafés, à moins d'une autorisation spéciale du Maire.

ART. 3. — Il est interdit aux propriétaires et gérants des cafés-concerts de loger et de nourrir, dans leurs établissements, les artistes attachés à leur concert.

ART. 4. — Les droits des pauvres et de police seront acquittés conformément aux tarifs en vigueur.

ART. 5. — Le programme de chaque concert devra être remis vingt-quatre heures à l'avance au commissariat de police. Il ne pourra être fait aucun changement au programme sans l'assentiment de l'autorité municipale.

ART. 6. — Les artistes, quel que soit leur sexe, ne pourront débuter avant l'âge de dix-huit ans.

ART. 7. — Le tarif des consommations, celui des droits d'entrée, s'il en est établi, le programme de la soirée et un exemplaire du présent arrêté seront affichés dans l'endroit le plus apparent de l'établissement.

ART. 8. — Toute communication des artistes avec le public, pendant la durée des concerts, est formellement interdite. En conséquence les artistes ne pourront quitter leurs places, prendre aucune consommation avec le public, ni circuler dans l'établissement sous prétexte de quêtes, lesquelles sont formellement interdites.

ART. 9. — Dans les quinze jours de la publication du présent arrêté, les titulaires actuels des cafés-concerts seront tenus de faire une nouvelle demande s'ils veulent continuer de gérer leurs établissements à titre de cafés-concerts.

ART. 10. — Tous les arrêtés antérieurs sont abrogés en ce qu'ils ont de contraire au présent règlement de police qui sera mis en vigueur à partir du 5 janvier prochain.

ART. 11. — M. le commissaire, chef du service de la police, est chargé de l'exécution du présent arrêté.

Bône, le 19 décembre 1892.

Le Maire,

BERTAGNA.

Vu et approuvé :
Bône, le 22 décembre 1892.
Le Sous-Préfet,
GÉLINET.

CHAPITRE II

POLICE DES MŒURS, PROSTITUTION, MAISONS DE TOLÉRANCE

Arrêté du 25 juillet 1873

Nous, Maire de la ville de Bône,

Vu les lois des 14-24 décembre 1789, des 16-25 août 1790, 10 juillet 1791, 19-22 juillet 1791 et 24 juillet 1867 :

Vu l'ordonnance du 28 septembre 1847 :

Vu les articles 330 et suivants, 471, 475, 479, 480 du Code pénal, et l'article 1384 du Code civil ;

Considérant qu'il y a lieu d'arrêter les progrès de la prostitution dans la ville de Bône et d'empêcher par de sages mesures que les familles aient à souffrir du contact ou du voisinage des prostituées ;

Vu la délibération du Conseil municipal, en date du 2 septembre 1873, approuvée,

Arrêtons :

Article premier. — Est réputée femme publique toute femme ou fille qui se livre notoirement à la prostitution.

La notoriété pourra être acquise par les faits suivants :

La société habituelle sciemment recherchée des filles soumises ; les rencontres en récidive dans un lieu de débauche ; l'arrestation en récidive sur la voie publique pour conduite contraire aux bonnes mœurs, comme provocations ou actes licencieux ; la propagation du mal vénérien ; la domesticité dans une maison de prostitution jusqu'à l'âge de quarante-cinq ans.

Art. 2. — Est également considérée comme femme publique toute femme ou fille même mineure, habitant seule ou avec ses parents, dans ses meubles ou en garni, dans la demeure de laquelle il y a des réunions d'hommes ou de femmes qui occasionnent du scandale et du tapage par une conduite déréglée ou par des scènes, des propos, des gestes de débauche qui sont de nature à troubler ouvertement et fréquemment le repos des voisins.

La femme en condition comme domestique, alors même qu'elle serait mineure, notoirement connue pour se livrer à la prostitution, est aussi réputée femme publique.

Art. 3. — Les femmes dites publiques sont, après les formalités requises, inscrites sur des registres *ad hoc* tenus par les soins de la police.

Elles sont également assujetties à prendre une carte ou livret conforme au modèle adopté et qui contiendra :

1· Le présent règlement ;

2· Les indications sommaires sur leur état civil et leur demeure ;

3· Leur signalement ;

4· Le résultat des visites sanitaires dont elles ont été l'objet.

Cette carte est seulement une garantie donnée à la santé publique et ne comporte aucune dérogation aux lois protectrices de la morale.

Les femmes soumises devront en être toujours munies et la

représenter à toute réquisition des officiers et agents de police.

Elle sera délivrée aux femmes moyennant la somme de 1 franc 50 centimes.

Art. 4. — Les inscriptions sur le registre dont il est parlé à l'article précédent sont volontaires ou faites d'office.

Art. 5. — Toute femme ou fille qui désire obtenir son inscription sur les contrôles des femmes soumises doit se présenter au bureau de police pour y faire sa déclaration appuyée de son acte de naissance et des pièces constatant son identité et sa position antérieure. Ces pièces resteront déposées au commissariat et ne seront rendues à la déposante qu'en cas de départ, de radiation des contrôles et sur la remise de sa carte sanitaire.

Dès sa déclaration reçue, la postulante sera provisoirement inscrite et recevra une carte provisoire.

L'inscription deviendra définitive lorsque le commissaire chef du service aura réuni tous les renseignements voulus.

Art. 6. — Aucune inscription d'office ne pourra être faite sans l'autorisation spéciale du maire, sur le vu du procès-verbal qui aura été dressé pour constater les causes motivant l'inscription.

Art. 7. — Les femmes soumises sont classées :

En femmes dites de maisons ;

En femmes dites isolées.

Les premières sont celles qui demeurent dans les maisons dites de tolérance.

Les secondes sont celles qui ont un domicile particulier, soit dans un appartement garni, soit dans un appartement dont le mobilier est leur propriété.

Art. 8. — Au moment de l'inscription, les femmes feront connaître à quelle classe elles veulent appartenir ; elles indiqueront la maison de tolérance dans laquelle elles veulent être reçues ; si elles désirent être isolées, elles indiqueront leur domicile par rue, maison et étage, et demeureront tenues de faire connaître, vingt-quatre heures au moins avant leur déménagement, tout changement de domicile qu'elles croiraient devoir effectuer. Les femmes soumises peuvent passer d'une classe à une autre suivant leur volonté, mais à la condition d'en faire préalablement la déclaration au bureau de police.

Art. 9. — Au moment de l'inscription, on fera connaître aux femmes isolées les rues et les maisons où il leur serait interdit de se loger.

Toute femme isolée sera tenue de changer de logement lorsque notification lui en sera faite par le commissaire chef du service de la police.

ART. 10. — Il est défendu aux femmes soumises :

1· De sortir, le soir, de leur domicile après onze heures ;

2· De se présenter seules ou en compagnie sur les places publiques ;

3· De stationner seules ou en groupes sur la voie publique ;

4· De provoquer les passants de leur fenêtre, à quelque heure que ce soit, par paroles ou par gestes, de les appeler dans les rues, de les attirer et de se laisser aborder, accompagner ou suivre par eux ;

5· De parcourir les rues dans un costume indécent ;

6· De se tenir sur le seuil de leur porte ou à leur fenêtre ;

7· De fréquenter les passages, les lieux déserts et obscurs ;

8· D'entrer dans les brasseries, cafés et estaminets ou autres lieux publics ;

9· De pénétrer dans les casernes, camps et corps-de-garde ;

10· De se présenter devant les casernes, camps et corps-de-garde, d'accoster les militaires, de se montrer ou promener avec eux en public, de s'arrêter avec eux sur la voie publique et de les recevoir chez elles après l'heure de la retraite ;

11· De recevoir des jeunes gens en âge de minorité ;

12· De se présenter au théâtre ailleurs qu'à l'endroit qui leur sera assigné ;

13· De parcourir la ville et la banlieue en voiture découverte.

ART. 11. — Les filles ou femmes publiques ne peuvent en aucun temps paraître sur la place d'Armes, ni sur le cours National, ni même dans la rue Saint-Augustin, ni dans les bals réservés, concerts ou fêtes publiques, seules ou accompagnées. Elles ne peuvent exiger leur admission dans une réunion publique alors même qu'elles seraient accompagnées de personnes non soumises aux mêmes règles qu'elles.

ART. 12. — Les femmes soumises isolées, ou en maison, devront s'abstenir, à l'intérieur de leur habitation, de tout bruit ou tapage, de tout chant ou propos pouvant retentir au dehors et occasionner des sujets de plainte de la part des voisins ou des passants.

ART. 13. — Toute femme publique qui voudra renoncer à la prostitution et obtenir sa radiation des contrôles devra en faire la demande au bureau de la police.

La radiation ne lui sera accordée :

1· Sur sa demande, que lorsqu'elle aura justifié d'une manière authentique de moyens d'existence honnêtes et qu'il aura été constaté qu'elle est revenue à une conduite meilleure ;

2· Sur la demande des tiers, qu'autant que ces derniers seraient en mesure et prendraient par écrit l'engagement d'assurer à leur protégée du travail ou des ressources pécuniaires suffisantes pour vivre en dehors de la prostitution.

ART. 14. — Les dispositions de l'article qui précède ne seront pas applicables lorsque la radiation sera demandée pour cause de mariage.

ART. 15. — Hors le cas de mariage consommé, la radiation définitive n'aura lieu que trois mois après l'admission de la demande et, pendant ce temps, la femme en instance restera soumise, comme par le passé, aux visites sanitaires et à la surveillance de la police. Néanmoins, les effets de l'inscription pourront, dans des cas spéciaux, être suspendus immédiatement sur l'ordre du Maire.

ART. 16. — Les filles soumises n'auront à payer aucun droit, ni pour les inscriptions, ni pour la radiation.

ART. 17. — Aucune femme ou fille publique ne pourra quitter la commune pour aller dans une autre localité, sans en avoir fait la déclaration au bureau de police et avoir présenté un certificat du médecin visitant, constatant qu'elle est saine.

ART. 18. — Aucune maison de prostitution ou de tolérance ne pourra être établie ou transmise sans une autorisation préalable délivrée par le Maire, sur la proposition du commissaire chef du service de la police.

Cette autorisation sera également nécessaire à toute femme ou fille publique qui désirerait occuper un logement particulier.

ART. 19. — Toute personne voulant ouvrir une maison de tolérance, ainsi que toute femme ou fille publique qui voudra s'établir dans un logement particulier, devra produire le consentement écrit du propriétaire ou du principal locataire à l'affectation qui sera donnée à toute ou partie de sa maison.

ART. 20. — Les maisons de tolérance n'auront qu'une seule issue. Cette issue, qu'aucun signe extérieur ne devra indiquer, sera, autant que faire se pourra, garnie de deux portes pleines, l'une sur la rue, restant toujours ouverte ; l'autre à l'intérieur, très solide, sera munie d'un judas s'ouvrant en dedans. Cette deuxième porte sera toujours fermée à clef et ne sera ouverte aux visiteurs que par le maître ou la maîtresse de maison, ou la personne désignée spécialement pour ce service.

Le judas pratiqué dans cette deuxième porte sera pourvu d'un volet placé à l'intérieur et ne sera ouvert que par le maître ou la maîtresse de la maison, ou la personne désignée spécialement.

La maîtresse de la maison veillera à ce qu'aucune femme ne se montre à travers la grille du judas.

Les fenêtres du rez-de-chaussée et des divers étages seront garnies de persiennes cadenassées, à lames fixes, disposées de bas en haut. A défaut de persiennes, elles resteront constamment fermées ; les châssis seront également fermés et garnis de vitres dépolies ; chaque fenêtre sera pourvue d'un ventilateur.

Les chambres, salles et salons, etc., seront peints, blanchis ou tapissés aussi souvent que cela sera nécessaire, pour y maintenir un état constant de propreté.

Les chambres affectées aux femmes soumises auront chacune une entrée spéciale.

Les portes qui donnent accès sur les terrasses des maisons de tolérance seront tenues fermées et les clefs conservées par les maitresses de maisons, afin que les femmes soumises ne puissent y pénétrer sous aucun prétexte.

Le corridor intérieur et les escaliers de ces maisons resteront éclairés pendant toute la nuit.

Art. 21. — Aucune autorisation de tenir une maison de tolérance ne sera accordée à une fille non majeure.

Aucun homme, si ce n'est le mari de la maîtresse de la maison, ne pourra y habiter.

Art. 22. — Les maitresses de maisons sont soumises aux obligations imposées aux logeurs en garni, tant pour leurs pensionnaires, servantes ou domestiques, que pour les personnes qui passent la nuit dans leur maison.

Art. 23. — Le nombre des femmes réunies dans une maison ne pourra excéder celui des chambres habitables disponibles, chaque femme devant avoir sa chambre particulière et cette chambre ne devant contenir qu'un lit.

Art. 24. — L'arrivée dans une maison de tolérance et le départ de cette maison, quelle qu'en soit la cause, d'une femme ou fille régulièrement soumise, seront signalés immédiatement au bureau des mœurs, à la diligence des maitresses de maisons.

ART. 25. — Il est enjoint aux maîtresses de maisons de tolérance de déclarer sans aucun retard, au même bureau, les femmes chez lesquelles la maladie vénérienne se déclarerait.

Lorsqu'il aura été reconnu que la maîtresse de maison aura caché sciemment la maladie vénérienne d'une femme soumise, la maison sera fermée temporairement ou définitivement, par ordre du Maire, sur la proposition du commissaire de police, chef de service.

ART. 26. — Il est formellement interdit aux maîtresses de maisons :

1° De loger des femmes soumises en nombre plus considérable que celui indiqué sur leur autorisation ;

2° D'accueillir, même temporairement, soit pendant le jour, soit pendant la nuit, des femmes qui se livreraient à la prostitution munies ou non de cartes, si elles ne font pas régulièrement partie de leur établissement ;

3° De laisser circuler au dehors les femmes inscrites dans leur maison ;

4° De recevoir des militaires après la retraite ;

5° De recevoir des jeunes gens en âge de minorité ;

6° De se tenir sur le seuil de la porte ou circuler sur la voie publique, dans le voisinage de leur maison, dans le but d'inviter les passants à y pénétrer ;

7° De faire ou laisser tenir sous leur porte ou circuler sur la voie publique, dans le voisinage de leur maison, dans le but d'inviter les passants à y pénétrer, leurs sous-maîtresses, domestiques et généralement toutes personnes employées à un titre quelconque dans leur établissement ;

8° De retenir, pour aucune cause et sous quelque prétexte que ce soit, les femmes soumises qui voudraient quitter leur maison.

ART. 27. — Il est également interdit aux maîtresses de maisons de tolérance de débiter du vin, des liqueurs alcooliques, de la bière et de donner à manger.

ART. 28. — Les maîtresses de maisons de tolérance sont personnellement responsables des désordres qui auraient lieu à l'intérieur et à l'extérieur de leur établissement, par le fait des femmes soumises qui en font partie.

Elles sont tenues de représenter la totalité des pensionnaires inscrites chez elles, chaque fois qu'elles en seront requises.

Art. 29. — Toute personne, même tenant une maison de tolérance, qui serait convaincue d'avoir attiré ou reçu pour un laps de temps quelconque, des femmes mariées ou des filles mineures, sera poursuivie conformément à l'article 330 du Code pénal.

Art. 30. — Toute personne qui donne à loger en garni à des femmes ou des filles connues pour vivre de prostitution ou pour s'y livrer habituellement, doit les enregistrer dès leur entrée, exiger d'elles la représentation de leurs cartes d'inscription, s'assurer dans les vingt-quatre heures qu'elles y ont fait annoter par le commissaire de police la mention de leur nouvelle demeure, ou, si lesdites femmes ne sont pas nanties de leurs cartes, en faire elle-même immédiatement la déclaration au bureau de police, sous les peines portées par l'article 475, n° 2, du Code pénal.

Art. 31. — Les maisons dites de passe, dans lesquelles les femmes ou filles prostituées sont reçues temporairement, sont formellement interdites.

Art. 32. — Les dispositions des articles du présent règlement, relatifs aux maîtresses de maisons, seront applicables aux femmes et filles soumises isolées et qui habitent séparément. Elles sont tenues de s'y conformer en tous points. Elles ne pourront prêter leur chambre ni la partager avec une autre femme quelle qu'elle soit et sous aucun prétexte.

Art. 33. — Toute femme soumise est astreinte à des visites médicales périodiques, ainsi qu'aux visites inopinées qui peuvent être ordonnées chaque fois que l'intérêt de la santé publique l'exige.

Art. 34. — Les maîtresses de maisons seront tenues de payer les frais de visites médicales de leurs pensionnaires.

Art. 35. — *Voir l'arrêté ci-après du 10 mars 1882.*

Art. 36. — *Voir l'arrêté ci-après du 19 janvier 1889.*

Art. 37. — Toute personne soumise pourra, à son arrivée, être assujettie à une visite à la demande du commissaire de police, lors même qu'elle serait munie d'un certificat de visite à son départ de la localité d'où elle vient.

Art. 38. — Aucune permission de changement de maison de tolérance, ou de domicile, ou de localité, ne sera accordée aux femmes soumises, sans qu'elles aient satisfait à une visite sanitaire.

Art. 39. — Les visites prescrites par les articles 37 et 38 seront à la charge des filles soumises, qui se procureront le certificat médical à leurs frais et selon leur convenance.

Art. 40. — Les maîtresses de maisons de tolérance ne pourront jouir de la faveur de faire visiter leurs pensionnaires dans leur maison qu'aux conditions suivantes :

1· La pièce dans laquelle auront lieu les visites sera à la convenance du docteur visitant ;

2· Il s'y trouvera un fauteuil de visite : il s'y trouvera aussi les instruments et tous les objets nécessaires aux visites qui seront désignés par le docteur visitant.

Dans tous les cas, ces autorisations seront données par le Maire, sur la proposition du commissaire, chef de service, et après avis conforme du médecin visitant.

Les visites auront lieu dans les maisons de tolérance, le vendredi, à partir de neuf heures du matin.

Art. 41. — *Voir l'arrêté ci-après du 19 janvier 1889.*

Art. 42 — La veille des visites, le commissaire, chef du service de la police, fera dresser un état régulier et signé par lui, contenant les noms, etc., des femmes soumises qui devront être visitées le lendemain, et le transmettra au docteur visitant.

Les droits perçus seront versés le lendemain de chaque visite par le collecteur qui en est spécialement chargé, et ce dans la forme ordinaire.

Le versement devra être effectué avant dix heures du matin.

Art. 43. — Le jour de la visite et à l'appel de son nom, la femme soumise remettra sa carte d'inscription, et le docteur constatera par un signe particulier, tant sur l'état indiqué plus haut que sur ladite carte, la position sanitaire de la femme visitée (**S** si la femme est saine, **M** si elle est malade, et **D** si elle est douteuse). Si la femme ne répond pas à l'appel de son nom, il en constatera l'absence sur l'état.

La carte sera immédiatement rendue.

L'état constatant le résultat de la visite, certifié véritable par le docteur visitant, sera de suite transmis par lui au commissaire, chef de service, afin que ce fonctionnaire puisse prendre les mesures nécessaires pour faire rechercher et arrêter les femmes qui se seraient soustraites ou auraient manqué à la visite.

Art. 44. — Les femmes soumises, femmes de maison ou isolées, qui auront manqué à la visite sanitaire, seront recherchées et mises en surveillance jusqu'au moment où elles seront visitées.

ART. 45. — Les femmes reconnues malades lors de la visite seront immédiatement séquestrées à l'hôpital du dispensaire, jusqu'à parfaite guérison ; les femmes dont l'état sanitaire sera douteux, pour quelle cause que ce soit, seront aussi séquestrées jusqu'à la visite complète.

ART. 46. — Les agents délégués pour le service des visites sanitaires ne devront dans aucun cas assister à ces visites.

ART. 47. — Les maisons de tolérance et les demeures des femmes isolées seront ouvertes à toute heure du jour comme de la nuit aux officiers et agents de police, toutes les fois qu'ils s'y présenteront pour les visiter. Ils devront, toutefois, rendre compte au commissaire, chef du service, du motif et du résultat de leur démarche.

ART. 48. — Des conditions particulières, non prévues par le présent arrêté, pourront être imposées dans les arrêtés spéciaux qui autorisent les maîtresses de maisons.

ART. 49. — Il sera remis à titre gratuit *(pour la première fois)*, à chaque maîtresse de maison, un exemplaire du présent arrêté imprimé en forme de livret; il devra être présenté à toute réquisition des officiers ou agents de police.

ART. 50. — Des punitions disciplinaires de un à cinq jours de geôle pourront être infligées par le commissaire, chef du service de la police, aux femmes soumises qui contreviendraient au présent règlement. Il sera immédiatement rendu compte de ces punitions au Maire.

La nourriture et l'entretien des femmes punies restera à la charge des maîtresses de maisons.

ART. 51. — Toute femme ou fille publique qui résistera aux prescriptions du présent règlement ou y contreviendra habituellement, comme celle qui, par ses débordements, son manque de domicile ou toute autre cause, deviendra un sujet de scandale pour la société et de trouble pour la tranquillité publique, sera expulsée de la ville et reconduite par la gendarmerie dans son pays d'origine.

ART. 52. — Le commissaire, chef du service de la police, est chargé de prendre les mesures nécessaires pour faire exécuter le présent arrêté ; il dressera ou fera dresser les procès-verbaux constatant, contre les maîtresses de maisons et les femmes soumises, les infractions aux dispositions qu'il renferme et qui ne sont pas punies administrativement, pour lesdits procès-verbaux être soumis au tribunal compétent et jugés par lui.

Art. 53. — Toutes dispositions contraires à celles du présent arrêté sont et demeurent abrogées.

Fait à Bône, le 25 juillet 1873.

Le Maire,

P. DUBOURG.

Vu et approuvé :

Constantine, le 12 septembre 1873.

Le Préfet,

DESCLOZEAUX.

Arrêté du 10 mars 1882

Nous, Maire de la ville de Bône.

Vu notre arrêté en date du 25 juillet 1873, approuvé par M. le préfet de Constantine le 12 septembre suivant, ledit arrêté relatif au service des mœurs, à l'admission dans les hôpitaux et dispensaires des pensionnaires des maisons de tolérance et au mode de paiement de leurs frais de traitement.

Arrêtons :

Article unique. — L'article 35 de notre arrêté sus-visé est modifié ainsi qu'il suit :

« Art. 35. — Les pensionnaires des maisons de tolérance qui sont reconnues atteintes de maladies contagieuses seront traitées au dispensaire aux frais des maîtresses des maisons auxquelles elles appartiennent.

« Ces frais, calculés d'après le tarif arrêté chaque année par le conseil de préfecture, seront versés à la caisse de l'hôpital civil tous les mois, par les maîtresses de maisons, sur le vu du décompte qui leur en sera adressé par le receveur de cet établissement. Les maîtresses de maisons ne pourront en aucun cas répéter ces frais contre leurs pensionnaires.

« En cas d'infraction à l'une de ces dispositions, la maison sera immédiatement fermée, temporairement ou définitivement, par le commissaire, chef du service de la police. »

Fait à Bône, le 10 mars 1882.

Le Maire,

P. DUBOURG

Vu et approuvé :

Constantine, le 17 juin 1882.

Pour le Préfet en congé :

Le Secrétaire général,

AUG. VIGOUROUX.

Arrêté du 19 janvier 1889

Nous, Maire de la ville de Bône,

Vu notre arrêté en date du 25 juillet 1873 approuvé par M. le Préfet le 12 septembre suivant et notamment les articles 36 et 41 relatifs aux visites périodiques des filles et femmes soumises isolées, ainsi qu'aux droits à percevoir pour lesdites visites.

Vu notre arrêté du 27 décembre 1888, fixant à 3 fr. 50 centimes par visite et par femme visitée le droit à payer par les filles ou femmes soumises isolées visitées au dispensaire.

Vu la délibération du Conseil municipal en date du 12 du courant autorisant une certaine catégorie de filles et femmes soumises isolées à se faire visiter au domicile du médecin chargé de ce service, moyennant un droit de 5 francs par visite à verser à la caisse municipale, ledit droit indépendant du prix de la visite à payer par la femme visitée au médecin visitant, prix à débattre entre eux.

ARRÊTONS :

ARTICLE PREMIER. — A partir de la publication du présent arrêté, les articles 36 et 41 de nos arrêtés sus-visés sont modifiés ainsi qu'il suit :

« ART. 36. — Les visites médicales périodiques des femmes

« isolées seront passées dans une salle du dispensaire. Elles
« auront lieu le vendredi de chaque semaine à partir de sept
« heures du matin, et les femmes visitées seront assujetties au
« paiement des droits indiqués à l'art. 41.

« Les visites inopinées, visites et contre-visites des femmes
« suspectées de se livrer à la prostitution clandestine auront
« également lieu au dispensaire.

« Elles seront gratuites.

« Néanmoins, certaines femmes pourront, par faveur spéciale,
« et sur avis conforme du commissaire de police, obtenir du
« Maire l'autorisation de se faire visiter, à leurs frais, au domi-
« cile du médecin chargé du service. Ces visites auront lieu le
« jeudi de chaque semaine, à partir de huit heures du matin,
« et, outre le prix de la visite à payer directement par la femme
« visitée au docteur visitant, les femmes visitées seront assujetties
« au paiement des droits indiqués à l'art. 41.

« ART. 41. — Les visites périodiques seront assujetties aux
« droits suivants :

« Filles et femmes soumises de toutes catégories visitées soit
« au dispensaire, soit dans les maisons de tolérance : 3 fr. 50
« centimes par femme visitée et par visite.

« Filles et femmes soumises visitées au domicile du docteur
« chargé du service : 5 fr. par visite et par femme visitée.

« Ces rétributions seront acquittées le jour même entre les
« mains du collecteur désigné à cet effet. »

ART. 2. — Le receveur municipal et le commissaire de police,
chef de service, sont chargés, chacun en ce qui le concerne, de
l'exécution du présent arrêté.

Bône, le 19 janvier 1889.

Le Maire,

J. BERTAGNA.

Arrêté du 6 novembre 1889.

Nous, Maire de la ville de Bône, chevalier de la Légion d'honneur,

Vu la loi du 5 avril 1884 ;

Vu les art. 35 et 41 de l'arrêté municipal du 25 juillet 1873, modifiés par les arrêtés des 10 mars 1882 et 19 janvier 1889, lesdits articles ainsi conçus :

« Art. 35. — Les pensionnaires des maisons de tolérance qui
« seront reconnues atteintes de maladies contagieuses seront
« traitées au dispensaire aux frais des maîtresses des maisons
« auxquelles elles appartiennent.

« Ces frais, calculés d'après le tarif arrêté chaque année par
« le conseil de préfecture, seront versés à la caisse de l'hôpital
« civil, tous les mois, par les maîtresses de maisons, sur le vu
« du décompte qui leur en sera adressé par le receveur de cet
« établissement. Les maîtresses de maisons ne pourront, en aucun
« cas, répéter ces frais contre leurs pensionnaires.

« En cas d'infraction à l'une de ces dispositions, la maison
« sera immédiatement fermée, temporairement ou définitive-
« ment, par le commissaire, chef du service de la police.

« Art. 41. — Les visites périodiques sont assujetties aux
« droits suivants :

« Filles et femmes soumises de toutes catégories, visitées soit
« au dispensaire, soit dans les maisons de tolérance : 3 fr. 50
« centimes par femme visitée et par visite.

« Filles et femmes soumises visitées au domicile du docteur
« chargé du service : 5 fr. par femme visitée et par visite.

« Ces rétributions seront acquittées le jour même entre les
« mains du collecteur désigné à cet effet. »

Considérant que plusieurs propriétaires d'hôtels garnis ont été autorisés à recevoir chez eux un certain nombre de filles ou femmes soumises ; que, par le fait de cette autorisation, on peut assimiler dans une certaine mesure ces hôtels garnis à des maisons de tolérance et imposer à leurs propriétaires quelques-unes des obligations imposées aux maîtresses de ces sortes d'établissements, telles que le paiement des frais de traitement dans les hôpitaux, des filles ou femmes soumises logeant chez eux et la responsabilité des droits de visite sanitaire dus par leurs locataires,

Arrêtons :

Article premier. — L'art. 35 sus-visé est appliqué aux propriétaires d'hôtels garnis qui ont obtenu l'autorisation de loger des filles soumises.

En cas de refus de se soumettre à ces dispositions, l'autorisation leur sera retirée et ils seront poursuivis conformément aux lois.

Art. 2. — Les propriétaires d'hôtels garnis sont responsables des frais de visite sanitaire des filles ou femmes soumises qu'ils ont obtenu l'autorisation de loger, lesdits frais calculés conformément à l'art. 41 sus-visé.

Art. 3. — Le commissaire de police, chef de service, est chargé de l'exécution du présent arrêté.

Bône, le 6 novembre 1889.

Le Maire,
J. BERTAGNA.

Arrêté du 10 septembre 1891

Nous, Maire de la ville de Bône, chevalier de la Légion d'honneur,

Vu notre arrêté du 6 novembre 1889, accordant certaines tolérances aux propriétaires d'hôtels garnis, et leur permettant, entre autres, de recevoir et de loger des filles soumises.

Considérant que cette faveur procure à ces industriels des avantages notables, et qu'il convient d'en faire bénéficier, dans une certaine mesure, les pauvres de la ville, par la perception d'un droit au profit du bureau de bienfaisance.

Arrêtons :

Article premier. — A partir du 15 courant, tout propriétaire d'hôtel garni ou de maison meublée, qui a obtenu l'autorisation de loger des filles ou femmes soumises, versera au bureau de bienfaisance une rétribution de 5 francs par mois et par femme ou fille soumise logeant dans son garni.

ART. 2. — Toute contravention au présent arrêté sera punie du retrait de l'autorisation accordée.

ART. 3. — Le commissaire de police et le receveur du bureau de bienfaisance sont chargés, chacun en ce qui le concerne, de l'exécution du présent arrêté.

Bône, le 10 septembre 1891.

Le Maire,

J. BERTAGNA.

Arrêté du 21 septembre 1891.

Nous, Maire de la ville de Bône, chevalier de la Légion d'honneur,

Vu la loi du 5 avril 1884 ;

Vu les arrêtés municipaux des 25 juillet 1873, 10 mars 1882 et 19 janvier 1889 sur le service des mœurs :

Vu notre arrêté du 6 novembre 1889 appliquant certaines dispositions de ces arrêtés aux propriétaires d'hôtels garnis ayant obtenu l'autorisation de loger des filles soumises et les rendant responsables des faits et gestes de leurs pensionnaires.

Considérant qu'avec le personnel restreint dont dispose le service de la police, il lui est difficile d'exercer une surveillance et un contrôle efficaces sur les filles soumises isolées, disséminées dans un grand nombre de quartiers de la ville et qui se livrent à la prostitution sans avoir souvent fait les déclarations ou passé les visites réglementaires ;

Considérant qu'il importe dans l'intérêt de la morale et de la santé publiques, de mettre un terme à cet abus en déterminant à nouveau les lieux affectés à la prostitution.

Après avoir pris l'avis de M. le commissaire de police, chef de service ;

ARRÊTONS :

ARTICLE PREMIER. — A partir de ce jour, aucune fille soumise ne pourra plus habiter ni se livrer à la prostitution en dehors des maisons de tolérance, des hôtels garnis régulièrement autorisés ou des immeubles affectés à cet usage par décision spéciale.

ART. 2. — Un délai d'un mois est accordé aux filles soumises isolées pour se conformer à ces nouvelles dispositions.

ART. 3. — Le commissaire, chef du service de la police, est chargé d'assurer l'exécution du présent arrêté.

Fait à l'hôtel de ville, le 21 septembre 1891.

Le Maire,

J. BERTAGNA.

CHAPITRE III

POLICE DU THÉATRE

Arrêté du 19 avril 1856

Nous, Maire de la ville de Bône,

Vu les lois des 14-22 novembre 1789, 16-24 août 1790, 29 janvier et 19-22 juillet 1791, l'arrêté du 1er germinal an VII, le décret du 22 frimaire an XIV, ensemble la loi du 18 juillet 1837 et l'ordonnance royale du 28 septembre 1847 ;

Considérant qu'il importe d'assurer le maintien du bon ordre dans la salle de spectacle de la ville de Bône, pendant le cours des représentations théâtrales, et de prévenir, en même temps,

par des mesures de prudence et de répression, les accidents
ainsi que les abus,

Avons arrêté ce qui suit :

Article premier. — Le directeur du théâtre, avant de commencer ses représentations, nous remettra la liste nominative des artistes qui composent sa troupe, avec désignation de l'emploi de chacun d'eux, et il nous fera connaître les mutations qui pourraient survenir.

Art. 2. — Chaque samedi, il nous adressera copie, par ordre de représentations, du répertoire des pièces qui devront être jouées pendant la semaine suivante. Cet ordre ne pourra être changé ni interverti qu'en cas de maladie dûment constatée d'un ou plusieurs artistes et avec notre autorisation écrite.

Art. 3. — Si au moment ou pendant la durée du spectacle et par suite d'un empêchement fortuit, il devenait impossible de jouer une des pièces annoncées par l'affiche du jour, le directeur devra la remplacer par une de celles comprises dans le répertoire de la semaine, ou à défaut, de la semaine précédente. Toutefois, il rendra compte, sur-le-champ, au Maire, de ce changement qui sera porté à la connaissance du public par une bande appliquée sur l'affiche, si l'heure le permet, ou autrement par un avis manuscrit placardé intérieurement à chacune des portes d'entrée de la salle.

Art. 4. — Le spectacle devra commencer à huit heures, quel que soit le nombre des spectateurs, et être terminé à onze heures, les jours ouvrables, et à onze heures et demie, au plus tard, le dimanche. Il ne pourra être prolongé qu'en cas de représentations extraordinaires et avec la permission de l'autorité.

Art. 5. — Le directeur ne pourra admettre dans la salle et dans les loges un nombre de personnes supérieur à celui des places qui demeure fixé ainsi qu'il suit :

Stalles d'orchestre..........................	93	places
Parterre....................................	146	—
Loges, 1res et 2es (5 places chacune) loge du milieu (1res, 6 places ; 2es, 8 places)...............	210	—
Baignoires (de côté, 3 places ; de face, 5 places chacune)...................................	68	—
Avant-scène (6 places chacune)...............	36	—
Galerie supérieure (amphithéâtre).............	300	—
Total.....	853	places

ART. 6. — Il ne sera point libre de disposer, à moins d'une autorisation expresse, des places réservées aux autorités et aux agents de service.

ART. 7. — Les prix des places seront arrêtés par nous, sans pouvoir être modifiés ni augmentés qu'avec notre autorisation.

Le tarif en sera affiché à la porte du théâtre et devant chaque bureau de distribution.

ART. 8. — La durée des entr'actes est fixée à cinq minutes, lorsque le rideau ne baissera point ; à quinze minutes, toutes les fois qu'il y aura changement de décors et de costumes. L'intervalle entre deux pièces ne dépassera pas trente minutes.

ART. 9. — Des symphonies devront toujours précéder la levée du rideau. Il pourra en être exécuté dans l'intervalle des pièces.

ART. 10. — La police du théâtre appartient au commissaire de police chargé de la surveillance générale de la salle et du maintien de l'ordre. Le directeur et ses agents seront tenus de déférer provisoirement à toute invitation qui leur sera faite par ce magistrat, dans l'intérêt de l'ordre, à charge par ce dernier de nous en rendre compte.

ART. 11. — Tout acteur ou actrice qui, par son absence ou son refus de jouer, non justifiés ou agréés, aura nécessité le changement d'une pièce annoncée, qui aura volontairement interrompu la représentation ou déserté la scène, sera passible des peines portées contre ceux qui troublent l'ordre public.

Il en sera de même de tout retard apporté par eux au commencement ou à la reprise du spectacle.

ART. 12. — Il est défendu aux acteurs, aussi bien qu'au chef d'orchestre :

1º De se permettre aucune suppression, coupure ou addition quelconque qui n'aurait pas été préalablement autorisée, dans les rôles qui leur sont confiés ;

2· De ramasser ou lire aucun billet ;

3· De chanter (même sur la demande du public) des morceaux ou des cantates, de jouer des airs qui ne feraient pas partie de la représentation ;

4· De se permettre aucun geste ironique, aucune menace, apostrophe ou interpellation à l'adresse des spectateurs.

ART. 13. — Le directeur fera connaître à l'autorité les personnes qui contreviendraient aux dispositions qui précèdent, sous peine d'être poursuivi comme personnellement responsable des infractions de ce genre.

Art. 14. — Néanmoins le régisseur pourra se porter sur la scène avec l'autorisation ou sur l'invitation expresse du commissaire de police, pour faire au public telle communication que nécessiterait une circonstance relative aux représentations.

Art. 15. — L'accès de la scène, des coulisses, des loges et du foyer des acteurs est formellement interdit au public.

Art. 16. — Le directeur est chargé de maintenir l'ordre et le silence dans les coulisses.

Art. 17. — Il ne doit y avoir sur la scène d'autres personnes que les artistes et les gens reconnus nécessaires au service de la pièce que l'on joue.

Art. 18. — Pendant les entr'actes, il sera fait place nette aux machinistes et aux lampistes.

Art. 19. — Nul ne doit avoir le chapeau sur la tête, ni demeurer debout, quand la toile est levée.

Art. 20. — Il est défendu de troubler l'ordre et la tranquillité des spectateurs, soit par des cris, huées, sifflets, interpellations ou tapage quelconque, soit par des actes contraires aux convenances et aux mœurs, soit en jetant quelque objet dans la salle ou dans les loges, soit encore en parlant à haute voix ou en circulant bruyamment dans les corridors pendant les représentations.

Toute dispute devra être immédiatement réprimée et les perturbateurs seront expulsés de la salle.

Art. 21. — Défense expresse est faite de fumer dans l'intérieur du théâtre, autre part que dans la buvette, d'y jeter aucun cigare ou autre corps enflammé, même à l'entour du bâtiment, enfin, d'y introduire des chiens.

Art. 22. — Les dégradations qui seraient commises au théâtre seront constatées, sur-le-champ, par procès-verbal de la police et mises à la charge de ceux qui les auront occasionnées.

Art. 23. — Aucun spectateur ne peut lancer des billets sur la scène, ni exiger des acteurs ou des musiciens, des chants, couplets de circonstance ou airs de musique qui ne seraient point annoncés sur l'affiche du jour.

Art. 24. — Le trafic des billets, tant à l'extérieur qu'à l'intérieur du théâtre, est formellement interdit.

Art. 25. — Tout individu arrêté pour cause de désordre, soit à la porte, soit dans l'intérieur de la salle, sera conduit devant le commissaire de police, à qui seul il appartient de décider son renvoi devant l'autorité compétente, ou sa mise en liberté.

Art. 26. — Un caporal pompier, deux sapeurs-pompiers et le chef fontainier de la ville assisteront à toutes les représentations : un pompier et le chef fontainier resteront sur la scène ; le caporal pompier et un sapeur-pompier seront dans la salle aux places qui leur seront assignées.

Art. 27. — Avant le spectacle, pendant les entr'actes et à la fin de chaque représentation, ils devront s'assurer, par des visites minutieuses, que toutes les précautions ont été prises contre l'incendie, que la pompe et le robinet de la conduite d'eau intérieure sont en état de fonctionner. Ils devront être rendus sur la scène une demi-heure avant le lever du rideau et ne quitteront le théâtre qu'une demi-heure après qu'il aura été évacué. Lorsque les feux seront tous éteints, ils feront une dernière ronde, accompagnés d'un gardien et d'un agent de police, munis d'une lanterne sourde, afin de s'assurer si personne n'est resté dans la salle et s'il n'existe aucun indice d'incendie.

Art. 28. — Deux baquets remplis d'eau, avec un nombre suffisant de perches à éponge seront en tout temps disposés des deux côtés de la scène.

Le directeur en fera renouveler l'eau tous les jours : une des pompes de la commune, avec tout le matériel nécessaire à son usage, demeurera en permanence sous la scène pendant tout le cours des représentations.

Art. 29. — Un des pompiers de service passera la nuit avec le concierge dans l'intérieur du théâtre. En cas d'incendie ou d'accident quelconque, ce dernier courra immédiatement pour chercher du secours et le pompier restera à son poste. Si le feu venait à se déclarer, il préviendrait d'abord le capitaine commandant la compagnie de pompiers et ensuite le commissaire de police. En toute autre circonstance, il s'adressera directement à la police.

Art. 30. — Une demi-heure avant la clôture du spectacle, comme aussi en cas d'accident, le directeur fera ouvrir toutes les issues, afin de faciliter la sortie des spectateurs. Les lumières ne pourront être éteintes qu'après l'entière évacuation de la salle.

Art. 31. — L'entrée du théâtre est interdite aux colporteurs d'écrits ou d'imprimés, aux marchands de fruits et sucreries et autres débitants de comestibles ou liquides. Le limonadier du théâtre aura seul le droit de porter des rafraîchissements dans la salle. Les marchands de bouquets pourront, exceptionnellement et pendant les entr'actes seulement, y être admis, avec la permission de la police.

Le programme du spectacle sera vendu dans la salle par un employé du directeur.

Art. 32. — L'administration met à la disposition du directeur la salle meublée ; elle lui fournit les décors et le mobilier de la scène, l'huile pour l'éclairage ; elle rétribue le machiniste en chef, auquel est confié le soin de la conservation du matériel.

Le directeur, de son côté, entretiendra à ses frais un concierge qui sera chargé de la propreté et de la garde du bâtiment et un lampiste en chef dont la désignation appartiendra à l'autorité. Toutes les autres dépenses de personnel et de matériel seront supportées par le directeur.

Art. 33. — Le salaire des lampistes et des aides machinistes sera payé régulièrement à la fin de chaque représentation.

Art. 34. — L'administration se réserve le droit de disposer de la salle comme elle l'entendra, en dehors des jours de représentation et des heures de répétition, comme aussi d'y donner des bals au profit des pauvres, par souscription, ou autres fêtes, sans que le directeur puisse prétendre à aucune indemnité ou prélèvement à son profit. Il en sera de même de l'établissement des buvettes et autres lieux de consommation, dans l'installation desquels il n'aura point à s'immiscer.

Art. 35. — Au commencement de chaque campagne théâtrale, il sera fait un recolement du mobilier du théâtre, dont le directeur signera la prise en charge. Cet inventaire sera vérifié à sa sortie et il sera rendu responsable des objets dégradés, brisés ou disparus, sauf son recours contre qui de droit.

Art. 36. — L'architecte de la ville et les officiers de la compagnie de sapeurs-pompiers, à tour de rôle, auront en tout temps le droit de visiter la salle, la scène et ses dépendances, pour s'assurer de l'état du bâtiment, et vérifier si toutes les mesures propres à sa conservation et à celle du matériel sont fidèlement exécutées.

Art. 37. — Il sera placé un poste de garde au théâtre et un factionnaire à l'une des portes qui donnent entrée dans la salle ;

toutefois la force armée ne pourra y pénétrer que sur la réqui·
sition du commissaire de police.

ART. 38. — Toute contravention au présent arrêté sera poursuivie conformément aux dispositions de l'art. 471, § 15 du Code
pénal, indépendamment des autres peines qui pourraient avoir
été encourues dans les cas prévus par la loi.

ART. 39. — Le commissaire de police, l'architecte communal
et le directeur du théâtre sont, chacun en ce qui le concerne,
chargés de l'exécution du présent arrêté.

Fait à Bône, le 19 avril 1856.

Le Maire,

MAZAURIC.

Vu et approuvé :
   Le Préfet,
ZŒPFFEL.

Arrêté du 27 février 1867.

Nous, Maire de la ville de Bône, chevalier de la Légion d'honneur,

Considérant que des femmes de mœurs légères, notoirement
connues comme telles à Bône, se sont depuis peu introduites au
théâtre, dans les premières loges de balcon, occupées jusqu'alors
par des familles les plus recommandables de la cité ;

Considérant que la présence de ces femmes en cet endroit a
failli devenir une cause de scandale et a produit dans le public
une telle répulsion que des personnes honorables se sont vues
obligées de se retirer et de cesser d'assister aux représentations;

Vu les justes plaintes qui nous ont été adressées à ce sujet
par les habitués du théâtre ; voulant prévenir le retour d'un tel
abus et mettre les mères de famille et leurs enfants à l'abri d'un
semblable contact;

Vu les lois des 16-24 août 1790 et 22 juillet 1791 :

Vu le règlement de notre prédécesseur en date du 19 avril 1856, concernant la police du théâtre et pour y faire suite.

Vu l'article 30 de l'ordonnance du 28 septembre 1847,

ARRÊTONS :

ARTICLE PREMIER. — L'entrée des premières loges et stalles de balcon est formellement interdite à toute femme de mauvaise vie, fille soumise, fille entretenue ou autre, notoirement connue et réputée comme telle, à Bône.

ART. 2. — En cas d'infraction aux dispositions qui précèdent, la police devra les faire sortir immédiatement, en les laissant toutefois libres de se placer ailleurs.

ART. 3. — Le commissaire de police et le directeur du théâtre sont, chacun en ce qui le concerne, chargés de l'exécution du présent arrêté.

Bône, le 27 février 1867.

Le Maire,
LACOMBE.

Arrêté du 19 décembre 1887.

Nous, Maire de la ville de Bône, chevalier de la Légion d'honneur,

Vu la loi du 5 avril 1884 ;

Vu l'arrêté municipal du 19 avril 1856 ;

Attendu qu'il convient, dans l'intérêt de l'ordre et de la sécurité, de désigner les agents chargés, sous la surveillance du commissaire de police et du commandant de la compagnie des sapeurs-pompiers, de la surveillance de la scène, de la salle et de leurs abords, ainsi que du maintien de l'ordre,

ARRÊTONS :

ARTICLE PREMIER. — Les employés du théâtre se composent :

1· d'agents à la nomination de la municipalité : 2° d'agents à la nomination du directeur.

ART. 2. — Les agents à la nomination de la municipalité sont : 1° un contrôleur ; 2· un chef machiniste ; 3· deux brigadiers machinistes ; 4· six machinistes ; 5· deux machinistes auxiliaires ; 6· un chef gazier ; 7· un gazier ; 8· un gazier auxiliaire ; 9· sept ouvreurs ; 10· une ouvreuse.

ART. 3. — Sont nommés aux emplois sus-désignés :

. . . .

ART. 4. — Le service de garde se compose de sept hommes, savoir :

Un chef de poste, un clairon, trois sapeurs de service aux prises d'eau, deux sapeurs de service aux portes de dégagement.

ART. 5. — Le service d'ordre est désigné tous les soirs par le commissaire de police, selon les besoins.

ART. 6. — Ces divers employés recevront le salaire suivant, qui est à la charge de la direction et qui leur sera régulièrement payé à la fin de chaque représentation :

1· Contrôleur, 2 fr. ; 2· machiniste en chef, 5 fr. ; 3· brigadiers machinistes (chacun), 3 fr. ; 4· machinistes (chacun), 2 fr. ; 5· chef gazier, 5 fr. ; 6· gazier, 3 fr.: 7· ouvreurs (chacun·, 0 fr. 75 ; 8· ouvreuse, 1 fr. ; 9· service de garde des sapeurs-pompiers (un chef de poste, un clairon et trois hommes), 5 fr. 50 ; 10· deux hommes aux portes de dégagement (chacun), 0 fr. 75 ;

Les machinistes et gaziers auxiliaires ne reçoivent aucune rétribution.

ART. 7. — Les agents de police de service pendant la saison théâtrale ne reçoivent aucun salaire. Ils ne sont rétribués que pour les représentations données par les troupes de passage, suivant le tarif fixé par M. le commissaire de police et approuvé par nous.

ART. 8. — Les agents de service à la nomination du directeur, tels que guichetiers, buralistes, habilleuses, coiffeurs, accessoiristes, etc., etc. sont désignés et rétribués par lui. Le directeur doit toutefois faire connaître leurs noms à la municipalité.

ART. 9. — Les salaires fixés au tarif ci-dessus sont doublés pour les bals donnés au théâtre municipal, mais seulement en ce qui concerne les agents dont la présence est reconnue nécessaire. Le service d'ordre est également rétribué pour les bals

suivant tarif fixé par M. le commissaire de police et approuvé
par nous.

ART. 10. — M. le commissaire de police et M. le capitaine
commandant la compagnie des sapeurs-pompiers sont chargés,
chacun en ce qui le concerne, de l'exécution du présent arrêté.

Fait à Bône, le 19 décembre 1887.

Le Maire,
P. DUBOURG.

Arrêté du 10 février 1890

Nous, Maire de la ville de Bône, chevalier de la Légion
d'honneur,

Considérant que pour mettre fin aux difficultés qui s'élèvent
chaque fois qu'il s'agit de mettre la salle du théâtre à la disposition des sociétés soit pour un bal, soit pour un concert, il
convient de fixer le tarif des frais à verser par toutes les asso-
ciations qui se proposeront de donner des représentations au
théâtre municipal ;

Considérant qu'il convient, dans le même ordre d'idées, de fixer
le droit de location à exiger des troupes de passage lorsqu'elles
voudront disposer de cet établissement ;

Vu la délibération du Conseil municipal en date du 8 février
1890, approuvée par M. le Préfet ;

Vu la loi du 5 avril 1884 ;

ARRÊTONS :

ARTICLE PREMIER. — Le tarif des droits à payer au théâtre
municipal de Bône pour les bals, concerts et matinées est fixé
ainsi qu'il suit :

1º Quote-part dans le montage et le démontage du plancher
mobile, comprenant pose et dépose des lustres, girandoles,
banquettes, glaces, contrôle, orchestre, décors, etc. :

       Pour un bal ou un concert.........Fr. 40 »

       Pour une matinée................... 20 »

2º Frais d'allumage et de surveillance comprenant le salaire des gaziers et du gardien du matériel :

   Pour un bal....................Fr. 20 »
   Pour un concert.................... 10 »
   Pour une matinée.................... 5 »

3· Quote-part dans l'usure du plancher mobile et du matériel :

   Pour un bal....................Fr. 20 »
   Pour un concert.................... 10 »
   Pour une matinée.................... 5 »

En échange du paiement de ces sommes, la commune se charge, à ses risques et périls, de toutes les dépenses d'installation ci-après détaillées :

Installation du plancher mobile

1· Enlèvement des banquettes de parterre, de la barrière entre lesdites banquettes et les fauteuils d'orchestre, démontage et enlèvement des rampes en fer de l'escalier de l'orchestre ;

2· Montage du plancher mobile ;

3· Pose des glaces et nettoyage ;

4· Pose des anciennes banquettes d'orchestre :

5· Pose du contrôle à l'entrée du parterre :

6· Pose de l'orchestre aux loges des deuxièmes galeries :

7· Enlèvement des décors et montage du salon mauresque :

8· Montage des lustres, girandoles, etc. ;

9· Allumage et surveillance.

Enlèvement du plancher mobile

10· Enlèvement des anciennes banquettes d'orchestre :

11· Enlèvement des glaces et réintégration en magasin ;

12· Enlèvement des panneaux et des chevalets du plancher :

13· Enlèvement du contrôle ;

14· Enlèvement de l'orchestre :

15· Enlèvement des appareils à gaz du salon mauresque :

16· Enlèvement du salon mauresque et pose des décors ;

17· Pose des rampes d'escalier, de la barrière et des banquettes du parterre :

18· Nettoyage du théâtre après le montage et après le démontage ;

19· Réparations au plancher mobile et au matériel.

Art. 2. — Les sociétés qui désireront recouvrir le plancher d'un tapis ou toile de bal devront se le procurer et le poser à leurs frais. Il en est de même pour la location et la pose du tapis de l'escalier.

Art. 3. — Ne seront pas comprises dans les dépenses de l'art. 1er les dépenses facultatives telles que : déménagement et réemménagement des magasins de meubles pour y installer des salles de jeux ; montage et démontage de l'orchestre sur scène avec fournitures de bois supplémentaires ; fournitures de chaises ou de banquettes pour la buvette, le buffet ou les salles de jeux ; changement de décors pendant la durée des concerts ; ornementations avec oriflammes, drapeaux, verdures, fleurs, etc.

Ces travaux ou fournitures supplémentaires sont à la charge des sociétés et pourront être exécutés soit par leurs soins, soit par les soins de la Commune si elles le désirent.

Dans ce dernier cas, le montant de la dépense, calculé d'après le tarif annexé à la délibération du 18 juin 1889, sera versé dans les 48 heures à la caisse du receveur municipal à la diligence de ce dernier.

Art. 4. — Les frais d'éclairage au gaz et d'éclairage des couloirs à la bougie, les frais du service de sécurité (sapeurs-pompiers), du service d'ordre (agents de police) et du service du contrôle (vestiaire, guichets, ouverture des loges) restent, comme d'habitude, à la charge des sociétés. Rien n'est modifié en ce qui concerne la fixation du tarif de ces frais.

Art. 5. — Si pour donner une matinée il était nécessaire de procéder à la double opération de montage et de démontage du plancher mobile, il serait perçu les mêmes droits que pour un concert, soit : 60 fr.

Art. 6. — Pour pouvoir disposer du théâtre et de son matériel les troupes de passage auront un droit de location à payer par chaque représentation. Ce droit, indépendant du droit des pauvres, est fixé ainsi qu'il suit :

Tournées parisiennes : 50 fr.

Autres troupes de passage telles que : troupes ambulantes, prestidigitateurs, jongleurs, funambules et autres : 25 fr.

Art. 7. — Les divers droits prévus aux art. 1, 5 et 6 seront toujours exigibles avant la représentation qui ne pourra, en aucun cas, avoir lieu avant qu'ils aient été versés.

Art. 8. — Aucun clou, vis, crochet, etc. ne pourra être planté dans les murs et boiseries du théâtre.

Toute dégradation sera constatée et évaluée par l'architecte communal et payée, aussitôt la constatation faite, entre les mains du receveur municipal.

ART. 9. — Le Maire se réserve le droit d'accorder ou de refuser le théâtre, s'il le juge à propos.

ART. 10. — Le receveur municipal et l'architecte communal sont chargés, chacun en ce qui le concerne, d'assurer l'exécution du présent arrêté.

Bône, le 10 février 1890.

Le Maire,

J. BERTAGNA.

CHAPITRE IV

SURETÉ ET COMMODITÉ DU PASSAGE
sur la voie publique

SECTION Iʳᵉ. — **Mesures d'ordre en général**

Arrêté du 29 décembre 1855

Nous, Maire de la ville de Bône, officier de la Légion d'honneur,

Vu l'article 30 de l'ordonnance royale du 28 septembre 1847 ;

L'expérience ayant démontré la nécessité de compléter les divers arrêtés de police municipale par l'application de certaines mesures intéressant la sûreté des habitants, la salubrité et l'ordre publics ;

Dans le but de combler cette lacune et pour faire suite aux règlements déjà en vigueur,

AVONS ARRÊTÉ CE QUI SUIT :

ARTICLE PREMIER.—L'éclairage des cafés, estaminets, billards, débits de boissons et de tous autres établissements publics de ce genre, commencera au coucher du soleil et devra durer jusqu'au moment de leur fermeture, c'est-à-dire jusqu'à onze heures du soir.

Chaque lanterne aura la forme d'un carré long ; les vitres auront 0 m. 40 de longueur, 0 m. 25 de largeur sur 0 m. 15 de hauteur. Elle sera placée à l'extérieur, au-dessus de la porte de l'établissement.

ART. 2. — Il est défendu, sous les peines de droit : 1· de jeter, sur la voie publique, quoi que ce soit, par les fenêtres et les terrasses, d'y épousseter ou secouer des tapis, descentes de lits, linges et autres objets, comme aussi de faire sécher aux fenêtres du linge ou autres étoffes ;

2· De déposer sur les fenêtres ou sur les bords des terrasses : des vases, des caisses à fleurs et autres ustensiles dont la chute peut compromettre la sûreté publique, s'ils ne sont retenus par des tringles en fer, bien scellées dans le mur, et de laisser couler dans la rue l'eau provenant de l'arrosage des fleurs ;

3· De suspendre aux fenêtres ou aux murs des cages qui ne seraient pas solidement attachées ;

4· De laisser vaguer sur la voie publique : poules, canards, dindes ou autres volatiles, porcs, chèvres, brebis, sangliers ou autres animaux de ce genre ;

5· D'y faire rouler : tonneaux, pipes, bordelaises, ces sortes d'ustensiles devant être portés soit à dos, soit à la barre par des portefaix ou sur des charrettes ;

6· De faire des ordures quelconques contre les murs, dans les rues, places publiques, bâtiments en démolition, enfin d'épancher de l'eau autre part que dans les urinoirs disposés à cet effet ;

7· De pousser des cris, de chanter et de faire de la musique dans les rues, après onze heures du soir.

ART. 3. — Toute contravention aux dispositions qui précèdent sera poursuivie conformément à l'art. 471 § 15 du Code pénal.

ART. 4. — La police et la gendarmerie sont chargées de l'exécution du présent arrêté.

Bône, le 29 décembre 1855.

Le Maire,

MAZAURIC.

Approuvé :

Pour le Préfet en tournée.

Le Secrétaire général,

CHOISNET.

Section II. — **Tentes, stores, portes, persiennes et contrevents**

Arrêté du 8 mai 1850

Le Maire de la ville de Bône,

Vu l'art. 30 de l'ordonnance royale du 28 septembre 1847, sur l'organisation municipale en Algérie ;

Vu les art. 2 et 3 de l'arrêté de M. le Gouverneur général du 8 octobre 1832, sur la voirie ;

Vu le rapport de M. l'inspecteur principal, chef du service des bâtiments civils et de la voirie de l'arrondissement de Bône;

Considérant que, contrairement à tous les règlements de voirie, et malgré les injonctions réitérées de l'autorité, il subsiste en ville une foule de tentes ou bannes établies les unes sur des châssis en bois, à hauteur de la tête, d'autres sur des cordes tendues en travers de la rue, la plupart à demeure fixe et souvent en toile goudronnée;

Considérant qu'un semblable état de choses, outre ce qu'il a d'irrégulier, est de nature à gêner la circulation et à compromettre la sûreté publique ;

Qu'il importe d'y remédier promptement en déterminant la forme et les dimensions réglementaires d'après lesquelles doivent être construites les tentes ou bannes en saillie sur la voie publique,

Arrête :

Article premier. — A partir de ce jour, aucune tente ne pourra être établie qu'en coutil ou en toile écrue, à l'exclusion de toute autre étoffe.

Art. 2. — Les supports ou armatures de ces tentes seront exécutés entièrement en fer, sans emploi d'aucune espèce de châssis, traverses ou points d'appui en bois.

Les parties d'armatures constituant ces supports devront prendre leurs points d'appui sur la façade même des magasins, à 1 m. 90 au moins du sol, à partir de la première pièce d'attache au mur, soit que leur établissement résulte d'une disposition à tête de compas, ou autre articulation verticale, soit encore d'une combinaison à supports, montés sur pivots et tournant par mouvement horizontal.

Art. 3. — Les armatures seront solidement établies et scellées dans les constructions.

Art. 4. — L'extrémité saillante des tentes ne pourra s'abaisser à plus de 2 m. 45 au-dessus du sol, et la chute des joues qui pourraient y être ajoutées, à la convenance du pétitionnaire, sera réglée de manière à laisser 2 mètres de passage depuis le sol jusqu'à l'ourlet inférieur, afin de ne point gêner la circulation.

Art. 5. — Lorsque le temps sera couvert ou que le soleil ne donnera plus sur les magasins que ces tentes sont destinées à abriter, elles devront être roulées.

Art. 6. — Elles ne pourront, sous aucun prétexte, être mises en place pendant la mauvaise saison, ni pendant les pluies accidentelles.

Art. 7. — Leur saillie variera suivant la largeur des rues. En conséquence, les personnes qui voudront établir une tente en feront directement la demande au Maire, qui, en leur délivrant l'autorisation nécessaire, leur prescrira les dimensions réglementaires qu'elles auront à suivre.

Art. 8. — Dans le délai d'un mois, à compter de la publication du présent arrêté, toutes les tentes montées sur châssis en bois ou qui ne seraient pas conformes aux prescriptions ci-dessus énoncées seront supprimées.

Art. 9. — Le même délai est accordé pour se mettre en mesure aux personnes qui ne seraient pas encore pourvues d'une autorisation régulière.

Art. 10. — A dater du 8 juin prochain, toute contravention aux dispositions qui précèdent sera constatée par un procès-verbal et les délinquants seront poursuivis conformément à l'art. 471 du Code pénal.

Art. 11. — M. le commissaire de police et M. l'agent-voyer sont, chacun en ce qui le concerne, chargés de l'exécution du présent arrêté.

Bône, le 8 mai 1850.

Le Maire,

LACOMBE.

Vu et approuvé :

Le Sous-Préfet par intérim de l'arrondissement de Bône,

L. TELLIER.

Arrêté du 18 mai 1865

Nous, Maire de la ville de Bône, chevalier de la Légion d'honneur,

Considérant que la municipalité a établi sous les arcades de la place d'Armes un système général d'éclairage pour l'embellissement de la dite place ;

Que le matériel de cet éclairage est constamment endommagé et ébranlé par le mouvement des stores en toile que les locataires des magasins y ont placés ;

Que ces stores sont en mauvais état, qu'ils ne présentent aucune régularité dans leur ensemble et coupent l'harmonie de la décoration générale de la place ;

Qu'il y a lieu de ramener ces appareils à un type uniforme présentant en même temps toute la sécurité désirable ;

Vu la loi des 16-24 août 1790, titre XI, art. 3 ;

Vu l'arrêté réglementaire de M. le Gouverneur général, du 8 octobre 1832, sur la voirie, art. 2 et 3 ;

Vu l'art. 30 de l'ordonnance royale du 28 septembre 1847 ;

Sur le rapport de l'architecte de la ville,

AVONS ARRÊTÉ CE QUI SUIT :

ARTICLE PREMIER. — Tous les stores placés en avant des galeries pour intercepter le soleil devant les arceaux de la place d'Armes seront en toile écrue avec lambrequin découpé et bordé de rouge à leurs extrémités.

ART. 2. — Ils seront enroulés sur une tringle en bois de 0 m. 10 environ de diamètre fixée à l'intérieur à 0 m. 30 au moins au-dessus du point le plus élevé de l'arceau de manière à disparaître entièrement lorsqu'ils seront relevés.

ART. 3. — Ils seront tous réglés de hauteur, de façon à descendre jusqu'à 0 m. 50 au-dessus du trottoir des galeries. Ils devront porter vers la partie inférieure, à la naissance du lambrequin, une tringle en bois de 0 m. 05 de diamètre, qui, glissant le long du parement intérieur du mur, l'empêchera de flotter, d'envelopper les lanternes et de les détériorer.

ART. 4. — Le travail ci-dessus devra être exécuté et achevé dans un délai de 10 jours.

Art. 5. — Tous les stores qui n'auront pas été établis conformément aux prescriptions du présent arrêté seront enlevés immédiatement aux frais des propriétaires.

Art. 6. — L'architecte de la ville et le commissaire de police sont chargés de l'exécution du présent arrêté.

Fait à Bône, le 18 mai 1865.

Le Maire,

LACOMBE.

Vu et approuvé :

Le Sous-Préfet,

Vte J. DE GANTÈS.

Arrêté du 25 mars 1889

Nous, F. Marchis, premier adjoint, faisant fonctions de Maire de la ville de Bône,

Vu l'arrêté portant règlement général en matière de voirie, en date du 8 octobre 1832 ;

Vu la loi du 5 avril 1884 ;

Considérant qu'il importe, en raison de l'importance que prennent les constructions nouvelles et de l'augmentation de la circulation, de fixer d'une façon précise certaines dispositions qui jusqu'alors n'avaient point été suffisamment déterminées,

ARRÊTONS CE QUI SUIT :

ARTICLE PREMIER. — Les stores placés dans les entre-colonnes des galeries ouvrant sur la voie publique sont soumis aux prescriptions réglementant l'établissement des bannes ou tentes placées dans les rues, ensuite de demandes d'autorisation, conformément à l'arrêté du 8 octobre 1832.

Les stores devront être en coutil ou en toile écrue à l'exclusion de toute autre étoffe ; l'extrémité inférieure ne pourra être abaissée à moins de 2 mètres au-dessus du sol des galeries. Ils ne pourront couvrir la face extérieure des piliers ou colonnes ;

les tringles ou rouleaux seront établis à l'intérieur. Par le mauvais temps, ils ne pourront être mis en place.

Lorsque le temps sera couvert ou que le soleil ne donnera pas sur les galeries, les stores devront être complètement relevés ou roulés.

ART. 2. — Il est interdit de faire développer sur la voie publique les portes, persiennes et contrevents au rez-de-chaussée. Les vantaux devront être brisés et placés dans l'épaisseur des tableaux des baies. Les portes, persiennes ou volets établis contrairement aux prescriptions énoncées ci-dessus ne pourront être ni réparés ni remplacés.

L'administration municipale pourra toujours les faire enlever dans le cas ou leur maintien constituerait une gêne ou un danger pour la circulation sur la voie publique.

ART. 3. — Les agents du service de la voirie, le commissaire de police et les agents placés sous ses ordres sont chargés, chacun en ce qui le concerne, de l'exécution du présent arrêté.

Bône, le 25 mars 1889.

Pour le Maire absent :

Le 1er Adjoint,

F. MARCHIS.

Section III. — **Chevaux et voitures**

Arrêté du 16 août 1848

Nous, Maire de la ville de Bône,

Vu le § Ier, art. 3 du titre 2 de la loi des 12-24 août 1790 ;

Vu l'art. 46 du titre Ier de la loi des 19-22 juillet 1791 ;

Vu les art. 471, 475 (nos 3 et 4), 476 et 478 du Code pénal ;

Vu les différents règlements de police concernant les voitures ;

Considérant qu'en raison de l'augmentation du nombre des voitures, à Bône, il est du devoir de l'administration municipale de prendre des mesures pour prévenir les accidents graves qui pourraient résulter de l'imprudence de certains voituriers et de l'ignorance des susdits règlements,

Avons arrêté et arrêtons ce qui suit :

Article premier. — Tout propriétaire de voiture quelconque devra en faire la déclaration à la police et s'inscrire sur un registre destiné à cet usage.

Art. 2. — Une plaque de fer blanc, fixée au timon gauche de chaque voiture, indiquera en lettres visibles le nom et la demeure de son propriétaire.

Art. 3. — Les rouliers, charretiers, conducteurs de voitures, de bêtes de trait ou de charge se tiendront toujours à pied et à portée de leur voiture ou de leurs bêtes ; ils auront soin de se placer en tête de leurs chevaux lorsqu'ils entreront en ville, qu'ils en sortiront ou tourneront une rue. Ils ne devront séjourner sur la voie publique que le temps rigoureusement nécessaire au chargement ou au déchargement, sans jamais pouvoir y rien mettre en vente.

Art. 4 — Il est expressément défendu à tout conducteur, cocher, comme à tout cavalier, de faire courir ou galoper des chevaux dans l'intérieur de la ville, sur les places, les ponts, les routes ou les allées avoisinant Bône, dans le rayon d'un kilomètre, d'entrer sur les promenades et sur les terres ensemencées, avec leurs montures.

Ils conduiront au pas leurs chevaux dans les endroits ci-dessus désignés, éviteront de traverser les rues trop étroites, et quand l'espace le permettra, ils choisiront le côté droit de la chaussée, en s'arrêtant toutes les fois qu'il y aura embarras ou danger.

Art. 5. — Indépendamment des peines portées par les articles précités du Code pénal, les officiers de police ou agents de la force publique sont requis de mettre en fourrière.

1· Les voitures qui ne porteraient pas d'estampille ;

2· Les voitures laissées à l'aventure, par cause de l'absence, de l'ivresse ou du sommeil de leur conducteur ;

3· Les chevaux, mulets, bêtes de charge ou de trait trouvés errants ou sans guide.

Art. 6. — La conduite des voitures et celle des chevaux est interdite aux femmes, aux jeunes gens au-dessous de seize ans.

Les parents et les maîtres sont responsables des contraventions et accidents qui pourraient être occasionnés par leurs enfants ou leurs domestiques.

Art. 7. — Les propriétaires de voitures dites de maître, chars-à-bancs, cabriolets, etc., seront tenus de se conformer à toutes les mesures d'ordre et de sûreté prescrites dans les articles précédents.

Ils ne pourront circuler de nuit dans la ville, ni sur les routes sans être pourvus d'une lanterne au moins. Cette lanterne devra être allumée aussitôt après le coucher du soleil.

Art. 8. — Les contrevenants au présent arrêté seront punis conformément aux articles 471, 475, 476 et 478 du Code pénal, sans préjudice des dommages-intérêts auxquels ils pourraient être condamnés.

En conséquence, il devra être dressé contre eux, par tout agent de la force publique, procès-verbal, dont la remise sera faite au tribunal de police qui fixera l'application de la peine.

Art. 9. — Le commissaire de police est chargé de l'exécution du présent arrêté.

Fait à Bône, le 16 août 1848.

Le Maire,

LACOMBE.

Arrêté du 18 septembre 1848

Le Maire de la ville de Bône,

Afin de suppléer à une omission et pour faire suite à l'art. 4 de son arrêté du 16 août dernier sur la police des voitures,

ARRÈTE :

Nul ne pourra mener à l'abreuvoir plus de 3 chevaux à la fois, y compris le porteur. Ils seront tenus en main au moyen d'une bride ou d'un licou. Il est encore défendu de les laisser aller en liberté sur les routes ou dans les rues, sous quelque prétexte que ce soit, lors même qu'ils sont accompagnés.

Les présentes dispositions seront inscrites à la suite de l'art. 4 de l'arrêté précité, pour ne faire qu'un seul et même règlement.

Bône, le 18 septembre 1848.

Le Maire,

LACOMBE.

Arrêté du 20 novembre 1869

Nous, Maire de la ville de Bône, chevalier de la Légion d'honneur,

Vu notre arrêté du 16 août 1848, sur la police des voitures;

Vu les lois des 16-24 août 1790 et 19-22 juillet 1791 ;

Considérant que des plaintes fréquentes nous ont été adressées au sujet du stationnement des voitures de roulage et autres sur la voie publique, notamment pendant la nuit, devant les auberges et devant les magasins où elles font leur chargement ;

Considérant, en outre, que journellement des voitures particulières sont abandonnées sans conducteur dans les rues et sur les places de la ville, ou confiées seulement à la garde de jeunes enfants ;

Voulant mettre un terme à ces abus et prévenir les accidents auxquels ils peuvent donner lieu ;

Vu l'art. 30 de l'ordonnance du 28 septembre 1847,

ARRÊTONS :

ARTICLE PREMIER. — Il est expressément défendu à tout voiturier ou conducteur de diligences ou autres véhicules de laisser stationner, de jour ou de nuit, aucune voiture ni aucun cheval sur la voie publique, notamment devant les auberges, et de séjourner devant les magasins ou entrepôts ou devant les bureaux de messageries, dans les rues, sur les routes, places et marchés, au delà du temps strictement nécessaire pour prendre ou décharger des marchandises, des matériaux, des voyageurs ou autres personnes.

ART. 2. — Les voituriers, aussi bien que les négociants qui les emploient et les aubergistes qui les reçoivent, les entrepreneurs de transports et de diligences, les propriétaires de voitures particulières, demeureront solidairement responsables avec les voituriers, conducteurs ou cochers, des contraventions aux dispositions qui précèdent.

ART. 3. — Dans le cas où un chargement n'aurait pu être terminé à la fin de la journée, la voiture devra être retirée et conduite en lieu sûr, en dehors de la voie publique.

ART. 4. — Toute voiture, à quelque catégorie qu'elle appartienne, attelée ou non, tout cheval, mulet ou autre bête de trait ou de somme, trouvé sans conducteur sur la voie publique, ou confié à des enfants, sera conduit en fourrière sans préjudice des poursuites de droit.

ART. 5. — Les voitures dites omnibus, qui font le service des bains de mer, sont seules exceptées et sont provisoirement autorisées à stationner sur la chaussée du cours Napoléon, comprise entre la place du théâtre et de l'église, pour y attendre les baigneurs. Elles devront se ranger à la file, en occupant toujours la droite de cette chaussée.

Il n'est d'ailleurs en rien dérogé par le présent article aux dispositions de notre arrêté du 23 juillet dernier, concernant la police des bains de mer.

ART. 6. — La défense déjà faite par nos précédents arrêtés : 1· de panser les chevaux sur la voie publique et de leur y donner à manger ; 2· de nettoyer et laver les voitures dans les rues ; 3· d'embarrasser la voie publique par des dépôts de matériaux, marchandises, tentes, tables, bancs et autres objets servant à l'exercice des diverses industries, à moins d'une autorisation spéciale délivrée par le Maire, est renouvelée par le présent arrêté.

ART. 7. — Le commissaire de police, la gendarmerie et les gardes-champêtres sont chargés de l'exécution du présent arrêté.

Fait à Bône, le 20 novembre 1869.

Le Maire,
LACOMBE.

Arrêté du 23 juin 1892

Nous, Maire de la ville de Bône, chevalier de la Légion d'honneur,

Vu la loi du 5 avril 1884, art. 97, qui charge l'autorité municipale de veiller à tout ce qui intéresse la sûreté et la commodité du passage dans les rues, quais, places et autres voies publiques ;

Considérant que la circulation des voitures sur le parcours des voies latérales et transversales du cours Nation constitue, notamment les jours de fêtes et réjouissances publiques, un danger pour la sécurité, et qu'il y a lieu de prendre les mesures nécessaires pour éviter les accidents qui pourraient se produire ;

Vu l'urgence,

ARRÊTONS :

ARTICLE PREMIER. — La circulation des voitures est interdite sur tout le parcours des voies 'atérales et transversales du cours National, depuis la voie charretière du quai Warnier jusqu'au boulevard Victor Hugo, dans les circonstances suivantes :

1· Le jour de la fête nationale du 14 juillet et des autres fêtes similaires, la circulation sera complètement interrompue sur tout le parcours, de quatre heures du soir à minuit : les voitures suivront la rue du Quatre-Septembre ou la rue Perrégaux et ne pourront aller de l'une à l'autre que par le boulevard Victor Hugo ou par la voie charretière du quai Warnier ;

2· Les jours de concert sur les Allées, la circulation des voitures est interrompue une demi-heure avant le concert et reprise une demi-heure après ;

3· Lorsque des réjouissances publiques, organisées par la municipalité ou sous son patronage, auront lieu sur le cours National, la circulation des voitures sera interrompue pendant la durée des dites réjouissances qui sera indiquée aux programmes ;

4· Il en sera de même pendant les revues des troupes de la garnison. La circulation des voitures cessera du moment où les troupes arriveront sur le terre-plein des allées, pour ne reprendre qu'après le défilé.

Dans les circonstances prévues aux paragraphes 2, 3 et 4, les voitures pourront circuler autour du square de l'hôtel de ville et rejoindre la rue du Quatre-Septembre par la petite rue qui sépare l'hôtel de ville de la maison Calvin, ou la rue Perrégaux par la rue des Volontaires.

Art. 2. — Toute contravention au présent arrêté sera poursuivie et punie conformément aux lois.

Art. 3. — Le commissaire chef de la police municipale est chargé de l'exécution du présent arrêté.

Le Maire,

J. BERTAGNA.

Accusé de réception de M. le Sous-Préfet, en date du 29 juin 1892. Vu l'urgence, M. le Préfet a autorisé l'exécution immédiate de cet arrêté.

Voir pour la police des voitures de place, titre 1er, chapitre XIII.

SECTION IV. — **Vélocipèdes**.

Arrêté du 4 juillet 1893

Nous, Maire de la ville de Bône, chevalier de la Légion d'honneur,

Vu les articles 94 et suivants de la loi du 5 avril 1884 ;

Vu la délibération du Conseil municipal en date du 24 juin 1893 ;

Considérant que pour garantir la sûreté du passage sur les voies et promenades publiques, il y a lieu de réglementer la circulation des vélocipèdes sur le territoire de la commune de Bône,

ARRÊTONS :

ARTICLE PREMIER. — Les vélocipèdes (bicycles, bicyclettes et tricycles), circulant sur la voie publique, devront être pourvus d'appareils suffisamment sonores pour annoncer d'assez loin leur approche.

En outre, les vélocipédistes devront sonner de la trompe ou employer tout autre avertissement pour inviter les piétons à se garer.

Ils devront modérer leur allure dans les voies les plus fréquentées.

Art. 2. — Les vélocipèdes seront éclairés dès la chute du jour, au moyen d'une lanterne placée à l'avant.

Art. 3. — La circulation des vélocipèdes est interdite sur les trottoirs de la ville et sur les terre-pleins des promenades publiques.

Elle est également interdite dans les squares et jardins publics, ainsi que dans la pépinière communale.

Art. 4. — La circulation des vélocipèdes est interdite pendant la musique sur les voies bordant le cours National.

Art. 5. — Les vélocipédistes tiendront constamment leur droite à l'approche ou à la rencontre des voitures ou véhicules quelconques.

Art. 6. — Toutes contraventions aux dispositions qui précèdent seront constatées par des procès-verbaux, poursuivies et punies conformément aux art. 471 et 474 du Code pénal.

Art. 7. — M. le commissaire de police est chargé de l'exécution du présent arrêté.

Fait à Bône, le 4 juillet 1893.

Le Maire,

J. BERTAGNA.

Accusé de réception en date du 6 juillet 1893.

SECTION V. — **Tir de pièces d'artifice**

Arrêté du 23 juin 1892

Nous, Maire de la ville de Bône, chevalier de la Légion d'honneur,

Vu les articles 91, 92 et 97 de la loi du 5 avril 1884 ;

Vu les articles 471, 472, 473 et 474 du Code pénal ;

Considérant que de graves accidents peuvent résulter de la négligence apportée dans le tir ou la confection des pièces d'artifice, et qu'il y a lieu de prendre les mesures nécessaires pour éviter ces dangers, surtout pendant la durée des fêtes et réjouissances publiques ;

Vu l'urgence,

ARRÊTONS :

ARTICLE PREMIER. — Il est défendu à tout habitant, sous quelque prétexte que ce soit, de tirer des pétards, fusées, bombes et autres pièces d'artifice, ainsi que des coups de pistolet, de fusil ou autres armes à feu, dans l'intérieur de la ville et des faubourgs, et notamment dans les rues, cours, jardins, enclos, ainsi que des fenêtres, balcons et terrasses.

ART. 2. — Lors du passage des retraites aux flambeaux qui ont lieu à l'occasion des fêtes et réjouissances publiques, tout tir et jet de pétards, fusées et autres pièces d'artifice, tout jet de pierres et autres projectiles sera immédiatement réprimé et le contrevenant appréhendé sur-le-champ.

ART. 3. — Les pièces d'artifice trouvées entre les mains des contrevenants seront saisies, en conformité de l'art. 472 du Code pénal.

ART. 4. — La vente des pièces d'artifice aux enfants est formellement interdite.

ART. 5. — Toute contravention au présent arrêté sera poursuivie et punie conformément aux lois.

ART. 6. — Le commissaire de police est chargé d'assurer l'exécution du présent arrêté.

Bône, le 23 juin 1892.

Le Maire,

J. BERTAGNA.

Accusé de réception de M. le Sous-Préfet, en date du 29 juin 1892. Vu l'urgence, M. le Préfet a autorisé l'exécution immédiate de cet arrêté.

SECTION VI. — **Police des squares**

Arrêté du 4 avril 1890

Nous, Maire de la ville de Bône, chevalier de la Légion d'honneur,

Vu la loi du 5 avril 1884 :

Considérant qu'il importe de prendre les mesures nécessaires pour assurer la liberté de la circulation et le maintien de l'ordre dans les squares,

ARRÊTONS :

ARTICLE PREMIER. — Les squares seront ouverts au public du 15 octobre au 15 avril, de huit heures du matin à huit heures du soir ; du 15 avril au 15 octobre, de six heures du matin à dix heures du soir. Selon la température ou la saison, l'autorité municipale pourra toujours apporter des modifications aux heures d'ouverture et de fermeture ci-dessus indiquées.

ART. 2. — Les promeneurs ne pourront, dans aucun cas, s'éloigner des sentiers et des chemins tracés dans l'intérieur.

ART. 3. — Il est expressément défendu :

1· De pénétrer dans les massifs complantés d'arbres ainsi que dans les pelouses et les parterres ;

2· De toucher aux plantes, fleurs et arbustes et de causer aucune dégradation aux arbres, statues et autres objets d'art qui peuvent s'y trouver ;

3· De se coucher sur les bancs ou dans les allées, de déposer sur les bancs quoi que ce soit qui puisse les salir ;

4· De marcher ou de s'asseoir sur les bordures qui entourent les plantations ;

5· De jeter des pierres, de s'y quereller, battre, de bousculer les passants, d'y proférer des injures ou paroles obscènes, d'y faire du bruit, d'y troubler la tranquillité publique.

Les parents auront à exercer une surveillance sur leurs enfants et seront responsables des infractions commises par eux aux dispositions qui précèdent.

ART. 4. — L'entrée des squares est interdite :

1· Aux mendiants, vagabonds, musiciens ambulants et autres individus sans profession et sans aveu ;

2° Aux indigènes exerçant une profession sur la voie publique et soumis à la surveillance de l'autorité municipale, tels que : portefaix, porteurs d'eau, colporteurs, décroteurs, petits commissionnaires, etc. ;

3° Aux gens ivres, en un mot à toutes les personnes dont les vêtements seraient malpropres, la tenue ou les manières contraires aux bienséances ;

4° Enfin, aux enfants au-dessous de dix ans lorsqu'ils ne seront pas accompagnés.

Lorsque les gardiens des squares ou les agents de service constateront la présence d'une des personnes comprises dans les quatre catégories qui précèdent, ils devront l'expulser immédiatement et en rendre compte au commissaire, chef du service de la police.

ART. 5. — Les chiens qui ne seront pas tenus en laisse seront capturés et conduits immédiatement en fourrière, sans préjudice de la contravention encourue par leurs possesseurs.

ART. 6. — Les contraventions seront punies des peines portées aux art. 471 et 474 du Code pénal.

ART. 7. — Le service de la police, le service de la voirie, les gardes-champêtres et les gardiens nommés à cet effet seront chargés, chacun en ce qui le concerne, d'assurer l'exécution du présent arrêté.

Fait à Bône, le 24 avril 1890.

Le Maire,

J. BERTAGNA.

SECTION VII. — **Chiens errants**

Arrêté du 1er septembre 1848

Le Maire de la ville de Bône,

Vu les lois des 16-24 août 1790, 19-22 juillet 1791 ;

Vu l'art. 30 de l'ordonnance du 28 septembre 1847 :

Considérant,

1· Que le nombre des chiens s'accroît tous les jours ;

2· Qu'ils inquiètent les passants et gênent la circulation ;

3· Qu'ils troublent pendant la nuit le repos des habitants ;

Vu l'insuffisance des moyens employés jusqu'à ce jour et les plaintes réitérées du public,

ARRÊTE :

ARTICLE PREMIER. — Il est défendu de laisser vaguer ou errer les chiens sur la voie publique.

ART. 2. — Tout chien trouvé errant sans muselière ou sans un collier indiquant le nom de son maître sera saisi et mis en fourrière.

ART. 3. — . . . .

ART. 4. — . . . .

ART. 5. — Les chiens de garde, particulièrement ceux de boucher et de jardinier, seront tenus à l'attache.

Ils ne pourront être mis en liberté que la nuit et dans les propriétés closes.

Les propriétaires de ces animaux prendront les mesures nécessaires pour les empêcher, pendant la nuit, de troubler le repos public par leurs cris et leurs aboiements.

ART. 6. — Aucun chien de garde, quand même il serait à l'attache, ne pourra séjourner dans les boutiques ni dans les rues devant les magasins. Ceux que les rouliers placent sous leurs voitures devront être solidement enchaînés à l'essieu.

ART. 7. — Quiconque contreviendrait au présent arrêté, exciterait les chiens contre les passants, les ferait courir après les chevaux, battre entre eux, ou négligerait de les attacher, sera poursuivi conformément aux art. 471, 475, 478, 479, et, en cas d'accidents, 319 et 320 du Code pénal.

ART. 8. — Le présent arrêté ne commencera à être en vigueur que trois jours après qu'il aura été publié.

Le commissaire de police est chargé de son exécution.

Bône, le 1er septembre 1848.

Le Maire,

LACOMBE.

Arrêté du 20 juillet 1855

Nous, Maire de la ville de Bône,

Vu la dépêche ministérielle en date du 29 mai dernier ;

Vu l'art. 1385 du Code Napoléon qui impose au propriétaire d'un animal la responsabilité du dommage que cet animal a causé, soit qu'il fût égaré ou échappé ;

Vu l'art. 471, § 15 du Code pénal et la loi des 16-24 août 1790,

Arrêtons :

Article premier. — Toute personne européenne ou indigène qui entretient un chien de garde, de chasse ou d'agrément, sera tenue de lui faire porter un collier indicatif de son nom et de sa demeure.

Art. 2. — Toute contravention aux dispositions qui précèdent sera poursuivie conformément à l'art. 471 § 15.

Art. 3. —   .   .   .   .

Art. 4. — M. le commissaire de police, la gendarmerie, les gardes-champêtres sont, chacun en ce qui le concerne, chargés de l'exécution du présent arrêté.

Bône, le 20 juillet 1855.

Le Maire,

MAZAURIC.

Arrêté du 10 novembre 1856

Le Maire de la commune de Bône, officier de la Légion d'honneur,

Vu le décret impérial du 4 août 1856, qui établit en Algérie, dans toutes les localités érigées en communes, et à leur profit, une taxe sur les chiens ;

Vu l'arrêté ministériel du 6 du même mois portant règlement d'administration publique pour l'exécution de ce décret ;

Vu les instructions de M. le Gouverneur général sur la matière,

ARRÊTE :

ARTICLE PREMIER. — Un registre est ouvert à la Mairie pour recevoir les déclarations que les possesseurs de chiens sont tenus de faire du nombre de ces animaux et des usages auxquels ils sont destinés.

ART. 2. — Les déclarations devront être faites tous les ans, depuis le 1er octobre jusqu'au 15 janvier suivant. Elles seront reçues à la Mairie, tous les jours, depuis huit heures du matin jusqu'à dix heures et de une heure à quatre heures de l'après-midi.

Il en sera donné récépissé aux déclarants.

ART. 3. — Ceux qui auront fait leur déclaration avant le 1er janvier devront la rectifier s'il survient quelque changement dans le nombre ou la destination de leurs chiens.

ART. 4. — Le présent arrêté et à sa suite les articles 1 et 2 du décret sus-visé, les articles 1, 2, 5, 6, 10 et 11 de l'arrêté ministériel sus-visé seront publiés et affichés dans la commune, en la forme accoutumée.

Fait à Bône, le 10 novembre 1856.

Le Maire,

MAZAURIC.

Arrêté du 25 mars 1878

Nous, Maire de la ville de Bône,

Considérant que de nombreux cas de rage se produisent à toutes les périodes de l'année sans que les mesures prises jusqu'à ce jour aient donné un résultat favorable ;

Considérant que le nombre toujours croissant des chiens errants ne fait qu'augmenter la proportion du mal ;

Vu les lois des 16-24 août 1790, 19-22 juillet 1791, l'art. 30 de l'ordonnance du 28 septembre 1847 ;

Vu les art. 459 et suivants du Code pénal, l'arrêt de la Cour de Cassation du 20 août 1874 et les arrêtés municipaux précédemment appliqués pour combattre cette affection et en empêcher la propagation,

AVONS ARRÊTÉ ET ARRÊTONS CE QUI SUIT :

ARTICLE PREMIER. — A partir du 6 mai 1878, les propriétaires de chiens devront réclamer à la Mairie une plaque indicative portant le numéro de la déclaration. Cette plaque devra être attachée au cou du chien d'une façon apparente.

ART. 2. — Les chiens de race dangereuse devront être muselés et tenus en laisse.

ART. 3. — Les chiens devront être tenus à l'attache dans tous les endroits ouverts au public.

ART. 4. — Les chiens errant sur la voie publique seront immédiatement arrêtés, mis en fourrière pendant 48 heures et abattus après ce délai, s'ils ne sont réclamés.

ART. 5. — Toute chienne en folie devra être tenue à l'attache.

ART. 6. — Tout propriétaire dont le chien aura été mordu par un chien atteint ou suspect de rage devra en faire immédiatement la déclaration à la Mairie.

ART. 7. — Toute contravention au présent arrêté sera poursuivie conformément à la loi.

Fait à Bône, le 25 mars 1878.

Le Maire,

P. DUBOURG.

Arrêté du 8 juin 1885

Nous, Maire de la ville de Bône, chevalier de la Légion d'honneur,

Vu l'article 97 de la loi du 5 avril 1884, qui nous charge du soin de veiller à la sûreté publique et de prévenir ou de faire cesser, par des précautions convenables, les accidents et fléaux calamiteux ;

Considérant que de nombreux cas de rage se sont récemment produits, et que le nombre toujours croissant des chiens errants ne fait qu'augmenter le danger de voir le mal se développer ;

Vu l'arrêté de la Cour de Cassation, en date du 20 août 1874, aux termes duquel le Maire d'une commune qui a été parcourue par un chien atteint d'hydrophobie peut prescrire, comme mesure de sûreté, l'abatage immédiat de tous les animaux mordus par ce chien, sans distinguer entre ceux qui sont ou non en état de divagation ;

Vu les arrêtés municipaux des 23 mai 1870 et 25 mars 1878 ;

Considérant qu'il y a lieu de combiner les diverses dispositions contenues dans ces différents règlements et de les réunir en un seul et même arrêté dont l'exécution devra être rigoureusement poursuivie ;

Vu les articles 459 et 471 § 15 du Code pénal,

Arrêtons :

Article premier. — Il est défendu de laisser les chiens vaguer ou errer sur la voie publique entre onze heures du soir et quatre heures du matin.

Art. 2. — Tout chien trouvé errant de onze heures du soir à quatre heures du matin, qu'il soit ou non porteur d'un collier indiquant le nom de son maître et de la plaque dont il va être ci-après parlé, sera saisi et conduit à la fourrière publique. Il sera abattu après quarante-huit heures, s'il n'est pas réclamé.

Art. 3. — Les chiens de luxe (1re catégorie) doivent porter au collier, d'une façon apparente, une plaque en cuivre indiquant le numéro de la déclaration. Les chiens de garde (2e catégorie) doivent être munis d'une plaque en zinc.

Ces plaques sont délivrées par la Mairie contre remboursement d'une somme de 50 centimes, tarif fixé par l'arrêté du 1er juin 1883.

Les chiens à la mamelle n'étant pas considérés comme matière imposable, ne sont pas assujettis au port de la plaque.

Art. 4. — Les chiens de race dangereuse devront être muselés et tenus en laisse.

Art. 5. — Les chiens de garde devront être constamment tenus à l'attache dans les lieux à la garde desquels ils sont affectés.

Art. 6. — Les chiennes en folie devront être tenues à l'attache.

faute de quoi procès-verbal devra être dressé contre le propriétaire qui sera poursuivi conformément à l'article 471 § 15 du Code pénal.

Art. 7. — Tous les chiens devront être tenus en laisse dans les endroits ouverts au public.

Art. 8. — De quatre heures du matin à onze heures du soir, tout chien errant sur la voie publique et non porteur de la plaque en cuivre affectée aux chiens de luxe sera arrêté, mis en fourrière pendant quarante-huit heures et abattu après ce délai, s'il n'est pas réclamé.

Art. 9. — Tout propriétaire, dont le chien aura été mordu par un chien atteint ou suspect de rage, devra en faire immédiatement la déclaration à la Mairie, faute de quoi, il sera poursuivi conformément aux articles 459 et suivants du Code pénal.

Art. 10. — Tout chien mordu par un chien atteint de rage sera immédiatement abattu, qu'il soit ou non en état de divagation.

Art. 11. — Tout chien mordu par un chien suspect de rage sera immédiatement abattu, s'il est en état de divagation : dans le cas contraire, son propriétaire devra le tenir en observation, l'empêcher de vaguer sur la voie publique et le mettre dans l'impossibilité de nuire aux personnes ou aux autres animaux.

Art. 12. — Toute contravention au présent arrêté sera poursuivie conformément à la loi.

Art. 13. — *Disposition transitoire.* — A partir du jour de la publication du présent arrêté et jusqu'à nouvel ordre, tous les chiens, sans exception, devront être tenus en laisse. Les chiens errants seront immédiatement arrêtés, mis en fourrière et abattus après quarante-huit heures, s'ils ne sont pas réclamés.

Art. 14. — Le commissaire de police est chargé de l'exécution du présent arrêté.

Bône, le 8 juin 1885.

Le Maire,

P. Dubourg.

Vu et approuvé :
Le Sous-Préfet,

De Chancel.

Arrêté du 16 juin 1893

Nous, Maire de la ville de Bône, chevalier de la Légion d'honneur,

Considérant que de nouveaux cas de rage se sont produits sur le territoire de la commune de Bône, qu'un certain nombre de chiens paraissent avoir été contaminés et que plusieurs personnes ont été mordues par des chiens suspects ;

Considérant qu'il y a lieu, dans ces conditions, de remettre en vigueur, pendant un certain temps, l'arrêté municipal du 19 octobre 1892 ;

Vu la loi du 5 avril 1884 ;

Vu l'art. 54 du décret du 22 juin 1882, ainsi conçu :

« Lorsqu'un cas de rage a été constaté dans une commune, le « Maire prend un arrêté pour interdire, pendant six semaines au « moins, la circulation des chiens, à moins qu'ils ne soient « tenus en laisse. »

Vu le décret du 12 novembre 1887 ;

Vu l'urgence,

ARRÊTONS :

ARTICLE PREMIER. — A partir du 20 courant, tous les chiens circulant sur la voie publique devront être tenus en laisse ou muselés.

Dans ce dernier cas, la muselière devra être conforme à l'un des modèles acceptés par la municipalité.

ART. 2. — Les chiens devront également être tenus en laisse ou muselés dans tous les endroits ouverts au public, tels que boutiques, ateliers, magasins, restaurants, cafés et débits, etc., etc.

ART. 3. — Les chiens errants non muselés, même munis d'un collier ou de la plaque réglementaire, seront capturés, conduits à la fourrière et abattus au bout de 24 heures, s'ils ne sont réclamés dans cet intervalle. De plus, contravention sera dressée contre le propriétaire, si ce dernier est découvert, pour infraction aux arrêtés municipaux.

Les chiens non déclarés et non inscrits aux rôles des taxes municipales ne seront pas rendus.

ART. 4. — Le commissaire chef du service de la police municipale est chargé de l'exécution du présent arrêté qui restera en vigueur jusqu'à dispositions contraires.

Bône, le 16 juin 1893.   *Le Maire,*

J. BERTAGNA.

Section VIII. — **Parcours des chèvres**

Arrêté du 15 juillet 1853

Nous, Maire de la ville de Bône, chevalier de la Légion d'honneur,

Considérant qu'au mépris des lois et règlements en vigueur, des dégradations sont commises journellement par les chèvres sur les arbres des routes et chemins et sur les différentes places de la ville;

Considérant que certains propriétaires ont la mauvaise habitude de laisser paître leurs bestiaux dans les fossés et sur les bords des routes, que souvent eux-mêmes ils en arrachent les herbes pour la nourriture de leurs animaux, qu'ils détériorent ainsi les berges et les talus de ces fossés et portent en même temps atteinte aux plantations qui les avoisinent:

Vu l'article 30 de l'ordonnance royale du 28 septembre 1847,

ARRÊTONS :

ARTICLE PREMIER. — A l'avenir aucune chèvre ne pourra circuler sur les routes et chemins, ni être conduite en ville, à moins qu'elle ne soit muselée. Le séjour et le parcours sur les places et promenades plantées d'arbres leur est expressément interdit.

ART. 2. — Il est également interdit aux propriétaires comme aux gardiens de bestiaux de faire paître leurs animaux dans les fossés ou sur le bord des routes, de les y laisser séjourner sous quelque prétexte que ce soit, enfin de leur permettre de traverser les allées.

ART. 3. — Défense est faite à qui que ce soit de couper ou d'arracher les herbes qui bordent les routes, les fossés et les plantations publiques.

ART. 4. — Toute contravention aux dispositions qui précèdent entraînera la mise en fourrière des animaux saisis, sans préjudice des suites du procès-verbal et des poursuites en dommages-intérêts auxquelles les dégradations commises pourront donner lieu.

ART. 5. — L'architecte de la ville, les agents du service de la voirie, la police, la gendarmerie, les gardes-champêtres sont, chacun en ce qui le concerne, chargés de l'exécution du présent arrêté.

Fait à Bône, le 15 juillet 1853.

Le Maire,

LACOMBE.

Vu et approuvé :

Bône, le 27 juillet 1853.

Le Sous-Préfet,

CALENDINI.

Section IX. — **Fourrière publique**

Règlement du 25 mai 1885

Cahier des charges de la fourrière publique de la ville de Bône

ARTICLE PREMIER.— L'adjudicataire sera tenu de se pourvoir à ses frais, soit en ville, soit en dehors des murs, mais à une distance qui ne pourra excéder 500 mètres, d'un local convenablement disposé, clos et couvert, pour garantir les animaux ou objets capturés, saisis ou trouvés, destinés à être mis en fourrière.

Il y recevra en dépôt :

1· Tous les animaux saisis en délit sur la propriété d'autrui ou trouvés à l'abandon sur les routes et chemins, dans toute l'étendue de la commune ;

2· Les voitures laissées à l'abandon sur la voie publique, ainsi que tous les matériaux qui constitueraient une contravention en matière de voirie ;

3· Les chiens capturés sous la surveillance de la police.

Les écuries et établos destinées à recevoir les animaux capturés, saisis ou trouvés, devront être parfaitement appropriées et divisées, de manière que les animaux d'espèces différentes ne puissent être mélangés.

Le chenil, en particulier, devra être parfaitement clos et couvert, et la distance entre les chiens à l'attache devra être assez grande pour qu'ils ne puissent se mordre.

Les objets saisis seront mis à l'abri sous un hangar.

Art. 2. — L'entrepreneur est chargé, sous sa responsabilité, de nourrir, entretenir et soigner, au besoin, les animaux confiés à sa garde, sans pouvoir les employer à aucun usage, ni les confier à d'autres personnes. A cet effet, il devra justifier à toute réquisition de leur présence et avoir, dans ses magasins, un approvisionnement d'au moins dix quintaux métriques de fourrage.

Art. 3. — La nourriture à fournir à chaque animal et par jour sera répartie ainsi qu'il suit :

Un chameau, un cheval, une bête à cornes : 6 kil. de foin ou 25 kil. d'herbes, distribués en trois parties égales, le matin à six heures, à midi et le soir à sept heures.

Un mulet, un âne, un veau : 4 kil. de foin ou 15 kil. d'herbes, en deux fois, à neuf heures du matin et à sept heures du soir.

Une chèvre, un mouton : 2 kil. de foin ou 7 kil. d'herbes, en deux fois, à neuf heures du matin et à sept heures du soir.

Un porc : 4 kil. de son fin, distribués comme ci-dessus.

Un chien : 500 grammes de pain de qualité inférieure.

Art. 4. — . . . .

Prescriptions réglementaires

Art. 5. — Le fermier de la fourrière avancera, sur une note fournie par la police, les premiers frais de mise en fourrière des animaux saisis en délit, sous la garantie du remboursement que lui assure par privilège l'article 39 du tarif des frais en matières criminelles.

Art. 6. — Il aura le libre choix de ses agents et sera responsable de leur gestion.

Art. 7. — Un local spécial, parfaitement séparé et renfermant au moins quatre stalles isolées, sera affecté aux animaux atteints ou suspects de maladies contagieuses, et l'entrepreneur sera responsable de la contamination qui pourrait avoir lieu avec des animaux sains.

Il devra se conformer strictement aux instructions qui lui seront données par l'administration.

Si, par le fait de sa négligence, des animaux avaient à souffrir ou venaient à périr, le dommage ou la perte seraient imputés à l'entrepreneur, en conformité des articles 1149, 1382 et 1383 du Code pénal.

— 138 —

ART. 8. — Il pourra appeler, chaque fois qu'il en sera besoin
et sur la réquisition du commissaire de police, un vétérinaire
breveté.

Les frais de traitement seront acquittés par le propriétaire, ou
retenus sur le prix de la vente, s'il y a lieu, en les ajoutant à
ceux de la fourrière.

Tout animal conduit à la fourrière sera censé y avoir passé la
journée entière ; s'il reste plusieurs jours, toute journée commencée sera due.

ART. 9. — Les animaux domestiques, ainsi que les objets
saisis, ne pourront être rendus à leurs propriétaires qu'après
que les droits de fourrière auront été acquittés et sur l'autorisation écrite de M. le Maire ou de M. le commissaire de police.

Toutefois, la mainlevée provisoire de tout ou partie des animaux ou objets saisis et mis en fourrière peut être ordonnée
par le juge d'instruction, moyennant une caution solvable ou le
paiement de frais.

ART. 10. — Lorsque les objets et les animaux déposés autres
que les chiens errants ne seront pas réclamés dans le délai de
huit jours, ils seront vendus aux enchères et par les soins de M.
le receveur des domaines.

Le produit de la vente sera versé entre les mains de M. le
receveur municipal, qui acquittera les frais de fourrière.

ART. 11. — Tout chien qui n'aura pas été réclamé par son
propriétaire, dans les quarante-huit heures, sera abattu et enfoui
par les soins et à la diligence de l'entrepreneur, suivant le procédé
qui lui sera fixé par l'administration. Il lui sera alloué pour ses
frais de capture, d'abatage et d'enfouissement, au lieu qui lui
sera indiqué, la somme de 2 fr. par chien.

ART. 12. — L'entrepreneur sera autorisé à percevoir à son
profit, par jour et par animal ou objets saisis, les droits suivants :

1· Pour un chameau, une bête à cornes, un mulet ou un
cheval.. 2 fr.

2· Pour un porc, un veau ou un âne..................... 1 »

3· Pour une chèvre ou un mouton...................... » 50

4· Pour les voitures, objets divers et matériaux déposés,
pour chaque mètre de terrain occupé.................. » 15

Police de la fourrière

ART. 13. — Le fermier tiendra un registre sur lequel devront
être régulièrement inscrits jour par jour et par colonnes séparées :

1· Le nombre et l'espèce d'animaux amenés en fourrière, ou d'objets déposés ;

2· La date de leur entrée et de leur sortie ;

3· Le montant du prix de fourrière et frais accessoires ;

4· Enfin l'indemnité payée aux conducteurs des animaux ou objets amenés à la fourrière, ainsi qu'il est prescrit à l'art. 5 du présent cahier des charges.

ART. 14. — Le registre précédent sera soumis, tous les premiers de chaque mois, au visa du commissaire de police qui pourra en outre se le faire représenter toutes les fois qu'il le jugera utile et convenable.

ART. 15. — Si, par suite de la négligence ou de l'abandon de l'entrepreneur, les animaux ou objets confiés à sa garde venaient tant à dépérir qu'à se détériorer, ou s'il y avait eu dissimulation de sa part, l'administration, après constatation régulière du délit, aura la faculté de résilier le marché, sans préjudice des poursuites de droit.

Fait à Bône, le 25 mai 1885.

Le Maire,
P. DUBOURG.

Vu et approuvé :
Pour le Préfet,
Le Secrétaire général,
ESMÉNARD.

SECTION X. — **Tarif des droits de voirie**

Arrêté du 22 janvier 1889.

Nous, Maire de la ville de Bône, chevalier de la Légion d'honneur,

Vu la loi du 5 avril 1884 ;

Vu la délibération du Conseil municipal en date du 12 du courant, fixant le nouveau tarif des droits de voirie à mettre en recouvrement dans la commune de Bône.

ARRÊTONS :

ARTICLE PREMIER. — A partir de la publication du présent arrêté, le tarif des droits de voirie à percevoir dans la commune de Bône est fixé ainsi qu'il suit :

NATURE DES OUVRAGES	UNITÉS	VILLE	BAN-LIEUE	OBSERVATIONS
Travaux neufs				
Alignement d'un bâtiment neuf dans les rues au-dessus de 8 mètres de largeur..........	le mètre courant	5 »	3 »	
Alignement d'un bâtiment neuf dans les rues de 8 mètres et au-dessous.	id.	3 50	2 50	
Alignement d'un mur de clôture, hauteur 2m60, grille en fer, avec ou sans soubassement..........	id.	2 50	1 50	Au-dessus de 2m60 le mur sera considéré comme mur de bâtiment.
Alignement de clôtures en planches jointives ou à claire-voie..........	id.	0 50	0 25	
Pilastres et avant-corps..........	chaque	5 »	3 »	
Colonne engagée ou dégagée, pour chaque décimètre de saillie, en avant ou au-dessus du rez-de-chaussée..........	id.	3 »	1 50	
Corniche, couronnement de baies, dépassant 0m05 de saillie..........	id.	2 50	1 25	
Chambranle de porte ou de croisée, dépassant 0m05 de saillie..........	id.	2 »	1 25	
Cordon de façade en saillie, corniche de couronnement..........	le mètre courant	1 »	0 50	Grandes dimensions au-dessus de 0m25.
Petite corniche ou cordon de façade ne dépassant pas 0m25 de saillie...	id.	0 50	0 30	
Petits balcons aux fenêtres, en saillie jusqu'à 0m22..........	chaque	2 50	1 75	
Grands balcons de croisée dépassant 0m22 de saillie..........	id.	10 »	6 »	
Grands balcons de corniche dépassant 0m22 de saillie, maximum 0m80..	le mètre courant	10 »	6 »	

NATURE DES OUVRAGES	UNITÉS	VILLE	BAN-LIEUE	OBSERVATIONS
Travaux neufs *(suite)*				
Bornes, chasse-roues, seuils, tuyaux de descente jusqu'à 0m16 de saillie.	chaque	2 »	1 25	
Terrain clôturé provisoirement pour bâtiments en construction, par mois.	le mètre superficiel	0 50	0 25	
Appui de croisée à balcon jusqu'à 0m06 de saillie.		2 »	1 50	
Travaux divers modifiant des constructions exécutées. **Réparations**				
Exhaussement d'un bâtiment aligné par étage.	le mètre courant	1 »	0 50	
Surélévation d'un mur de clôture jusqu'à 2m60.	id.	1 »	0 50	
Dérasement d'un mur.	id.	0 50	0 25	
Conversion d'un mur de clôture en mur de façade d'un bâtiment dans les rues au-dessus de 8m de largeur.	id.	2 50	1 50	
Conversion d'un mur de clôture en mur de façade d'un bâtiment dans les rues au-dessous de 8 mètres.	id.	1 »	1 »	

NATURE DES OUVRAGES	UNITÉS	VILLE	BAN-LIEUE	OBSERVATIONS
Travaux divers modifiant des constructions exécutées. **Réparations** *(suite)*				
Ravalement entier, par étage.........	le mètre courant	0 25	0 15	Non compris l'é-chafaudage.
Ravalement partiel, droit fixe.........	chaque	2 50	1 25	id.
Baie ouverte après coup, porte charretière de magasin.........	id.	10 »	6 »	
— — porte d'entrée.........	id.	5 »	3 »	
— — croisée.........	id.	3 »	2 »	
— — porte de cave ou sous-sol.........	id.	3 »	1 »	
Pied droit.........	id.	5 »	3 »	
Reconstruction de linteau, poitrail ou toute fermeture de baie, plate-bande, arc en pierre, etc., sur gros murs.........	id.	5 »	3 »	
Reprise dans la face d'un bâtiment, bouchement de baies, en construc-tions légères.........	id.	2 »	1 »	
Point d'appui intermédiaire au rez-de-chaussée pile-poteau, jambe étrière.	id.	5 »	2 »	
Etai seul ou par groupe, réunis par des moises en travers de la rue ou reposant sur le sol.........	id.	3 »	2 »	

NATURE DES OUVRAGES	UNITÉS	VILLE	BAN-LIEUE	OBSERVATIONS
Travaux divers modifiant des constructions exécutées. **Réparations** *(suite)*				
Echafaud reposant sur le sol.........................	le mètre courant	1 »	0 50	
Peinture de porte, devanture de boutiques, persiennes, contrevents....	le mètre superficiel	0 20	0 40	
Badigeon et peinture sur mur, pour chaque étage et rez-de-chaussée...	le mètre courant	0 10	0 05	
Enseigne en saillie sur l'alignement jusqu'à 0m16 de saillie...........	id.	1 »	0 50	Toute fraction au-dessus de 0.50 sera comptée pour 1 mètre.
Enseigne peinte sur mur, inscription...................	id.	0 50	0 25	
Tableau, écusson, panonceau, cadran ou tout autre attribut servant d'enseigne, jusqu'à 0m16 de saillie...................	chaque	3 »	2 »	
Enseignes, lettres découpées appliquées sur les balcons............	le mètre courant	1 »	0 50	
Jalousie en saillie jusqu'à 0m16........................	le mètre superficiel	2 50	1 50	
Abat-jour ou autre appareil placé devant une baie................	chaque	5 »	3 »	
Marquise pour porte d'entrée ou de magasin jusqu'à 0m80 de saillie....	le mètre courant	10 »	6 »	
Devanture de boutique ou porte servant de devanture, en saillie ou non (maximum 0m16).....................	id.	5 »	3 »	
Montre vitrée, cadre fixe, saillie maximum 0m16..................	id.	5 »	3 »	Toute fraction au-dessus de 0.50 sera comptée pour 1 mètre.

NATURE DES OUVRAGES	UNITÉS	VILLE	BAN-LIEUE	OBSERVATIONS
Droits temporaires, mensuels ou annuels				
Dépôts de matériaux ou autres objets en dehors de barrières autorisées.	par mois et par mètre supl.	1 »	0 50	Avec minimum de perception de 1 fr. et 0,50.
Echoppe sédentaire ou mobile	id.	1 »	0 50	id.
Etalage mobile, cadre, montre étalage, sans fronton au-dessous de 1 mètre	par an et par mètre courant	2 »	2 »	
Lanterne à gaz, transparent en saillie, réflecteur, rampe d'allumage	par an et par objet	3 »	2 »	
Enseigne sur mur appartenant à la commune	par an et par mètre superficiel	5 »	3 »	
Tentes ou bannes, stores, dans les rues ou sous les arcades	par an et par mètre courant	1 »	0 50	
Barrage d'une rue	par jour	3 »	2 »	
Rétablissement de pavage ou d'empierrement fait par les soins de la commune	le mètre superficiel	1 20	1 20	
Tranchée sur la voie publique de moins de 20 mètres à la fois et de 1 mètre de largeur moyenne	par jour	2 »	2 »	
Au-dessus de 20 mètres, le droit sera doublé	id.	4 »	4 »	
Tous autres ouvrages non indiqués au présent tarif	chaque	2 50	1 25	

Art. 2. — Le receveur municipal, l'agent voyer communal et le commissaire de police sont chargés, chacun en ce qui le concerne, de l'exécution du présent arrêté.

Bône, le 22 janvier 1889.

Le Maire,

J. BERTAGNA.

Vu et approuvé :

Pour le Préfet :

Le secrétaire général,

ESMÉNARD.

CHAPITRE V

SÉCURITÉ ET SALUBRITÉ PUBLIQUES

SECTION PREMIÈRE. — **Dispositions générales**

Arrêté du 11 juin 1882

Nous, Maire de la ville de Bône, chevalier de la Légion d'honneur,

Vu les lois des 16-24 août 1790, 17-22 juillet 1791 ;

Vu l'art. 30 de l'ordonnance du 28 septembre 1847 sur l'organisation municipale en Algérie ;

Considérant que les arrêtés et règlements émis jusqu'à ce jour, en matière de salubrité et de propreté de la voie publique, n'ont pas été suffisamment observés à Bône ;

Qu'il importe, dans l'intérêt de la salubrité publique, de renouveler et de prescrire les précautions d'hygiène nécessaires, ainsi que les mesures les plus propres à prévenir l'invasion des maladies, si promptes à se développer sous l'influence des exhalaisons malsaines,

ARRÊTONS CE QUI SUIT :

SECTION PREMIÈRE. — **Propreté, entretien, libre circulation de la voie publique**

ARTICLE PREMIER. — Les habitants de la ville de Bône sont tenus de balayer régulièrement, jusqu'au milieu de la chaussée, la partie de la voie publique contiguë aux bâtiments et dépendances des locaux et terrains qu'ils possèdent ou occupent à quelque titre que ce soit.

ART. 2. — Le balayage devra être achevé à sept heures du matin du 1er avril au 30 septembre, et à huit heures du 1er octobre au 31 mars.

Dans le cas où cette obligation n'aurait pas été remplie dans le temps fixé, la police y pourvoira aux frais du délinquant, nonobstant les suites du procès-verbal.

ART. 3. — Chaque habitant devra être muni d'un réceptacle, boite, panier ou couffin, destiné à recevoir les ordures ; il les fera verser dans les voitures au moment de leur passage, duquel il sera averti par le bruit d'une sonnette.

ART. 4. — Tout dépôt de fumier, ordures, cadavres d'animaux et autres immondices est interdit, non seulement sur la voie publique, mais encore aux abords des fontaines, le long des murs extérieurs, dans les fossés de la ville, sur le rivage de la mer et des cours d'eaux.

Il est expressément défendu :

1· De jeter aucunes immondices ou bêtes mortes dans les conduits des latrines ou des eaux ménagères ;

2· De faire des ordures quelconques contre les murs, dans les rues, places publiques, bâtiments en démolition, fossés ou terrains vagues ; enfin d'épancher de l'eau autre part que dans les urinoirs disposés à cet effet ;

3· De faire du feu autre part que dans les âtres et cheminées ou dans les fourneaux pourvus d'un conduit suffisant d'issue pour la fumée.

Dans les endroits où les domestiques, gens de service, sont exclusivement chargés du balayage, il pourra, en cas d'infraction, être dressé procès-verbal contre eux, et subsidiairement seulement contre les maitres.

Les étalagistes sont pareillement responsables de l'entretien de la place qu'ils occupent jusqu'à une distance de quatre mètres.

ART. 5. — Nul ne pourra déposer dans les rues ou sur les places des matériaux résultant de démolitions ou destinés à des constructions, ni faire des préparations de mortier, que sur une permission délivrée par l'autorité et dans les lieux désignés par la police.

Les décombres devront être enlevés dans les quarante-huit heures et, en cas d'urgence, à la première réquisition.

Ils seront éclairés pendant la nuit.

Il est enjoint aux entrepreneurs et propriétaires de clore de barrières pleines leurs chantiers, ainsi que les terrains en construction ou en démolition, aussi bien que les terrains vagues et les puits servant à l'arrosage dans l'enceinte de la nouvelle ville, de n'y permettre aucun dépôt d'ordures et de les entretenir dans un état convenable de propreté et de salubrité.

Ces clôtures devront être entièrement faites un mois après la publication du présent arrêté.

Les matériaux destinés aux constructions ne devront séjourner sur la voie publique en dehors des barrières des chantiers que le temps nécessaire à leur transport à l'intérieur desdits chantiers.

Aucun dépôt de matériaux ne pourra passer la nuit sur la voie publique sans autorisation.

Art. 6. — Lorsqu'un chargement ou un déchargement de marchandises ou autres objets aura été opéré en ville ou sur le port, l'endroit devra être nettoyé et les débris enlevés, sous la responsabilité solidaire des porteurs, bateliers, voituriers et consignataires.

Art. 7. — Le transport des fumiers par les voitures particulières devra s'effectuer avant huit heures du matin et de manière qu'il n'en reste aucune trace sur le chemin.

Il en est de même de toutes espèces d'immondices, qu'il ne sera permis de déposer hors de la ville que dans les endroits désignés par l'autorité.

Art. 8. — Aucune voiture ne pourra stationner la nuit sur la voie publique sans être éclairée.

Section II. — **Puits, citernes, conduits et égouts**

Art. 9. — Il est particulièrement recommandé aux propriétaires d'empêcher que, sur les terrasses et *dans l'intérieur des habitations*, il ne soit élevé ou nourri des animaux, tels que lapins, cochons d'Inde, pigeons, poules et autres animaux domestiques. Ils veilleront à ce que leurs puits ou citernes soient toujours en bon état, à ce que les conduits souterrains servant d'issue aux latrines et aux eaux sales ne soient point obstrués.

Art. 10. — Tous les lieux d'aisance répandant une odeur fétide seront nettoyés dans les vingt-quatre heures, sur l'injonction du commissaire de police. En cas de refus ou de non exécution, après qu'un procès-verbal aura été dressé, il sera procédé à cette opération aux frais du propriétaire.

Art. 11. — Tous cafés, débits ou cafés maures devront posséder des cabinets d'aisance apparents, où les consommateurs puissent aller sans sortir de l'établissement. Un délai de 15 jours est accordé aux propriétaires des établissements existant actuellement, pour se conformer à cette disposition.

Le service de la voirie et le service de la police sont chargés, chacun en ce qui le concerne, de faire visiter fréquemment les égouts, de s'assurer de l'état des conduits particuliers, d'en constater les dégradations par des procès-verbaux, et de veiller à ce que les nouvelles dispositions relatives aux cafés, débits et cafés maures soient exécutées.

Section III. — **Habitations**

Art. 12. — Le commissaire de police et ses agents sont tenus de visiter fréquemment les habitations de la ville, afin de s'assurer de l'état de salubrité dans lequel elles se trouvent.

Ils examineront avec soin les cours, écuries, magasins, canaux, galeries, couloirs, terrasses, conduits et latrines. Ils veilleront à ce que les puits situés dans les terrains vagues soient tenus constamment en état de propreté.

Ils veilleront, en outre, à ce que les chambres occupées en commun ne contiennent pas un plus grand nombre d'individus que ne comporte le local ; une agglomération trop considérable, sous l'influence des fortes chaleurs, étant de nature à engendrer des maladies.

Ils veilleront à l'exécution de toutes mesures prises pour faire disparaître les causes d'insalubrité ou améliorer l'état sanitaire, notamment du blanchiment des murs, tant intérieurs qu'extérieurs, et des terrasses des maisons. Ce blanchiment aura lieu à la chaux vive (0.040 gr. de jaune d'ocre et 0.003 gr. de noir par kilogr. de chaux), afin de rendre la réverbération de la lumière moins intense.

Art. 13. — Toute contravention au présent arrêté sera constatée par procès-verbal et poursuivie conformément à la loi.

Fait à Bône, le 11 juin 1882.

Le Maire,

P. DUBOURG.

Vu et approuvé :
Bône, le 11 juin 1882.
Le Sous-Préfet.

DUNAIGRE.

Arrêté du 30 juin 1884

Le Maire de la ville de Bône, chevalier de la Légion d'honneur,

Vu la loi du 5 avril 1884, article 96, qui, parmi les objets confiés à la vigilance et à l'autorité des corps municipaux, comprend les soins de prévenir, par les précautions convenables, les fléaux calamiteux, tels que les épidémies ;

Vu l'art. 94 de la même loi qui donne au Maire le droit de prendre des arrêtés ordonnant les mesures locales sur les objets confiés à sa vigilance et à son autorité :

Vu la loi du 3 mars 1822, titre II, et l'ordonnance royale du 7 août 1822 sur la police sanitaire :

Vu le décret du 22 février 1876, rendu applicable à l'Algérie par le décret du 25 mai 1878 sur le même objet ;

Vu les délibérations du conseil d'hygiène en date des 26, 28 et 30 juin 1884 ;

Considérant que dans les circonstances actuelles il importe de recourir aux moyens les plus prompts et les plus sûrs d'atténuer toutes les causes d'infection ;

Considérant que les moyens les plus capables de prévenir et d'arrêter les effets de toute maladie épidémique et contagieuse sont de prescrire et de faire observer rigoureusement la propreté des habitations, cours, rues et places publiques, d'interdire l'amas de toute matière végétale ou animale en putréfaction près des habitations, de faire écouler les eaux stagnantes et de surveiller surtout l'assainissement des lieux où se trouvent réunis et agglomérés beaucoup d'individus.

ARRÊTE :

ARTICLE PREMIER. — Défenses sont faites et réitérées aux habitants de jeter par les fenêtres, dans les rues et les cours, tant de jour que de nuit, aucunes eaux propres ou sales, urines, matières fécales, gravois et ordures de quelque nature qu'elles puissent être.

ART. 2. — Il est de nouveau fait défense à toute personne de laver du linge, du fil, des herbages aux fontaines publiques, d'y rincer des tonneaux et autres vases, comme aussi d'y mener boire des chevaux et bestiaux ; en un mot, d'altérer de quelque manière que ce soit la limpidité et la pureté des eaux desdites fontaines.

Art. 3. — Il est expressément défendu aux habitants de déposer et verser dans les cours et sur la voie publique les dépouilles, les excréments et le sang de animaux qu'ils tuent. Ces dépouilles, excréments et sang devront par eux être versés et déposés dans les tombereaux du balayage public, au moment de leur passage.

Art. 4. — Il est enjoint à tout propriétaire, dont la maison serait dans un état constaté de malpropreté et de dégradation, de faire blanchir à la chaux à l'intérieur les cours et escaliers de ladite maison et de faire établir et entretenir en bon état les tuyaux de descente pour conduire les eaux des éviers jusqu'à l'aire de la cour, en leur donnant, de là, la vidange nécessaire.

Il lui est également enjoint de maintenir le sol ou le pavé des cours et couloirs de sa maison en bon état et sans aucun creux où les eaux puissent croupir.

Le propriétaire sera tenu d'obtempérer à ces injonctions dans le délai fixé par le Maire.

Art. 5. — Les habitants sont tenus de déposer dans des récipients sur la voie publique au-devant de leurs maisons, sans gêner le cours des eaux, les balayures provenant de l'intérieur des maisons.

Art. 6. — Ceux qui auront chez eux des poteries, bouteilles et verres cassés, cendre de poële et autres objets de ce genre, au lieu de les répandre sur la voie publique, sont tenus de les rassembler dans des paniers ou autres ustensiles pour les porter dans la rue et de les mettre au-devant de leurs habitations, afin que les balayeurs publics puissent les déposer dans leurs tombereaux lors de leur passage.

Art. 7. — Le dépôt prescrit par les articles 5 et 6 ci-dessus ne pourra s'effectuer pendant les mois d'avril, mai, juin, juillet, août et septembre, que jusqu'à sept heures du matin, et, pendant les autres mois, jusqu'à huit heures du matin.

Art. 8. — Défenses sont faites à toute personne de faire des amas de fumier dans les rues, places, quais et basses-cours.

Tout dépôt de fumier mis en tas pour être vendu ne pourra être fait, hors la ville, qu'à 300 mètres au delà du mur d'enceinte ou des remparts et à cinquante mètres au moins de tout chemin public.

Il est défendu d'uriner sur la voie publique ailleurs que dans les urinoirs publics.

Art. 9. — Les habitants sont tenus de balayer chaque jour la voie publique au-devant de leurs habitations, aux heures précises fixées par l'art. 7 ci-dessus. Ils sont également tenus, chaque jour de chaleur et de temps sec, d'arroser deux fois la voie publique devant leurs habitations, savoir : à dix heures du matin et à deux heures de l'après-midi.

Ils devront, du 1er juin au 1er septembre de chaque année, laver les trottoirs au-devant de leurs habitations, au besoin tous les jours, avant huit heures du matin, de manière à en faire disparaître toute souillure et malpropreté.

Art. 10. — Les propriétaires et habitants sont tenus de faire laver, trois fois par jour, les cours et gargouilles des maisons qu'ils occupent.

Art. 11. — Il est défendu de faire ou battre des matelas, de battre ou nettoyer des tapis et autres meubles dans les rues, places, quais, passages et promenades publiques, sauf autorisation spéciale, de s'y livrer à toutes autres opérations pouvant occasionner de la poussière et incommoder les voisins, d'y faire des étendages ou entrepôts de vieux chiffons, débris ou objets quelconques pouvant blesser la vue ou l'odorat, blesser la décence ou devenir une cause de malpropreté.

Art. 12. — Les concierges, portiers et gardiens des établissements publics sont responsables, en ce qui concerne lesdits établissements, de l'exécution des dispositions ci-dessus.

Art. 13. — Les décombres, gravois et autres matériaux provenant des démolitions devront être enlevés dans le jour, par les entrepreneurs, maçons, plâtriers et autres qui les auraient fait déposer sur la voie publique.

Art. 14. — L'autorité municipale s'entendra avec le service du génie militaire à l'effet de faire nettoyer et purger les fossés extérieurs des fortifications, de manière à ce que, sur le terrain militaire, il ne reste plus d'eau stagnante.

Il fera établir aux latrines des bâtiments militaires des appareils d'assainissement.

Art. 15. — Les administrations militaires, celles des hospices, collèges, etc., les directeurs de pensionnats et d'écoles devront faire tous les assainissements jugés nécessaires, et ce, d'après les perfectionnements apportés dans cette branche de l'hygiène publique, tels que tuyaux et cheminées d'appel, etc.

Art. 16. — Les contraventions aux dispositions du présent

arrêté seront constatées par des procès-verbaux, et des mesures spéciales sont prises pour cela ; les contrevenants seront passibles des peines portées par les articles 471 § 15, 474 et 475 § 12 du Code pénal.

ART. 17. — Conformément à l'art. 1384 du Code civil, les parents, tuteurs, maîtres, chefs d'ateliers, sont responsables de la contravention commise par leurs enfants, pupilles, domestiques et apprentis, ainsi que des dommages et dégradations qu'ils auraient occasionnés.

ART. 18. — Le service de la police, le service de la voirie et tous les divers services communaux sont chargés, chacun en ce qui le concerne, de l'exécution du présent arrêté.

Bône, le 30 juin 1884.

Le Maire,

P. DUBOURG.

Vu et approuvé :
Bône, le 30 juin 1884.
Le Sous-Préfet,
DE CHANCEL.

Arrêté du 23 juillet 1884

Nous, Maire de la ville de Bône, chevalier de la Légion d'honneur,

Vu notre arrêté en date du 11 juin 1882, art. 9, qui défend aux propriétaires d'élever ou de nourrir sur les terrasses ou dans l'intérieur des habitations des lapins, cochons d'Inde, pigeons, poules et autres animaux domestiques ;

Considérant que, dans les circonstances actuelles, il y a lieu d'étendre cette interdiction ;

Vu la loi du 5 avril 1884 qui, parmi les objets confiés à la vigilance et à l'autorité des corps municipaux, comprend les soins de prévenir, par les précautions convenables, les fléaux calamiteux, tels que les épidémies.

Arrêtons :

Article premier. — Le premier § de l'art. 9 de notre arrêté du 11 juin 1882 est modifié ainsi qu'il suit :

Il est défendu dans l'enceinte de la ville d'élever ou de nourrir des animaux, tels que lapins, cochons d'Inde, pigeons, poules et autres animaux domestiques.

Art. 2. — Toute contravention au présent arrêté sera constatée par procès-verbal et poursuivie conformément à la loi.

Art. 3. — Le commissaire de police est chargé de l'exécution du présent arrêté.

Bône, le 23 juillet 1884.

Le Maire,

P. DUBOURG.

Vu et approuvé :

Bône, le 23 juillet 1884.

Le Sous-Préfet,

DE CHANCEL.

Arrêté du 10 avril 1890

modifié en ses art. 2, 4 et 5, par décision du 11 septembre 1890

Nous, Maire de la ville de Bône, chevalier de la Légion d'honneur,

Vu la loi du 5 avril 1884 ;

Vu les arrêtés municipaux des 11 juin 1882 et 30 juin 1884 ;

Considérant que l'enlèvement des ordures se fait à une heure trop tardive et qu'il convient de modifier quelques-uns des articles des arrêtés municipaux sus-visés ;

Vu l'avis émis par le Conseil municipal dans sa séance du 8 courant,

Arrêtons :

Article premier. — Les habitants de la ville de Bône sont

tenus, comme par le passé, de balayer régulièrement jusqu'au milieu de la chaussée la partie de la voie publique contiguë aux bâtiments et dépendances des locaux et terrains qu'ils possèdent ou occupent à quelque titre que ce soit.

ART. 2. — Le balayage devra être achevé à sept heures du matin du 1er avril au 30 septembre, et à huit heures du matin du 1er octobre au 31 mars.

Dans le cas où cette obligation n'aurait pas été remplie dans le temps fixé, la police y pourvoira aux frais du délinquant, nonobstant les suites du procès-verbal qui sera dressé.

ART. 3. — En outre du balayage quotidien qui leur est imposé par l'article précédent, les propriétaires, locataires, ou autres, devront entretenir en état constant de propreté la partie de la voie publique dont le balayage est à leur charge. Ils ne devront y tolérer, sous peine de procès-verbal, aucun dépôt d'ordures ménagères, immondices, fumiers, pailles, copeaux, débris quelconques et autres matières insalubres ou simplement contraires à la propreté des rues, sauf tout recours contre les auteurs desdits dépôts.

ART. 4. — Chaque habitant devra être muni d'un réceptacle, boîte, panier ou couffin, destiné à recevoir les ordures. Il les fera verser dans les tombereaux du balayage au moment de leur passage, duquel il sera averti par le bruit d'une clochette.

ART. 5. — Le service de l'enlèvement des ordures commencera à sept heures du matin en été pour être terminé à dix heures, et à huit heures en hiver pour se terminer à onze heures. Le service d'été commencera le 1er avril et le service d'hiver le 1er octobre.

ART. 6. — Les autres dispositions de nos arrêtés précités qui ne sont pas modifiées par le présent demeurent en vigueur.

ART. 7. — Le service de la police et le service de la voirie tiendront rigoureusement la main à l'exécution des dispositions qui précèdent et qui recevront leur plein et entier effet à partir du 1er mai prochain.

Toute contravention sera constatée par procès-verbal et poursuivie conformément à la loi.

Bône, le 10 avril 1890.

Le Maire,

J. BERTAGNA.

Accusé de réception de M. le Sous-Préfet en date du 11 avril 1890.

Arrêté du 1ᵉʳ octobre 1892

Nous, Maire de la ville de Bône, chevalier de la Légion d'honneur,

Vu la loi du 5 avril 1884, art. 97, qui donne au Maire le soin de prendre les mesures nécessaires pour tout ce qui intéresse la sûreté et la commodité du passage dans les rues, quais, places et voies publiques, notamment en ce qui concerne le nettoiement, l'enlèvement des décombres et immondices, etc., etc. ;

Vu l'arrêté municipal du 11 juin 1882, portant règlement sur la salubrité publique et particulièrement sur le service du balayage ;

Considérant que des plaintes nombreuses nous ont été portées soit par le service de la police, soit par l'entrepreneur du balayage contre certains industriels qui parcourent le matin les différents quartiers de la ville avec des voitures attelées ou des camions bien avant l'heure fixée pour l'enlèvement des immondices et s'emparent d'une certaine quantité de détritus dont ils se servent soit pour la nourriture de leurs bestiaux, soit pour la fumure de leurs propriétés ;

Attendu que pour faire leur choix ces industriels sont obligés de répandre les ordures à terre en vidant les caisses, boîtes et autres récipients où elles se trouvent contenues, qu'il en résulte pour le service du balayage un surcroît de travail et pour le service de la police un surcroît de surveillance préjudiciables à la bonne exécution du nettoiement de la ville ; que, d'autre part, les détritus ainsi détournés ne sont pas transportés aux décharges publiques ainsi que le prescrivent les règlements, ce qui constitue encore un danger pour la salubrité publique ;

Attendu qu'il y a lieu de faire cesser cet état de choses en statuant expressément à cet effet,

ARRÊTONS :

ARTICLE PREMIER. — Défense est faite à toute personne étrangère au service du balayage, de ramasser sur la voie publique les boues, ordures, immondices ou autres détritus qui y sont déposés par les particuliers en exécution des règlements municipaux.

Art. 2. — Le service de la police et le service de la voirie sont chargés, chacun en ce qui le concerne, de l'exécution du présent arrêté.

Bône, le 1er octobre 1892.

Le Maire,

J. BERTAGNA.

Accusé de réception de M. le Sous-Préfet, en date du 12 octobre 1892.

Section II. — **Carrières de sable. — Excavations. —
Mares d'eau. — Décharges publiques.**

Arrêté du 10 décembre 1854

Des plaintes nombreuses parvenues à la municipalité, ayant fait reconnaître qu'on exploite aux environs de Bône des carrières de terre à briques et à poterie, sans que les propriétaires aient songé à en faire la déclaration à la Mairie,

Le Maire de la commune de Bône, chevalier de la Légion d'honneur,

Vu les lois du 21 avril 1810 et du 16 juin 1851 et l'arrêté ministériel du 29 janvier 1854, qui régissent les exploitations de carrières en Algérie ;

Considérant que l'art. 4 de la loi du 21 avril 1810 dit formellement : « Les carrières renferment les ardoises, les grès, pierres à bâtir et autres, les marbres, granits, pierres à chaux, pierres à plâtre, les pouzzolanes, les stras, les basaltes, les laves, les marnes, craies, sables, pierres à fusil, argiles, kaolin, terres à foulon, terres à poterie, les substances terreuses et les cailloux de toute nature, les terres pyriteuses regardées comme engrais ; le tout exploité à ciel ouvert ou avec des galeries ; »

Considérant que cette nomenclature renferme toute substance minérale dont le gisement ne constitue point une mine ou une minière, et que par conséquent tout propriétaire qui exploite l'une de ces substances, telles qu'argile, sable, terre à briques et à poterie, etc., sans en avoir fait au préalable la déclaration réglementaire au Maire de la commune, est en contravention avec l'art. 2 de l'arrêté de M. le Ministre de la guerre, en date du 29 janvier 1854,

ARRÊTE :

Tout propriétaire ou entrepreneur de carrière quelconque qui, dans un délai de quinze jours, à dater du 10 décembre courant, n'aura point fait à la Mairie la déclaration prescrite par les règlements, sera poursuivi conformément aux dispositions des articles 8 et 33 de l'arrêté ministériel du 29 janvier 1854.

Bône, le 10 décembre 1854.

Le Maire,
LACOMBE.

Arrêté du 28 mai 1880

Nous, Maire de la ville de Bône, chevalier de la Légion d'honneur,

Vu les lois du 22 décembre 1789, titre 3, article 2 § 2, et du 28 pluviôse an VIII, titre 2, art. 2 :

Vu l'art. 471, n° 15, du Code pénal ;

Vu la loi du 21 avril 1810 et l'arrêté ministériel du 29 janvier 1854 sur l'exploitation des carrières en Algérie :

Vu le rapport des ingénieurs des mines, en date des 20 avril et 5 mai 1880 ;

Vu l'arrêté de M. le Préfet du département de Constantine, en date du 19 mai 1880 :

Considérant que le tirage à la poudre des coups de mine dans les carrières situées le long des promenades publiques constitue un danger permanent auquel il est urgent de remédier :

Vu l'ordonnance du 28 septembre 1847 :

Arrêtons :

Article premier. — Nul ne pourra faire partir des coups de mine dans la carrière qu'il exploite, que le matin à la reprise du travail, et, dans la journée, à l'heure à laquelle les promenades sont peu fréquentées, c'est-à-dire de midi à deux heures.

De plus, pour éviter la projection des éclats, des fagots de broussailles seront placés sur chaque coup de mine avant la mise à feu. Enfin, des hommes munis d'un drapeau rouge seront placés, par les soins des entrepreneurs et exploitants de carrières, sur la route, à 100 mètres en amont et en aval des carrières, afin d'avertir les promeneurs et les empêcher de s'engager plus avant.

Art. 2. — Les contraventions au présent arrêté seront constatées par des procès-verbaux et poursuivies conformément aux lois.

Art. 3. — MM. les ingénieurs des mines et les gardes-mines, les commissaires de police, gardes-champêtres et autres officiers de police judiciaire sont chargés, chacun en ce qui le concerne, de l'exécution du présent arrêté.

Fait à Bône, le 28 mai 1880.

Le Maire,

P. DUBOURG

Arrêté du 10 avril 1862

Nous, Maire de la ville de Bône, membre du Conseil général, chevalier de la Légion d'honneur,

Considérant qu'il s'est formé, à la suite des pluies, sur des terrains de la nouvelle ville, appartenant à des particuliers, des mares d'eau stagnante et croupissante dont les miasmes pernicieux, tendant de plus en plus à se dégager sous l'influence des chaleurs, sont de nature à engendrer des maladies et à compromettre gravement la santé des habitants ;

Considérant, en outre, qu'aux abords des maisons et sur ces

mêmes terrains il existe des dépôts d'immondices et que, nonobstant l'obligation imposée par nos autorisations de voirie à tous les constructeurs de la nouvelle ville, d'établir une fosse d'aisance dans leurs maisons, certains locataires jettent au dehors et jusque sur la voie publique leurs urines et matières fécales ;

Voulant mettre un terme à ces causes d'insalubrité et prévenir l'invasion des épidémies, par des mesures promptes et efficaces ;

Vu les lois des 16-24 août 1790, 19-22 juillet, 28 septembre, 6 octobre 1791 ;

Vu l'art. 11 de la loi du 18 juillet 1837 et l'art. 30 de l'ordonnance royale du 28 septembre 1847 ;

Vu le rapport de la commission d'hygiène, en date du 15 février dernier, ayant pour objet de signaler ces abus et d'en demander la répression,

AVONS ARRÊTÉ ET ARRÊTONS CE QUI SUIT :

ARTICLE PREMIER. — Chaque maison de la nouvelle ville devra être pourvue d'une fosse d'aisance, dont la construction sera établie conformément aux indications détaillées dans nos autorisations de voirie.

ART. 2. — Défense est faite aux propriétaires et locataires de jeter dans les nouveaux égouts aucunes immondices et d'y laisser écouler d'autres eaux que les eaux ménagères et pluviales.

ART. 3. — Dans un délai de 15 jours, à partir de la publication du présent arrêté, les propriétaires des terrains où se trouvent des mares ou flaques d'eau sont tenus de les combler au moyen de remblais, faute de quoi il y sera procédé d'office et à leurs frais, par les soins de l'administration municipale, sans préjudice des poursuites légales qui pourraient être dirigées contre eux en raison de cette contravention.

ART. 4. — Ils devront également faire disparaître et transporter au dehors, dans les lieux de dépôt qui leur seront indiqués, les amas d'ordures qui se trouvent déposés sur leurs propriétés et entretenir leurs terrains dans un état constant de propreté.

ART. 5. — Ils devront enfin empêcher, par tous les moyens en leur pouvoir, la formation de nouveaux dépôts d'ordures et de nouvelles mares d'eau et, le cas échéant, y remédier dans le plus bref délai.

Art. 6. — Toute contravention aux dispositions qui précèdent sera constatée par procès-verbal et poursuivie conformément à la loi.

Art. 7. — Le commissaire de police, la gendarmerie, les gardes-champêtres, l'agent voyer communal sont chargés de l'exécution du présent arrêté.

Fait à Bône, le 10 avril 1862.

Le Maire,

LACOMBE.

Arrêté du 31 décembre 1868

Nous, Maire de la ville de Bône, chevalier de la Légion d'honneur,

Vu les lois des 14-22 décembre 1789, 16-24 août 1790 et 19-22 juillet 1791 ;

Vu l'ordonnance du 28 septembre 1847 sur l'organisation municipale en Algérie ;

Vu l'arrêté du 17 janvier 1851, qui réorganise le service de la police en Algérie ;

Sur l'avis du conseil d'hygiène ;

Considérant qu'il existe sur le territoire de la commune de Bône des excavations creusées de main d'homme qui, en recevant les eaux ménagères et pluviales sans pouvoir leur donner un écoulement continu, nuisent de la manière la plus grave à la salubrité et à l'hygiène publiques ; qu'il en est de même de celles qui sont disposées de manière à être submergées par les eaux de la mer ou par celles des cours d'eau voisins ne coulant pas à bords pleins,

AVONS ARRÊTÉ ET ARRÊTONS CE QUI SUIT :

ARTICLE PREMIER. — A l'avenir, aucune excavation ou chambre d'emprunt de terre ne pourra être faite sans autorisation préalable sur le territoire de la commune de Bône, s'il n'est pas possible d'assurer d'une manière permanente l'écoulement des eaux qui pourront y arriver, ni de les mettre à l'abri des submersions des eaux de la mer ou de celles des cours d'eau voisins ne coulant pas à pleins bords.

Art. 2. — Les excavations ou chambres d'emprunt déjà existantes, qui ne satisferont pas à l'une ou à l'autre des conditions stipulées dans l'article qui précède, seront comblées un mois après la publication du présent arrêté, de manière à empêcher toute stagnation d'eau et à éviter les submersions par les eaux de la mer ou par celles des cours d'eau voisins ne coulant pas à pleins bords.

Art. 3. — Il ne sera fait d'exception que pour les puits, citernes et réservoirs d'eaux potables ou destinées aux irrigations et pour les excavations qui seront recouvertes de façon à intercepter les évaporations et émanations tendant à se produire au dehors.

Art. 4. — Les contraventions aux dispositions du présent arrêté seront constatées et poursuivies conformément à la loi.

Art. 5. — Le commissaire de police est chargé d'assurer l'exécution du présent arrêté.

Fait à Bône, le 31 décembre 1868.

Le Maire,
LACOMBE.

Vu et approuvé :

Pour le Préfet absent.

Le Secrétaire général,

MANGOIN.

Arrêté du 31 décembre 1868

Nous, Maire de la ville de Bône, chevalier de la Légion d'honneur,

Vu les lois des 14-22 décembre 1789, 16-24 août 1790 et 19-22 juillet 1791 ;

Vu l'ordonnance du 28 septembre 1847 sur l'organisation municipale en Algérie ;

Vu l'arrêté du 17 janvier 1851 qui réorganise le service de la police en Algérie ;

Sur l'avis du conseil d'hygiène :

Considérant que les fossés, canaux et autres cours d'eau qui sillonnent les faubourgs et la banlieue de la ville de Bône ne sont pas en état de recevoir, sans nuire à la sécurité publique, les eaux ménagères d'égouts et les autres eaux sales, provenant des propriétés riveraines ;

Considérant que l'hygiène générale de la ville exige que les susdites eaux soient recueillies de manière à empêcher qu'en s'évaporant elles ne deviennent une cause d'infection,

AVONS ARRÊTÉ ET ARRÊTONS CE QUI SUIT :

ARTICLE PREMIER. — A partir du 15 février 1869, il sera interdit de déverser ou de faire écouler dans les fossés, canaux et autres cours d'eau, qui sillonnent les faubourgs et la banlieue de la ville de Bône, les eaux ménagères, d'égout, de matras et les autres eaux sales provenant des propriétés riveraines.

ART. 2. — Il sera interdit également de les ramasser sur aucun point, où, en s'évaporant, elles puissent devenir une cause d'infection et nuire à la salubrité publique.

ART. 3. — En conséquence, elles devront être recueillies dans des citernes ou dans des tonneaux à parois imperméables, pour être employées dans l'agriculture ou rejetées en pleine mer au nord de la jetée Bab-Ayaud ou à l'Est de l'embouchure de la Seybouse.

ART. 4. — Les contraventions aux dispositions du présent arrêté seront poursuivies conformément à la loi.

ART. 5. — Le commissaire de police est chargé d'assurer l'exécution du présent arrêté.

Fait à Bône, le 31 décembre 1868.

Le Maire,
LACOMBE.

Vu et approuvé :

Pour le Préfet,
Le Secrétaire général,
MANGOIN.

Arrêté du 17 février 1872

Nous, Maire de la ville de Bône,

Considérant que depuis de nombreuses années il existe, particulièrement dans la nouvelle ville, des terrains vagues couverts d'immondices de toutes sortes et au milieu desquels il s'est formé des mares d'eau stagnante et croupissante ;

Considérant que cet état de choses constitue un danger permanent pour la salubrité publique et la santé des habitants ;

Considérant que la commission d'hygiène, dans ses rapports successifs, notamment ceux des 25 février 1862 et 11 février 1871, invite l'autorité municipale à prendre les mesures répressives que la loi met en son pouvoir ;

Considérant que tous les habitants de la ville ne peuvent devenir victimes de l'incurie et de la négligence de quelques-uns d'entre eux ;

Considérant que les terrains aboutissant à des rues déjà nivelées peuvent être facilement nettoyés et assainis ;

Vu les lois des 16-24 août 1790, 19-22 juin, 28 septembre 1791 ;

Vu l'article 11 de la loi du 18 juillet 1837 et l'art. 30 de l'ordonnance royale du 28 septembre 1847 ;

Vu les art. 471 § 15, et 474 du Code pénal ;

Vu l'arrêté de la Cour de Cassation du 28 juillet 1804.

AVONS ARRÊTÉ CE QUI SUIT :

ARTICLE PREMIER. — Les propriétaires des terrains situés dans l'intérieur de la ville de Bône sont tenus de supprimer, dans un délai de 15 jours, les mares d'eau qui se sont formées le long de leurs terrains et d'empêcher qu'il ne s'en forme de nouvelles.

Ils sont également tenus de maintenir ces terrains dans un état constant de propreté.

ART. 2. — Toute contravention au présent arrêté sera constatée par procès-verbal et poursuivie conformément à la loi.

ART. 3. — Le commissaire de police, la gendarmerie, les gardes-champêtres, l'agent voyer communal sont chargés de l'exécution du présent arrêté.

Fait à Bône, le 17 février 1872.　　　　*Le Maire,*

DUBOURG.

Vu et approuvé :

Le Préfet,

ROUSSEL.

Arrêté du 24 décembre 1879

Nous, Maire de la ville de Bône, chevalier de la Légion d'honneur,

Vu les lois des 14 décembre 1789, 16 et 24 août 1790, 19-22 juillet 1791 et l'ordonnance royale du 28 septembre 1847 ;

Considérant qu'il est urgent, dans l'intérêt de la salubrité de la ville et des ses alentours, de réglementer les dépôts de décombres, terres, immondices dans la ville et dans les faubourgs.

ARRÊTONS :

ARTICLE PREMIER. — A l'avenir, les boues et immondices provenant du nettoyage des rues, les vidanges des fosses d'aisance ou égouts, les terres et décombres provenant des fouilles ou démolitions devront être transportées aux endroits désignés par l'autorité municipale. Les entrepreneurs de travaux publics, constructeurs de maisons, charretiers, entrepreneurs de balayage ou autres devront, pour les transports de cette nature, se renseigner au bureau de la voirie où ils trouveront l'indication des lieux de dépôts.

ART. 2. — Les agents de la voirie, le commissaire de police et les agents placés sous ses ordres, les gardes-champêtres de la commune sont chargés, chacun en ce qui le concerne, de l'exécution du présent arrêté.

Bône, le 24 décembre 1879.

Le Maire,
P. DUBOURG.

Vu et approuvé :
Le Sous-Préfet,
DUNAIGRE.

SECTION III. — **Fosses d'aisance. — Egouts particuliers.**

Arrêté du 20 août 1872

Nous, Maire de la ville de Bône,

Vu l'ordonnance du 28 septembre 1847 sur l'organisation municipale en Algérie ;

Vu les arrêtés en matière de voirie des 8 octobre 1832, 23 février et 8 mars 1838 ;

Vu le décret présidentiel du 10 novembre 1871 ;

Vu l'avis de M. l'ingénieur des ponts et chaussées, chargé des travaux communaux,

ARRÊTONS :

ARTICLE PREMIER. — Tout immeuble en construction ou susceptible de grosses réparations dans l'enceinte de la ville doit être pourvu d'une fosse d'aisance.

ART. 2. — Dans les rues pourvues d'un égout, ces fosses devront avoir un conduit destiné à déverser dans l'égout public le trop plein des liquides.

ART. 3. — Ces diverses constructions devront être faites conformément au détail explicatif ci-après et au croquis descriptif déposé dans les bureaux de la voirie et dont expédition sera délivrée aux propriétaires qui seront dans l'intention de bâtir.

ART. 4. — Toute contravention au présent arrêté sera constatée par procès-verbal et poursuivie conformément à la loi.

ART. 5. — M. l'ingénieur des ponts et chaussées et M. le commissaire de police sont chargés, chacun en ce qui le concerne, de l'exécution du présent arrêté.

Fait à Bône, le 20 août 1872.

Le Maire,
DUBOURG.

Vu et approuvé :
Le Préfet,
DESCLOZEAUX.

Détail explicatif des constructions imposées à l'art. 3
de l'arrêté ci-dessus.

Les murs, la voûte et le fond de la fosse seront entièrement en pierre calcaire, ou en briques bien cuites, maçonnés avec du mortier hydraulique. Les parois de la fosse seront enduites de pareil mortier lissé à la truelle ayant au moins 0m02 d'épaisseur.

On ne pourra donner moins de 0m25 à 0m30 d'épaisseur aux voûtes et moins de 0m45 à 0m50 aux massifs et aux murs.

Défense est faite d'établir des compartiments dans la fosse, d'y construire des piliers et d'y faire des chaînes ou des arcs en pierres apparentes.

Le fond de la fosse sera fait en forme de cuvette concave.

Tous les angles intérieurs seront effacés par des arrondissements de 0m25 de rayon.

La fosse d'aisance devra être construite sur un plan circulaire ou rectangulaire ; elle ne devra pas avoir moins de 2 mètres de hauteur sous clef et être couverte par une voûte à plein cintre ou qui n'en différera que d'un tiers de rayon.

L'ouverture d'extraction des matières sera placée au milieu de la voûte ; la cheminée de cette ouverture ne devra pas avoir moins de 1m50 et n'aura pas moins de 0m65 sur 0m65 de largeur.

Le tuyau de chute sera toujours vertical ; son diamètre intérieur ne pourra avoir moins de 0m25 s'il est en terre cuite, et 0m20 s'il est en fonte.

Il devra être établi parallèlement au tuyau de chute un tuyau d'évent lequel sera conduit jusqu'à la hauteur des souches des cheminées de la maison et de celles des maisons contiguës, si elles sont plus élevées.

Le diamètre de ce tuyau d'évent sera de 0m16 au moins.

L'orifice inférieur du tuyau de chute ou d'évent ne pourra être descendu au-dessous des points les plus élevés de l'intrados de la voûte.

A ce point le conduit d'écoulement à l'égout public prendra naissance ; son ouverture sera de 0m30 sur 0m25 de vide.

Sur son parcours et en adossement à la fosse, il sera établi un puisard de 0m50 sur 0m50 de largeur avec poche en contre-bas du radier de l'égout de 0m50 environ. Ce puisard, destiné à l'enlèvement des matières épaisses, aura à son ouverture de sortie une grille en cuivre de trois millimètres d'épaisseur, percée de trous de deux millimètres et demi de diamètre, écartés de cinq millimètres d'axe en axe.

Cette grille pourra être mobile pour en faciliter la réparation.

Au parement extérieur du mur sur rue sera établi un second puisard de 0m25 sur 0m25 avec poche en contre-bas du radier de l'égout, pour l'exercice du contrôle de l'administration. La dalle de recouvrement de ce regard portera un anneau pour en faciliter le soulèvement et elle devra effleurer le sol du pavage ou du trottoir. Une seconde grille en cuivre sera placée dans ce puisard à la sortie de l'égout ; cette grille, de même nature que la précédente, aura en outre quatre pattes de 0m10 pour son scellement dans la maçonnerie ; elle sera fixe et ne sera jamais touchée par le propriétaire de l'immeuble.

L'égout extérieur ainsi que les puisards devront être en bonne maçonnerie hydraulique, et, à sa traversée sous la voie publique, l'égout restera soumis aux prescriptions suivantes :

Le radier aura 0m30 d'épaisseur et 1 m. de largeur ; les banquettes assises sur le radier auront 0m33 au moins d'épaisseur, 0m40 de hauteur, de manière à former un vide de 0m30 sur 0m40 environ.

Ces maçonneries seront en moëllons ou briques et mortier de chaux hydraulique.

Le parement intérieur de l'égout devra recevoir un enduit de 0m015 au moins en mortier de ciment parfaitement lissé ; les angles seront arrondis sur 0m03 à 0m04.

Le recouvrement sera en dalles de pierre dure de 0m10 à 0m15 d'épaisseur.

L'arrivée à l'égout public devra être à 0m20 en contre-haut du radier.

Les travaux s'exécuteront de manière à ne pas interrompre la circulation et devront être terminés dans le délai de 3 jours, à partir de la date de l'arrêté.

Le pétitionnaire devra éclairer, pendant la nuit, l'emplacement des travaux et prendre les précautions nécessaires pour prévenir les accidents, sous peine d'être personnellement responsable de tous ceux qui pourraient arriver par suite de non-exécution desdites précautions.

Le pétitionnaire demeure chargé à perpétuité, lui ou ses ayants-droit, de toutes les réparations à faire à la voie publique par suite de l'affaissement ou de la dégradation du canal d'égout.

Si l'administration le juge nécessaire, elle pourra emprunter ou permettre à des tiers d'emprunter ledit canal sur une partie de son parcours ; mais, dans ce cas, l'entretien de la partie commune sera entièrement à la charge de l'emprunteur.

Pendant l'exécution des ouvrages, les agents de la voirie pourront inspecter les travaux et, au besoin, faire démolir et reconstruire, aux frais du pétitionnaire, ceux qui seront mal exécutés. Dans aucun cas, les travaux ne pourront être masqués avant qu'ils n'aient été reconnus par procès-verbal d'un desdits agents.

Le canal étant mis en état, ainsi que les remblais qui seront pilonnés par le pétitionnaire, la surface du sol sera rétablie par les soins de la commune ou de l'entrepreneur de travaux communaux, à qui il sera payé 1 fr. 20 par mètre superficiel de pavage ou d'empierrement rétabli. Cette dépense sera supportée par le pétitionnaire.

Fait et dressé par l'ingénieur des ponts et chaussées, soussigné. Bône, le 20 août 1872.

DUBOIS.

Vu :
Le Maire,
DUBOURG.

Vu et approuvé :
Le Préfet,
DESCLOZEAUX.

Arrêté du 16 février 1891

Nous, Maire de la ville de Bône, chevalier de la Légion d'honneur,

Vu la loi du 5 avril 1884, qui confère au Maire les pouvoirs nécessaires pour assurer la salubrité et la sécurité publiques ;

Considérant qu'il y a lieu de réglementer l'exercice de la profession de vidangeur, et surtout de déterminer les mesures à prendre afin d'éviter les accidents,

Arrêtons :

Article premier. — Nul ne pourra exercer la profession d'entrepreneur de vidanges sans être pourvu d'une permission du Maire de la commune.

Art. 2. — Cette permission ne sera délivrée qu'après qu'il aura été justifié par le demandeur :

1° Qu'il possède les voitures, chevaux, camions, tinettes, tonneaux, seaux, pompes et autres ustensiles nécessaires au service des vidanges ;

2° Qu'il a pour déposer ses voitures, appareils et ustensiles pendant le temps où ils ne seront pas employés aux travaux de vidange, un emplacement convenable situé dans un endroit où l'administration aura reconnu que ce dépôt peut avoir lieu sans inconvénients.

Le demandeur devra également prendre l'engagement de se munir des appareils de désinfection dont l'administration pourrait prescrire l'emploi.

Art. 3. — La vidange ne pourra avoir lieu que pendant la nuit. Les voitures employées à ce service, chargées ou non chargées, ne pourront circuler dans l'intérieur de la commune que pendant les limites fixées à l'article suivant.

Art. 4. — L'extraction des matières ne pourra commencer du 1er octobre au 31 mars avant dix heures du soir, et du 1er avril au 30 septembre avant onze heures, ni se prolonger du 1er octobre au 31 mars au delà de six heures du matin, et du 1er avril au 30 septembre au delà de cinq heures.

Art. 5. — L'outillage de chaque entrepreneur portera le numéro d'ordre qui lui sera attribué par l'administration.

L'entrepreneur ne pourra mettre ses outils, appareils ou ustensiles en usage, qu'après en avoir fait préalablement constater l'état par le service de la police.

Art. 6. — Les entrepreneurs faisant usage de tonnes ou tinettes seront tenus d'en fermer les bondes de déchargement au moyen de couvercles maintenus par une bande de fer transversale fixée à demeure à la tonne par une de ses extrémités.

Art. 7. — Il sera placé une lanterne allumée en saillie sur la voie publique, à la porte de la maison où devra s'opérer une vidange, et ce préalablement à tout travail et à tout dépôt d'appareils sur la voie publique.

Art. 8. — Toute voiture employée au transport de matières

fécales sera munie, sur le devant, d'une lanterne qui devra être allumée pendant la nuit et qui portera sur le verre, le plus apparent possible, le numéro d'ordre de l'entrepreneur.

Art. 9. — On ne devra ouvrir aucune fosse d'aisance sans prendre les précautions nécessaires pour prévenir les accidents qui pourraient résulter de l'inflammation des gaz qui y seraient renfermés.

Art. 10. — La vidange d'une fosse d'aisance ne pourra avoir lieu sans que, préalablement, il en ait été fait la déclaration à la Mairie, la veille ou le jour même de la vidange, avant midi.

Art. 11. — Il est défendu aux ouvriers de se présenter sur le travail en état d'ivresse. Il leur est également défendu de travailler à l'extraction des matières, même des eaux vannes, et de descendre dans les fosses sans être ceints d'un bridage. La corde du bridage sera tenue par un ouvrier placé à l'extérieur de la fosse. Il y aura toujours près de l'ouverture de la fosse autant d'hommes que d'ouvriers travaillant à l'intérieur.

Art. 12. — Les appareils ou voitures seront rangés et disposés au-devant des maisons où se feront les vidanges, de manière à nuire le moins possible à la liberté de la circulation. Ils devront être placés dans l'intérieur des maisons toutes les fois qu'il y aura un emplacement suffisant pour les recevoir.

Art. 13. — Il est expressément défendu de faire couler les eaux vannes ou de jeter les matières solides sur la voie publique ou dans les égouts.

Le versement, même involontaire, desdites eaux ou des matières sur la voie publique ou dans les égouts constituera l'entrepreneur en état de contravention.

Après le travail de chaque nuit et avant de quitter l'atelier, les vidangeurs seront tenus de laver et nettoyer les emplacements qu'ils auront occupés, ainsi que les ustensiles qui auront servi au transport des matières.

L'entrepreneur devra toujours être muni en quantité suffisante des matières ou produits chimiques nécessaires pour désinfecter les lieux où il aura opéré.

Il est expressément défendu aux vidangeurs de puiser de l'eau dans les fontaines, abreuvoirs ou bassins publics avec les seaux employés aux vidanges.

Le travail de vidange de chaque fosse sera continué à nuits consécutives, de sorte que la vidange interrompue à la fin d'une nuit devra être reprise au commencement de la nuit suivante.

Art. 14. — Lorsque les ouvriers auront été frappés du plomb (asphyxiés), la vidange sera suspendue et l'entrepreneur sera tenu de faire dans le jour, à la mairie, sa déclaration de suspension. Il ne pourra reprendre le travail qu'avec les précautions et les mesures nécessitées par les circonstances.

Art. 15. — Aucune fosse ne pourra être allégée sans une autorisation de l'administration.

Il est défendu aux entrepreneurs de laisser des matières au fond des fosses qui devront être entièrement vidées, balayées et nettoyées.

Les vidangeurs qui trouveront dans les fosses des effets quelconques, notamment des objets pouvant indiquer ou faire supposer quelque crime ou délit, en feront la déclaration dans le jour soit au maire, soit au commissaire de police.

Art. 16. — Aucune fosse ne pourra être refermée, la vidange terminée, qu'après que l'inspection en aura été faite par les soins de l'administration.

Art. 17. — Les vidanges devront être transportées aux lieux de dépôts autorisés par l'administration et enfermées dans les fosses creusées à l'avance et recouvertes ensuite de matières désinfectantes.

Les déclarations prescrites par l'art. 10 devront toujours indiquer les terrains où l'entrepreneur se propose de transporter les produits des vidanges. Ces terrains devront être éloignés de 500 mètres au minimum de toute agglomération.

Art. 18. — L'entrepreneur sera personnellement responsable de toute contravention commise par les ouvriers qu'il pourra employer.

Art. 19. — Le propriétaire, de son côté, est responsable de toutes infractions aux règlements et des contraventions pouvant en résulter. Il ne devra, par suite, et dans son intérêt personnel, payer les frais de vidange à l'entrepreneur qu'après que celui-ci aura produit une attestation de la police constatant qu'il n'y a pas eu de contravention.

Art. 20. — Les contraventions au présent arrêté seront constatées par des procès-verbaux et poursuivies conformément aux lois.

Art. 21. — Le commissaire de police, le garde-champêtre et

l'agent voyer communal sont chargés d'assurer, chacun en ce qui le concerne, l'exécution du présent arrêté.

Bône, le 16 février 1891.

Le Maire,

J. BERTAGNA.

Accusé de réception de M. le Sous-Préfet de Bône, en date du 21 février 1891.

SECTION IV. — **Puits, citernes, lavoirs publics**

Arrêté du 18 octobre 1848

Nous, Maire de la ville de Bône,

Vu l'art. 30 de l'ordonnance du 28 septembre 1847;

Attendu qu'il est à notre connaissance que certains individus s'introduisent journellement, sans motif plausible, au lavoir public établi sur la place du Marché arabe, et y apportent le désordre; que, d'autre part, le bassin des eaux et le terrain qui l'entoure sont devenus depuis quelque temps des réceptacles d'immondices,

ARRÊTONS :

ARTICLE PREMIER. — L'entrée du terrain clos, affecté au lavoir public de Bône, est sévèrement interdit aux enfants et à toute personne qui n'y viendrait pas pour laver.

ART. 2. — Il sera fermé tous les jours à cinq heures du soir en hiver, et sept heures en été.

ART. 3. — Il est défendu d'y étendre du linge pour le faire sécher, et d'y déposer aucune ordure. Quiconque jetterait dans le bassin des corps étrangers tels que terre, pierres, bois, immondices, etc., etc., ou même y ferait baigner les chiens, sera passible des peines de contravention portées par la loi.

Art. 4. — Les inspecteurs et agents de police, de service au marché, sont chargés, conjointement avec le concierge du lavoir, de l'exécution des présentes dispositions. Ils veilleront au bon ordre et feront sortir tout perturbateur.

Fait à Bône, le 18 octobre 1848.

Le Maire,
LACOMBE.

Arrêté du 22 janvier 1859

Nous, Maire de la commune de Bône, chevalier de la Légion d'honneur,

Considérant qu'il existe dans l'enceinte de la nouvelle ville et notamment sur les bords des promenades publiques de profondes excavations servant actuellement ou ayant servi autrefois de puits ;

Qu'il en est résulté chaque année des accidents graves, lesquels ont occasionné déjà la mort de plusieurs personnes ;

Qu'il importe de mettre un terme à ce danger et de prévenir le retour de semblables malheurs ;

Vu le titre XI, art. 3, de la loi des 16-24 août 1790 ;

Les art. 27 et 30 de l'ordonnance royale du 28 septembre 1847 sur l'organisation municipale en Algérie,

AVONS ARRÊTÉ CE QUI SUIT :

ARTICLE PREMIER. — Il est enjoint à tous les propriétaires de terrains situés dans le périmètre de la nouvelle ville d'avoir à clore convenablement, dans le délai de *un mois*, par une margelle en maçonnerie ou une barrière pleine, solidement établie (haute d'un mètre dix centimètres au moins), tous les puits qui s'y trouvent ouverts au niveau ou en contrebas du sol : sinon à les combler immédiatement.

ART. 2. — La même mesure est applicable à tous autres puits qui, dans le ressort de notre commune, se trouvent placés dans les mêmes conditions sur le bord des chemins ou sentiers publics ainsi que dans les prairies accessibles et autres terrains non clôturés.

Art. 3. — Procès-verbal de contravention sera dressé contre les personnes qui refuseraient ou négligeraient de se conformer aux prescriptions ci-dessus et, dans ce cas, il sera pris, par l'administration municipale et aux frais des propriétaires, telles mesures qu'il appartiendra dans l'intérêt de la sûreté publique, sans préjudice des peines édictées par la loi.

Art. 4. — La police, la gendarmerie, les gardes-champêtres sont chargés de l'exécution du présent arrêté, qui sera soumis à l'approbation de M. le Préfet.

Fait à Bône, le 22 janvier 1859.

Le Maire,

LACOMBE.

Vu et approuvé :
Constantine, le 9 février 1859.
Pour le Préfet :
Le secrétaire général,

A. FENECH.

Arrêté du 11 octobre 1881

Le Maire de la ville de Bône,

Vu les lois des 16-24 août 1790, 17-22 juillet 1791 ;

Vu l'article 30 de l'ordonnance du 28 septembre 1847 sur l'organisation municipale en Algérie ;

Vu l'arrêté de M. le gouverneur général en date du 16 août 1836 et notamment les articles ci-après :

« Article premier. — Toutes les maisons qui seront cons-
« truites, à partir de la publication du présent arrêté, dans les
« villes des possessions françaises du nord de l'Afrique, devront
« être pourvues d'un puits ou d'une citerne.

« Art. 2. — Les fouilles des puits devront être poussées jus-

« qu'à la rencontre de l'eau vive et, ensuite, approfondies jusqu'à
« ce que l'on ait au moins deux mètres d'eau.

« ART. 4. — La capacité à donner à la citerne sera, au mini-
« mum, du tiers de la surface totale occupée par le bâtiment.

« ART. 7. — Les contraventions seront constatées par procès-
« verbaux dressés, selon le cas, par les agents du service de la
« voirie. Ces procès-verbaux seront transmis à M. l'intendant
« civil qui provoquera administrativement, contre les contre-
« venants, l'application des peines prononcées par l'art. suivant.

« ART. 8. — Les contrevenants seront passibles d'une amende
« de cent à cinq cents francs, indépendamment des obligations
« qui leur sont imposées par les dispositions précédentes. »

ARRÊTONS :

ARTICLE PREMIER. — A l'avenir, les prescriptions contenues
dans les articles précités devront être rigoureusement observées.

ART. 2. — Une visite sera faite par les agents du service municipal afin de s'assurer si ces prescriptions ont été suivies pour
les bâtiments déjà construits, tant pour la construction des puits
et citernes que pour leur entretien.

ART. 3. — Les propriétaires des bâtiments dépourvus de puits
ou citernes devront, dans un délai de trois mois, se conformer
à cet arrêté, sous peine de l'application de l'art. 8 cité plus haut.

Bône, le 11 octobre 1881.

Pour le Maire absent :
L'Adjoint ff^ons,
CORDIER.

Vu et approuvé :
Le Sous-Préfet,
DUNAIGRE.

Section V. — **Constructions en bois**

Arrêté du 1er juillet 1861

Nous, Maire de la ville de Bône, chevalier de la Légion d'honneur,

Considérant qu'il existe, dans l'intérieur de la nouvelle ville, des établissements en plein air, connus sous le nom de fourrières, affectés à la garde et au stationnement journalier des bestiaux et bêtes de somme, lesquels, par suite du dépôt successif des excréments des animaux, sont devenus de véritables cloaques répandant à l'entour une infection pestilentielle, aggravée encore par le séjour des urines dans les fossés qui bordent les routes;

Considérant encore qu'il se trouve également, dans la même enceinte, de nombreuses échoppes en bois et de sales gourbis en paille engendrant la vermine et qui, indépendamment des causes d'insalubrité qu'ils enferment, présentent un danger sérieux d'incendie;

Considérant qu'il est du devoir de l'administration municipale de prévenir, par des précautions convenables, les accidents et fléaux calamiteux, tels que : incendies, épidémies, etc., etc.

Considérant que les établissements susmentionnés sont de nature à compromettre gravement la santé et la sûreté des habitants, qu'ils gênent souvent la circulation et nuisent essentiellement au développement de la nouvelle ville;

Vu les réclamations réitérées qui nous ont été adressées à ce sujet par les propriétaires, les locataires et les constructeurs de la nouvelle ville;

Vu la loi du 16-24 août 1790, titre XI, article 3, §§ 1 et 5;

Vu la loi du 19-28 juillet 1791, article 46, et notamment l'article 29, confirmant les anciens règlements qui subsistent touchant la voirie, ainsi que ceux existant à l'égard de la construction des bâtiments et relatifs à leur salubrité et à leur sûreté ; ensemble l'ordonnance du bureau des finances, du 18 août 1667;

Vu la loi du 18 juillet 1837, art. 11;

Vu l'ordonnance royale du 28 septembre 1847, art. 30;

Ensemble nos arrêtés des 29 décembre 1855 et 15 juillet 1856, dûment approuvés par M. le Préfet, concernant la divagation des animaux domestiques et les mesures de police destinées à prévenir les incendies,

Avons arrêté et arrêtons ce qui suit :

Article premier. — Toute fourrière établie en plein air, dans la nouvelle ville, devra disparaitre dans un délai d'un mois, à partir du jour de la publication du présent arrêté.

Art. 2. — Il est interdit à qui que ce soit d'élever aucun gourbi, aucune échoppe en planches, ni de laisser stationner, dans l'intérieur de ladite ville, même sur son terrain, aucuns bestiaux ou bêtes de somme, à moins que ce ne soit dans des bâtiments clos et couverts et convenablement entretenus sous le rapport de la propreté et de la salubrité publiques.

Art. 3. — Défense est faite de laisser écouler les urines ou excréments des animaux dans les ruisseaux ou fossés, ni de les laisser séjourner sur place. Les fumiers devront être enlevés et conduits au dehors, les urines déversées dans des fosses ou puisards maçonnés et fermés, construits à cet effet.

Art. 4. — Dans un second délai de trois mois, tous les gourbis en paille, ainsi que les échoppes en bois, actuellement existant dans la nouvelle enceinte, seront supprimés, et, à l'avenir, il ne pourra être toléré aucune construction en bois, à moins qu'elle ne soit recouverte en tuiles et enduite de mortier ou de plâtre, tant à l'intérieur qu'à l'extérieur, de manière à ce qu'elle puisse résister au feu.

Art. 5. — Les contraventions au présent arrêté seront constatées par procès-verbal de la police et poursuivies conformément à la loi.

Art. 6. — Faute par les contrevenants de se conformer, dans les délais prescrits, aux dispositions qui précèdent, il y sera pourvu d'office et à leurs frais par les soins des agents du service de la voirie.

Art. 7. — Le présent arrêté sera soumis à l'approbation de M. le Préfet.

Art. 8. — Le commissaire de police et l'architecte de la ville sont, chacun en ce qui le concerne, chargés de l'exécution du présent arrêté.

Fait à Bône, le 1er juillet 1861.

Le Maire,

LACOMBE.

Vu et approuvé :

Constantine, le 3 juillet 1861.

Le Préfet,

LAPAINE.

Arrêté du 15 novembre 1861

Nous, Maire de la ville de Bône, chevalier de la Légion d'honneur,

Vu notre arrêté en date du 1er juillet dernier, revêtu de l'approbation de M. le Préfet, prescrivant diverses mesures à l'effet d'assurer la sécurité et la salubrité dans l'intérieur de la nouvelle ville ;

Vu l'article 4 dudit arrêté ainsi conçu :

« Dans un second délai de trois mois, tous les gourbis en paille, « ainsi que les échoppes en bois, actuellement existants dans la « nouvelle enceinte, seront supprimés, et, à l'avenir, il ne pourra « être toléré aucune construction en bois, à moins qu'elle ne « soit recouverte en tuiles et enduite de mortier ou de plâtre, « tant à l'intérieur qu'à l'extérieur, de manière à ce qu'elle « puisse résister au feu. »

Considérant que cette mesure de tolérance n'avait été prise que dans le but de ménager des intérêts existants et non d'encourager la spéculation qui, en profitant de ces dispositions bienveillantes, jette le découragement parmi les constructeurs sérieux de la nouvelle ville et nuit essentiellement à son developpement ;

Considérant que des réclamations réitérées nous sont journellement adressées par ces derniers, dont la bonne volonté se trouve paralysée par suite du préjudice considérable que leur cause le système de baraquement qui tend à envahir toute la nouvelle enceinte de la ville ;

Vu la loi des 16-24 août 1790 ;

Vu la loi des 19-22 juillet 1791 et l'ordonnance du bureau des finances du 18 août 1667 ;

Vu la loi du 18 juillet 1837 ;

Vu l'ordonnance royale du 28 septembre 1847.

AVONS ARRÊTÉ ET ARRÊTONS CE QUI SUIT :

ARTICLE PREMIER. — L'article 4 de notre arrêté du 1er juillet dernier est rapporté et remplacé par les dispositions suivantes :

Nul ne pourra construire à l'avenir, dans l'intérieur de la nouvelle ville, si ce n'est en bonne maçonnerie ourdie en mortier de chaux et sable et en se conformant strictement aux règlements de voirie en vigueur.

ART. 2. — Les contraventions aux dispositions qui précèdent seront punies conformément à la loi.

ART. 3. — Le commissaire de police et l'architecte de la ville sont chargés, chacun en ce qui le concerne, de l'exécution du présent arrêté qui sera soumis préalablement à l'approbation de M. le Préfet.

Fait à Bône, le 15 novembre 1861.

Le Maire,

LACOMBE.

Vu et approuvé :

Constantine, le 13 décembre 1861.

Le Préfet,

A. LAPAINE.

Arrêté du 26 novembre 1880

Nous, Maire de la ville de Bône, chevalier de la Légion d'honneur,

Vu la loi des 16-24 août 1790, titre XI, art. 3, § 1 et 5 ;

Vu la loi des 19-22 juillet 1791, art. 46, et notamment l'art. 29 confirmant les anciens règlements qui subsistent touchant la voirie, ainsi que ceux existant à l'égard de la construction et relatifs à sa salubrité et à sa sûreté ;

Vu la loi du 18 juillet 1837, art. 11 ;

Vu l'ordonnance du 28 septembre 1847 ;

Considérant qu'il existe dans l'intérieur de la nouvelle ville et notamment sur la partie des quais ouest sise entre la porte d'Hippone, le lit de l'ancienne Boudjimah, la rue de Guelma et la mer, de nombreuses baraques construites en planches et en matériaux offrant à l'incendie un aliment favorable ;

Considérant que plusieurs de ces baraques ont déjà été détruites par le feu, que de nouveaux incendies peuvent compromettre la sécurité de la ville et des navires arrimés dans le port ;

Considérant que ces baraques sont, en outre, un réceptacle d'immondices dont il est impossible d'obtenir le nettoiement convenable et qu'il y a là un danger permanent pour l'hygiène publique ;

Considérant qu'il est du devoir de l'administration municipale de prévenir par des précautions convenables les accidents et fléaux calamiteux, tels que : incendies, épidémies, etc.,

Avons arrêté et arrêtons ce qui suit :

Article premier. — Dans un délai d'un mois, à partir de la publication du présent arrêté, toute construction en planches, sise dans l'intérieur de la ville de Bône, devra avoir disparu.

Art. 2. — Il est formellement interdit d'édifier dans l'enceinte de la ville et sur la voie publique des constructions autres qu'en bonne maçonnerie, couvertes en tuiles, et conformément aux règlements en vigueur.

Art. 3. — Les contraventions au présent arrêté seront constatées par procès-verbaux et poursuivies conformément à la loi.

Le service de la police et les agents de la voirie sont chargés, chacun en ce qui le concerne, de l'exécution du présent arrêté.

Fait à Bône, le 26 novembre 1880.

Le Maire,

P. DUBOURG.

Vu et approuvé :

Bône, le 27 novembre 1880.

Le Sous-Préfet,

DUNAIGRE.

CHAPITRE VI

POLICE DES BAINS DE MER
& RÈGLEMENTS SUR LE BATELAGE

SECTION 1re. — **Police des bains de mer**

Arrêté du 28 mai 1890

Nous, Maire de la ville de Bône, chevalier de la Légion d'honneur,

Vu la loi du 5 avril 1884 sur l'organisation municipale ;

Vu le décret du 5 mai 1881, promulguant en Algérie la loi du 17 juillet 1880, sur la police des cafés, cabarets et débits de boissons ;

Vu le décret du 11 février 1873, promulguant en Algérie la loi du 23 janvier précédent, sur la répression de l'ivresse publique ;

Vu le décret du 3 novembre 1855, l'arrêté ministériel du même jour et l'arrêté du gouverneur général du 10 avril 1862, sur la police du roulage en Algérie ;

Vu les arrêtés municipaux des 28 juillet 1869, 15 mai 1873 et 16 juin 1885, sur la police des bains de mer ;

Vu les art. 471 et suivants du Code pénal ;

Considérant qu'il y a lieu de compléter les arrêtés municipaux sus-visés, et de réglementer à nouveau cette industrie qui touche à la fois à l'hygiène et à la sécurité publiques,

ARRÊTONS :

ARTICLE PREMIER. — Il est formellement défendu de se baigner et même de se déshabiller en plein air le long des quais de l'avant-port et de la darse.

ART. 2. — Il est défendu aux enfants de moins de quatorze ans de se baigner en pleine eau sans être sous la surveillance de leurs parents ou de personnes adultes chargées de les accompagner.

Art. 3. — Toute personne qui voudra se baigner dans un établissement public de bains de mer ou dans les autres endroits, habituellement fréquentés par des baigneurs, ne pourra le faire si elle n'est revêtue d'un costume de bain décent.

Art. 4. — Les entrepreneurs de bains devront avoir dans leurs établissements une boîte de secours et divers appareils de sauvetage, notamment plusieurs bouées, deux ceintures de sauvetage, deux cordeaux de vingt-cinq mètres chacun et tous les objets dont la nomenclature leur sera donnée par le commissaire de police. Un maître-baigneur devra toujours être présent pendant la saison des bains. Chaque établissement devra posséder une barque destinée au sauvetage des baigneurs qui, s'étant imprudemment éloignés du rivage, se trouveraient en danger. Cette barque devra toujours être en bon état et munie de ses agrès.

Il devra être ménagé à proximité de chaque établissement de bains un espace pour les personnes qui ne savent pas nager.

Cet espace sera entouré de pieux entre lesquels seront tendues des cordes pour la sûreté et la commodité des baigneurs.

La plus grande profondeur des espaces ainsi réservés ne devra pas dépasser 1 m. 50.

Art. 5. — Il est interdit de se baigner lorsque la barque de sauvetage ne peut tenir la mer. A cet effet, défense est faite aux entrepreneurs de bains de mer de délivrer des cabines lorsque l'état de la mer peut présenter des dangers pour les baigneurs.

Toute infraction à cette disposition entraînerait la fermeture immédiate de l'établissement, sans préjudice de la responsabilité civile et correctionnelle qu'encourrait le propriétaire dudit établissement en cas d'accident.

Art. 6. — La plage faisant partie du domaine public, les entrepreneurs de bains devront laisser en tout temps, derrière leurs établissements ou, à défaut, au milieu de l'espace qu'ils occupent, un passage libre de deux mètres au moins.

Art. 7. — Les logements installés par les entrepreneurs de bains de mer dans leurs établissements seront soumis aux formalités prescrites par les lois et règlements concernant les aubergistes, hôteliers et logeurs.

Art. 8. — La loi sur les débits de boissons sera également appliquée à ceux de ces industriels qui auraient annexé des débits à leurs établissements.

Art. 9. — Il est défendu aux cavaliers et conducteurs de voitures de traverser les établissements de bains autrement qu'au pas et seulement lorsqu'il n'y aura pas d'autre passage sur la plage ; d'y faire aucune évolution, de troubler en quoi que ce soit les baigneurs en faisant entrer leurs chevaux dans l'eau ; enfin, d'y stationner, à moins qu'ils ne soient venus pour s'y baigner. Dans ce cas, les chevaux devront être attachés ou tenus en main à distance.

Art. 10. — Les voitures qui desservent les établissements de bains devront se ranger à la file et prendre leur rang sur le bord de la route, de manière à ne point gêner ni intercepter la circulation.

Art. 11. — Les entrepreneurs et conducteurs de voitures restent d'ailleurs soumis aux dispositions des décrets sus-visés concernant la police du roulage en Algérie.

Art. 12. — Tout acte qui serait contraire à la décence ou aux bonnes mœurs sera réprimé sur-le-champ sans préjudice des poursuites de droit.

Art. 13. — Les parents et maîtres seront exclusivement responsables des infractions au présent arrêté commises par leurs enfants mineurs ou leurs serviteurs, conformément à l'art. 1384 du Code civil.

Art. 14. — Les contraventions aux dispositions qui précèdent seront poursuivies conformément à la loi.

Art. 15. — Le service de la police, la gendarmerie et les gardes-champêtres sont chargés, chacun en ce qui le concerne, de l'exécution du présent arrêté qui devra être affiché d'une façon permanente dans tous les établissements de bains.

Bône, le 28 mai 1890.

Le Maire,

J. BERTAGNA.

Accusé de réception de M. le Sous-Préfet en date du 6 juin 1890.

Section II. — **Règlements sur le batelage**

Arrêté du 20 juin 1881

Nous, Maire de la ville de Bône, chevalier de la Légion d'honneur,

Vu le décret du 23 fructidor, an XIII ; l'arrêté du gouvernement du 5 brumaire, an IX, et la loi du 18 juillet 1837, art. 11,

Avons arrêté ce qui suit :

Article premier. — Le nombre de bateaux affectés au service du batelage à Bône est illimité.

Tout bateau affecté à ce service pourra n'être monté que par un marin en dedans des jetées.

Le nombre devra être de deux au moins lorsque le bateau se rendra hors du grand port.

Arr. 2. — Tout marin voulant exercer le batelage devra être inscrit au quartier de Bône et en faire la déclaration au bureau du port. Il donnera ses nom, prénoms, domicile et n° du bateau ; il recevra un certificat de capacité qui sera visé par le Maire et s'engagera à observer le présent règlement dans toute sa teneur ainsi que le tarif qui le suit.

Art. 3. — Chaque bateau de passage aura au moins 4 mètres de longueur, 1 m 20 de largeur, devra être construit solidement et bien entretenu.

Art. 4. — Chaque bateau ne pourra porter plus de 6 passagers sans bagages, et plus de 4 passagers avec leurs bagages.

Le batelier devra être convenable avec ses passagers.

Art. 5. — Le capitaine du port désignera à tour de rôle 5 bateaux pour le service de nuit. Aucun batelier ne pourra se soustraire à ce service à moins de raisons majeures, présentées en temps opportun.

Art. 6. — Les bateliers restent soumis aux prescriptions de l'art. 9 de l'arrêté du 1er janvier 1875, concernant la police spéciale du port de Bône, et de l'art. 17 § 2 de l'arrêté du 25 février 1880, concernant les attributions des officiers du port.

Art. 7. — Toute contravention au présent arrêté et au tarif

ci-dessous sera punie de la mise à la chaîne du bateau pendant 24 heures, sans que le batelier puisse monter un autre bateau.

En cas de récidive, la mise à la chaîne pourra être portée à deux jours ; le batelier sera mis à la geôle municipale pendant 24 heures et, enfin, il lui sera dressé procès-verbal et il sera poursuivi conformément aux lois.

Tarif des passagers

DANS LA DARSE

D'un quai à un navire ou à un autre quai et vice-versa.. » 10

D'un navire à un autre, ou à un quai ou d'un quai à un autre et vice-versa................................. » 10

Pour chaque heure d'attente...................... » 75

Pour un voyage aller et retour le batelier doit attendre 15 minutes sans rétribution. Un passager qui voudra un bateau pour lui seul pour aller et revenir en darse paiera aller et retour................................. » 60

DANS L'AVANT-PORT

Des quais ou d'un navire en darse dans l'avant-port.... » 40

De l'avant-port en darse........................ » 40

Pour les délais d'attente et la rétribution de ces délais, mêmes conditions que pour la darse.

Un passager qui voudra avoir le bateau pour lui seul paiera aller et retour............................... 1 60

En dehors des jetées le passager débattra lui-même le prix de son passage.

BAGAGES

Chaque bagage, malle, caisse, paquet ou chapelière paiera.. » 15

ART. 8. — Le capitaine du port et ceux de ses agents préposés à la surveillance des quais, M. le commissaire de police et ses agents, M. le commandant de la gendarmerie à Bône sont chargés de l'exécution du présent arrêté.

Fait à Bône, le 20 juin 1881.

Le Maire,

P. DUBOURG.

Vu et approuvé :

Le Sous-Préfet,

DUNAIGRE.

Arrêté du 13 juin 1882

———

Nous, Maire de la ville de Bône, chevalier de la Légion d'honneur,

Vu les lois et règlements concernant le batelage et principalement notre arrêté du 20 juin 1881 ;

Considérant que le nombre des bateliers devient tous les jours plus considérable et qu'il y a lieu de régler leur travail ; sur la proposition de M. le capitaine du port,

Arrêtons :

Article premier. — L'art. 5 de notre arrêté sus-visé sera complété par un deuxième paragraphe ainsi conçu :

« Les bateliers seront répartis en deux escouades; chacune « d'elles travaillera pendant 24 heures à tour de rôle. »

Art. 2. — Le capitaine du port, le commandant de la gendarmerie à Bône et le commissaire de police sont chargés, chacun en ce qui le concerne, de l'exécution du présent arrêté.

Bône, le 13 juin 1882.

Le Maire,
P. DUBOURG.

Vu et approuvé :
Le Sous-Préfet,
DUNAIGRE.

CHAPITRE VII

POLICE DES CIMETIÈRES

SECTION PREMIÈRE. — **Cimetières musulman et israélite**

Arrêté du 1er août 1856

Nous, Maire de la ville de Bône, officier de la Légion d'honneur,

Vu :

1° Les lois des 14-22 décembre 1789, 16-24 août 1790, 19-22 juillet 1791 ;

2° Les décrets des 2 décembre 1793, 23 juillet 1805 et 18 mai 1806 ;

3° La décision ministérielle du 15 février 1855, qui confie à l'autorité municipale la police et la surveillance des cimetières musulmans,

Considérant qu'il importe de réglementer, d'une manière uniforme, les inhumations des indigènes, ainsi que le service intérieur des cimetières musulmans et israélites, en tenant compte, toutefois, des observances religieuses particulières à chacun des deux cultes,

AVONS ARRÊTÉ CE QUI SUIT :

ARTICLE PREMIER. — La plus grande réserve est recommandée aux personnes qui visitent les cimetières musulmans et israélites ; tout acte contraire à la décence, au respect dû à la mémoire des morts, toute réunion tumultueuse, toute profanation des tombes y est sévèrement interdite.

ART. 2. — Défense est faite de pénétrer dans ces cimetières, autrement que par les portes d'entrée, d'y introduire, sous quelque prétexte que ce soit, chevaux et voitures, d'y laisser paître des animaux quelconques, de dégrader les clôtures et les sépultures, d'enlever, de déplacer même aucun objet appartenant aux tombes, ou consacré par la piété à la mémoire des morts.

Art. 3. — Aucune exhumation, ouverture de tombe ou déplacement de cadavre ne pourra avoir lieu qu'en vertu d'une autorisation expresse de l'autorité municipale ou d'un ordre émané de la police judiciaire.

Les exhumations seront soumises aux mêmes formes et aux mêmes droits que pour les Européens, ainsi que cela est réglé par les articles 27 et 28 de l'arrêté municipal du 11 novembre 1851, concernant la police du cimetière européen.

Art. 4. — Toute famille a le droit de faire construire, suivant les usages de son culte, une tombe sur l'emplacement où est inhumé le corps de son parent, sans dépasser néanmoins les limites du terrain qui lui aura été assigné et d'y mettre une inscription, sous réserve de l'approbation du Maire.

Art. 5. — Ces constructions devront être convenablement établies, terminées dans le délai assigné par l'administration locale et les débris de matériaux immédiatement enlevés après l'expiration dudit délai.

Art. 6. — Les inhumations n'auront lieu que sur la présentation d'une autorisation de l'officier de l'état civil, délivrée sur papier libre et sans frais. A moins d'urgence, dûment constatée par la police et d'une permission du Maire, elles ne pourront s'effectuer que pendant le jour.

Art. 7. — Il est formellement défendu de laver les corps hors de l'enceinte de la maison mortuaire. Les corps seront soigneusement ensevelis dans leurs linceuls et ils ne devront, durant le parcours du chemin jusqu'au cimetière, être, sous aucun prétexte, exposés au regard du public.

Art. 8. — Chaque inhumation se fera dans une fosse séparée ayant au moins 1 m. 50 de profondeur et 0 m. 80 de largeur, y compris les murettes latérales. Ces fosses seront recouvertes de terre bien foulée jusqu'au niveau du sol au-dessus duquel devront être scellées les pierres tumulaires. Elles seront distantes entre elles de trente centimètres et régulièrement alignées.

Art. 9. — Des fossoyeurs, dont la désignation sera toujours soumise à l'agrément de l'autorité, seront chargés spécialement de la préparation des fosses.

Le soin des constructions est laissé au libre arbitre des familles.

Art. 10. — Il ne pourra être employé d'autres agents que ceux-là pour les inhumations et les exhumations.

Art. 11. — Le prix des fosses est fixé pour chaque sépulture :
Pour les individus au-dessus de 12 ans............Fr.   4   »
Pour les individus au-dessous...................... 2   »

Le prix de l'abonnement alloué par l'administration et le service de l'hôpital est réglé de la manière suivante :
Pour les individus au-dessus de 12 ans.............Fr.   3   »
Pour les individus au-dessous....................... 1 50

Art. 12. — La rétribution due à chaque porteur ne pourra excéder 2 fr. ni être inférieure à 1 franc.

Art. 13. — Les indigents seront inhumés gratuitement, comme cela s'est pratiqué jusqu'à ce jour, par les soins et aux frais du Beit-el-Mal pour les musulmans et de la communauté israélite pour les Israélites.

Art. 14. — L'entretien des cimetières et le salaire des concierges sont à la charge de la commune. Il est formellement interdit à ces derniers de rien réclamer pour les inhumations.

Art. 15. — En cas de mort violente et sur la demande de l'autorité judiciaire, les corps pourront être recueillis dans une fosse à part.

Art. 16. — Les concessions de terrain sont de trois sortes pour les musulmans.
1º Concessions perpétuelles, le mètre carré......Fr.   100   »
2º   id.   trentenaires, susceptibles d'être renouvelées, le mètre carré.............................. 40   »
3º Concessions quindécennales, non susceptibles, etc., le mètre carré.. 10   »

Les concessions faites aux Israélites sont toutes perpétuelles.

Elles formeront 6 classes et donneront lieu aux versements ci-après, à la caisse communale, suivant le degré de fortune des familles dûment constaté par le consistoire israélite :
1re classe, le mètre carré.......................Fr.   150   »
2e id.   id.   125   »
3e id.   id.   100   »
4e id.   id.   75   »
5e id.   id.   50   »
6e id.   concessions gratuites pour les indigents.

Art. 17. — Le commissaire de police, l'agent voyer, les gardes-champêtres, les concierges respectifs de chacun de ces cimetières sont chacun, en ce qui le concerne, chargés de l'exécution du présent arrêté.

Fait à Bône, le 1er août 1856.

Le Maire,

MAZAURIC.

Vu et approuvé :
Pour le Préfet empêché,
Le Secrétaire général,

CHOISNET.

Section II. — **Cimetière européen**

Arrêté du 15 juin 1873

Nous, Maire de la ville de Bône,

Vu le décret des 24 mai, 23 juin 1851, qui rend applicables aux cimetières européens en Algérie, sauf certaines modifications, les dispositions du décret du 23 prairial, an XII, et de l'ordonnance du 6 décembre 1843 ;

Vu le décret du 19 décembre 1868, art. 1, n° 6 ;

Vu l'ordonnance du 28 septembre 1847, art. 30 ;

Considérant que l'un des premiers devoirs de l'administration municipale est de faire respecter, par une surveillance assidue, les monuments élevés par la piété des familles à la mémoire de leurs parents ; d'empêcher les spéculations regrettables qui peuvent motiver, à juste titre, les réclamations du public ; de faire maintenir, enfin, au lieu saint consacré aux sépultures, l'ordre, la décence et la propreté.

ARRÊTONS :

TITRE PREMIER. — *Organisation du service des inhumations et de l'entretien du cimetière*

ARTICLE PREMIER. — Le service des inhumations, exhumations, de la surveillance et de l'entretien du cimetière sera fait par le gardien nommé à cet effet par nous.

Art. 2. — Cet agent exercera une surveillance générale et constante sur toutes les parties du cimetière et sur ses abords. Il recevra les réclamations du public et entretiendra des rapports directs soit avec nous, soit avec M. le commissaire de police. Il doit avoir pour le public toute la condescendance, toute la politesse que comportent la sainteté du lieu et la douleur des familles et obtempérer aux demandes qui lui seront faites, pourvu qu'elles ne soient pas contraires à ses devoirs et aux dispositions du présent règlement.

Le choix des agents subalternes employés par le gardien du cimetière sera toujours soumis à l'agrément de l'autorité municipale. Il ne pourra être employé pour les inhumations et exhumations d'autres personnes que celles qui sont préposées à ce service.

Art. 3. — Les familles pourront, par abonnement annuel, faire entretenir par le gardien les cases et les concessions perpétuelles ou temporaires leur appartenant au cimetière, moyennant les rétributions annuelles indiquées ci-après au titre IV. Cet entretien consistera seulement dans le nettoiement des tombes, la plantation, l'élagage des plantes et l'arrosage des fleurs cultivées dans les concessions. Quant à la fourniture des fleurs, arbustes et plantes, elle reste, dans tous les cas, à la charge des familles. Toutefois, ces dernières auront le droit de faire entretenir leurs concessions par leurs propres domestiques, mais non par des ouvriers étrangers.

Art. 4. — Il est expressément défendu au gardien du cimetière :

1° D'enlever les draps, linceuls et autres objets déposés dans les cercueils ou dans les tombes comme aussi d'enlever ou déplacer aucune pierre funéraire sans un ordre signé du Maire ;

2° De réclamer aucune somme au delà du prix du tarif fixé par le présent arrêté pour frais d'inhumation ou d'exhumation ;

3° De s'immiscer directement ou indirectement dans l'entreprise de construction des monuments, dans la fourniture et la vente de pierres tumulaires, croix, grilles, entourages ou autres signes funéraires, de permettre, sous quelque prétexte que ce soit, le dépôt ou l'étalage de ces objets dans le cimetière et ses dépendances.

Art. 5. — Le gardien du cimetière est chargé de veiller à ce que toutes les fosses soient établies conformément aux dispositions portées au titre II ci-après. Il devra veiller à la propreté et à l'ordre de toutes les parties du cimetière, particulièrement à l'entretien en parfait état de propreté de toutes les allées et des chemins qui doivent entourer les carrés communs.

ART. 6. — Il préviendra sans retard l'administration de toutes les dégradations qui surviendraient, soit aux murs de clôture du cimetière, soit aux monuments qui y sont placés.

ART. 7. — Il est expressément défendu au gardien du cimetière de s'approprier les matériaux et les pierres tumulaires provenant de concessions expirées, ni d'en faire un usage quelconque. Ces pierres devront être déposées dans une partie du cimetière désignée à cet effet, jusqu'à ce que l'autorité municipale en ait décidé autrement.

Les matériaux non réclamés provenant des tombes sont abandonnés à la commune pour être employés à l'entretien du cimetière. Mais l'administration doit d'abord mettre les familles en demeure d'enlever, dans un délai fixé, les constructions existantes sur les terrains dont la concession est expirée et n'en prendre possession qu'après avis itératif et une année révolue, à compter du jour du premier avertissement.

ART. 8. — Pendant toute la durée des cérémonies des inhumations, le gardien du cimetière devra observer et faire observer par les fossoyeurs sous ses ordres les règles de la plus stricte décence et de la plus grande convenance. Les cercueils devront toujours être descendus dans les fosses au moyen de cordes solides et avec toutes les précautions nécessaires pour prévenir les accidents.

TITRE II. — *Police du cimetière*

§ PREMIER. — OUVERTURE ET FERMETURE

ART. 9. — Le cimetière sera ouvert tous les jours savoir :

Pendant les mois de janvier, février, mars, octobre, novembre et décembre, de sept heures du matin à cinq heures du soir.

Pendant les mois d'avril, mai, juin, juillet, août et septembre, de six heures du matin à sept heures du soir.

L'heure de la fermeture sera toujours annoncée dix minutes d'avance par la sonnette à ce destinée.

Aucune inhumation ne pourra avoir lieu en dehors des heures ci-dessus fixées.

§ 2. — INHUMATIONS

ART. 10. — Chaque inhumation sera faite dans une fosse séparée ayant au moins un mètre cinquante centimètres de profondeur sur huit décimètres de largeur et remplie ensuite de terre bien foulée.

Les fosses seront distantes les unes des autres de trente à quarante centimètres sur les côtés et de quarante à cinquante centimètres de la tête aux pieds.

ART. 11. — Les inhumations n'auront lieu que sur la présentation d'une autorisation de l'officier de l'état civil délivrée sur papier libre et sans frais.

ART. 12. — Les cercueils devront être tenus fermés pendant le trajet du domicile du défunt au lieu de sépulture où les corps ne pourront plus, sous aucun prétexte, être exposés au regard du public.

ART. 13. — L'autorisation d'inhumer sera remise au gardien, qui la transcrira sur un registre coté et paraphé par nous. Il indiquera d'une manière précise le lieu de la sépulture et le numéro d'ordre de la tombe.

ART. 14. — Dans aucun cas, et quelle que soit la forme des monuments, les corps ne pourront être placés au-dessus du sol.

ART. 15. — Il est sévèrement interdit de placer deux corps dans la même fosse et aussi dans la même place temporaire ou perpétuelle de deux mètres carrés avant l'expiration d'un délai de cinq ans au moins entre chaque inhumation et, dans tous les cas, sans une autorisation expresse de l'autorité municipale.

ART. 16. — En cas d'indice ou de soupçon de mort violente, un officier de police, assisté d'un médecin, dressera procès-verbal du décès avant l'inhumation. Extrait du procès-verbal sera transmis à l'officier de l'état civil pour la rédaction de l'acte de décès. Dans les cas ci-dessus indiqués, l'inhumation pourra être faite dans une fosse à part.

§ 3. — EXHUMATIONS

ART. 17. — Il est expressément défendu, sous peine de destitution, au gardien du cimetière et à tout fossoyeur, de faire ou

permettre qu'il soit fait aucune exhumation ni aucun enlèvement
ou déplacement de cadavres ou d'ossements autres que ceux
ordonnés par la police judiciaire ou autorisés à la requête des
particuliers par l'autorité municipale. Ces exhumations ne
pourront être effectuées qu'en présence du commissaire de police
et, à son défaut, de celui qui en remplit les fonctions. Celui-ci
doit être assisté d'un médecin désigné à cet effet par l'autorité,
et doit veiller à ce que tout s'accomplisse avec décence et avec
toutes les précautions réclamées par la salubrité.

Le gardien du cimetière sera tenu d'assister à cette opération.

Indépendamment de la destitution, les agents du cimetière
qui auraient prêté volontairement la main à une violation de
sépulture, comme à une exhumation non autorisée, sont passibles des peines portées par l'art. 360 du Code pénal ainsi conçu :

« Sera puni d'un emprisonnement de trois mois à un an et
« de 16 fr. à 200 fr. d'amende quiconque se sera rendu coupable
« de violations de tombeaux ou de sépultures, sans préjudice
« des peines contre les crimes ou délits qui seraient joints à
« celui-ci. »

Art. 18. — Les exhumations devront toujours, et en toute saison, être commencées pendant la nuit, s'il est possible, sinon,
et dans tous les cas, bien avant le lever du soleil.

Art. 19. — On se pourvoira d'un baquet contenant vingt litres
d'eau, où l'on fera dissoudre un kilogramme de chlorure de
chaux ; on aspergera de ce mélange la fosse et les lieux environnants ; les mains des ouvriers en seront lavées ; on en jettera
sur les débris du cadavre ainsi que sur la terre après qu'il en
aura été retiré.

§ 4. — Construction et réparation de monuments

Art. 20. — Aucun travail de construction ou de réparation
de monuments au cimetière ne devra être entrepris sans avoir
été autorisé préalablement par nous sur la demande des intéressés. Cette demande devra contenir tous les renseignements
nécessaires pour faire apprécier la nature des travaux et être
accompagnée des plan et dessin du monument et de l'inscription qui doivent être soumis à l'approbation du Maire, qui fixera
le temps nécessaire pour l'exécution des travaux.

Faute de se conformer à cette formalité, les propriétaires de
ces monuments s'exposeraient à voir dresser contre eux un

arrêté de démolition, si les conditions d'alignement et de délimitation n'avaient point été strictement remplies.

ART. 21. — Les travaux projetés s'exécuteront de manière à ne compromettre en rien la sûreté publique.

ART. 22. — Les entrepreneurs qui auront fait des constructions seront tenus d'en déblayer et d'en nettoyer les abords dans les vingt-quatre heures qui suivront le terme qui aura été fixé pour leur achèvement.

ART. 23. — Aucune inscription, de quelque nature qu'elle soit, ne pourra être faite sur les pierres tumulaires ou monuments funèbres sans avoir été préalablement soumise à l'approbation du Maire.

§ 5. — DISPOSITIONS GÉNÉRALES

ART. 24. — Tous ceux qui, pour quelque motif que ce soit, auront à pénétrer dans le cimetière, seront tenus d'y observer religieusement le respect dû aux morts et les règles de la décence la plus sévère.

ART. 25. — Défense est faite à qui que ce soit de pénétrer dans le cimetière à cheval ou en voiture, d'en escalader l'enceinte, d'y introduire des chiens, des bestiaux ou tous autres animaux, de monter sur les arbres, d'y chasser, de quelque manière et en quelque saison que ce puisse être.

ART. 26. — Il est également défendu de dégrader les pierres sépulcrales, les monuments tumulaires et tout ce qui tient à leur ornement ou décoration, permanents ou passagers ; d'y inscrire quoi que ce soit et d'y commettre aucune soustraction.

ART. 27. — Tous chants autres que ceux qui sont usités aux pompes funèbres, tous cris, injures, querelles, voies de fait quelconques ; enfin, tous autres actes contraires au bon ordre, à la décence et au respect dus à la mémoire des morts sont sévèrement interdits dans le cimetière.

ART. 28. — Les pères et mères, tuteurs, maîtres, instituteurs encourront à l'égard de leurs enfants, pupilles, ouvriers, domestiques et élèves, la responsabilité prescrite par l'art. 1384 du Code civil.

ART. 29. — Le gardien du cimetière doit faire sortir immédiatement les individus qui se rendraient coupables d'un des faits qualifiés aux art. 27 et précédents.

En cas de résistance, il fera arrêter et conduire les contrevenants devant le commissaire de police qui, suivant la nature du délit, en dressera procès-verbal pour que les auteurs soient poursuivis et punis conformément aux lois.

TITRE III. — *Concessions de terrain*

ART. 30. — *Abrogé et remplacé par l'art. 14 de l'arrêté municipal du 31 mars 1883.*

TITRE IV. — *Tarif des droits à percevoir*

ART. 31. — Le tarif des divers droits à percevoir est fixé de la manière suivante :

Inhumation d'une personne au-dessus de douze ans.FR.   5 »

Inhumation d'une personne au-dessous de douze ans... 2 50

Abonnement annuel pour l'entretien d'une case au cimetière... 12 »

Abonnement annuel pour l'entretien d'une demi-case au cimetière... 6 »

Ces taxes ne pourront être dépassées en aucun cas ; les indigents seront enterrés gratuitement. L'indigence sera constatée par un certificat du commissaire de police qui sera remis au fossoyeur.

DROITS D'EXHUMATION

Au médecin : vingt francs......................... 20 »

Au commissaire de police : vingt francs............. 20 »

Au gardien pour l'ouverture de la fosse : dix francs.. 10 »

Au fossoyeur : cinq francs......................... 5 »

Enregistrement et timbre : un franc soixante cent... 1 60

Ensemble : cinquante-six francs soixante centimes... 56 60

En outre, chaque réinhumation sera payée à part comme les inhumations simples, d'après les prix ci-dessus fixés.

Rétribution à chaque porteur....................FR. 2 »

ART. 32. — Le présent arrêté sera publié et affiché dès qu'il aura reçu la sanction de M. le Préfet du département.

Un exemplaire devra être constamment affiché à la porte du

cimetière et dans le bâtiment du gardien, qui sera tenu d'en donner connaissance à toute personne qui le demanderait.

ART. 33. — Le commissaire de police et le gardien du cimetière sont chargés, chacun en ce qui le concerne, de l'exécution du présent arrêté.

Fait à Bône, le 15 juin 1873.

Le Maire,

P. DUBOURG.

Vu et approuvé :

Le Préfet,

DESCLOZEAUX.

Arrêté du 31 mars 1883

Le Maire de la ville de Bône, chevalier de la Légion d'honneur,

Vu le décret du 23 prairial, an XII ;

Vu l'ordonnance du 6 décembre 1843 ;

Vu l'ordonnance du 28 septembre 1847 :

Vu la délibération du Conseil municipal du 21 mars 1883,

ARRÊTE :

ARTICLE PREMIER. — Des concessions à perpétuité, temporaires de 30 ans, renouvelables, et temporaires de 15 ans, non renouvelables, seront accordées dans les cimetières de la commune de Bône, sur la demande des familles ou leurs fondés de pouvoirs, ou des particuliers.

ART. 2. — Les concessions seront accordées aux conditions ci-après :

Les demandes en concessions temporaires ou perpétuelles seront adressées sur timbre au Maire. Elles seront instruites par l'architecte communal qui, à l'appui de son avis, joindra un plan indiquant l'emplacement à concéder, son orientation, ses tenants et aboutissants et le numéro d'ordre.

Ces indications seront reportées sur un registre spécial tenu en double exemplaire dont l'un restera déposé au cimetière et l'autre au bureau de l'architecte.

Art. 3. — La superficie des terrains affectée à chaque concession individuelle ne pourra être *moindre de un mètre*, même pour un enfant âgé de moins de sept ans, et *de deux mètres* pour toute autre sépulture.

Art. 4. — Il y aura entre chaque concession un isolement de 0m30 sur les côtés et de 0m40 de la tête aux pieds.

Art. 5. — Les concessions de deux mètres superficiels seront faites uniformément sur deux mètres de longueur et un mètre de largeur ; celles de un mètre pour enfants devront avoir 1m43 sur 0m70 de large.

En général, et toutes les fois que l'emplacement le permettra, les terrains concédés seront livrés dans la forme d'un quadrilatère rectangulaire, et cette livraison sera définitive quelque soit le mode ultérieur d'occupation adopté par les concessionnaires.

Les concessionnaires ne pourront, dans aucun cas, établir leurs constructions, clôtures et plantations, au delà des limites du terrain livré ; les parties de ce terrain restées inoccupées ne donneront lieu à aucune restitution sur le prix de la concession.

Art. 6. — Le titre définitif de la concession ne sera délivré, par le Maire, que sur la présentation de la quittance du receveur municipal, constatant son paiement intégral et après liquidation de tous frais de timbre, enregistrement et autres.

Art. 7. — Aucun travail de prise de possession de terrain concédé, pour n'importe quelle période de temps, ne pourra avoir lieu qu'après justification faite à l'architecte communal du titre définitif de la concession.

Art. 8. — Des monuments particuliers pourront être élevés sur les terrains concédés, mais seulement après approbation par le Maire des plans, devis et détails des constructions, inscriptions et emblèmes.

Art. 9. — Chaque concession de terrain sur lequel sera élevé ou non un monument devra être pourvue, aux frais des familles, d'une plaque d'un modèle uniforme indiquant son numéro d'ordre, la date de la concession et sa durée.

Art. 10. — Les concessions trentenaires seules sont renouvelables pour une période de temps égale à la période précédente ou à perpétuité. Les prix des concessions renouvelées seront conformes aux tarifs indiqués ci-dessous.

Art. 11. — Aucune fosse d'une durée de cinq ans ne sera convertie sur place et sans exhumation en concession perpétuelle que dans le cas où l'emplacement occupé par des concessions de la première catégorie serait désigné par l'administration pour recevoir des sépultures concédées à titre perpétuel, et lorsque la disposition de la fosse à convertir pourra être maintenue sans aucune perte pour l'administration et sans gêner aucunement la disposition régulière des autres emplacements.

Art. 12. — Toute inhumation faite dans un terrain concédé à perpétuité et pour une sépulture individuelle ne pourra avoir lieu à moins de un mètre cinquante centimètres de profondeur.

Dans les concessions à perpétuité, pour un caveau de famille avec cases, la dalle du fond de la case supérieure devra être placée à un mètre au moins en contre-bas du niveau du sol.

Art. 13. — A l'expiration des concessions temporaires non renouvelées, les familles seront mises officiellement en demeure d'enlever les constructions établies sur les terrains qui feront retour à la commune. Faute par elles de se conformer à cette obligation, mais seulement à la suite d'avis réitérés et après une année révolue, à compter du jour du premier avertissement, les matériaux de ces constructions appartiendront à la commune qui en disposera à son gré.

Art. 14. — Le prix des concessions temporaires ou à perpétuité des terrains à sépultures privées, dans le cimetière européen de la ville de Bône, est fixé ainsi qu'il suit :

Par mètre superficiel

Concession de 15 ans, non renouvelable..........Fr.   30 »
Concession de 30 ans, renouvelable................ 100 »
Concession à perpétuité........................... 200 »

Art. 15. — Les concessions de terrain au cimetière, soit temporaires, soit perpétuelles, sont inaliénables. Elles ne peuvent être obtenues dans un but commercial, à raison de leur destination particulière ; elles ne sont susceptibles d'être transmises que par voie de succession et partage ou de donation entre parents.

L'architecte communal s'assurera de l'adhésion des titulaires de la concession avant de laisser inhumer un membre étranger à la famille ou n'étant pas un héritier direct.

Art. 16. — L'arrêté municipal du 11 novembre 1851 est abrogé, ainsi que les dispositions contraires contenues dans les arrêtés antérieurs ou ultérieurs.

Art. 17. — Le receveur municipal, l'architecte communal et la police sont chargés, chacun en ce qui le concerne, de l'exécution du présent.

Fait à Bône, en l'hôtel de ville, le 31 mars 1883.

Le Maire,

P. DUBOURG.

Vu et approuvé :

Pour le Sous-Préfet en tournée :

Le Secrétaire de la Sous-Préfecture,

ADRIEN MONCAUP.

<hr>

Arrêté du 25 septembre 1884

Nous, Maire de la ville de Bône, chevalier de la Légion d'honneur,

Vu le décret du 23 prairial, an XII ;

Vu l'ordonnance du 6 décembre 1843 ;

Vu la loi du 5 avril 1884 ;

Attendu qu'il y a des inconvénients à laisser aux familles qui se proposent d'établir des sépultures dans le cimetière communal, ou de transférer ultérieurement les corps de leurs parents décédés, le droit de déposer provisoirement ces corps, soit dans des caveaux appartenant à d'autres familles, soit dans des concessions temporaires ou perpétuelles, soit enfin dans la partie du cimetière réservée pour les fosses communes ;

Vu la délibération du Conseil municipal, en date du 24 janvier 1883, approuvant la construction d'un caveau d'attente destiné à recevoir ces corps à l'avenir ;

Vu la délibération du Conseil municipal, en date du 21 juin 1884, votant le tarif des droits de séjour audit caveau d'attente ;

Attendu que ce caveau est terminé et qu'il y a lieu de réglementer les conditions du dépôt et de la translation des corps,

ARRÊTONS :

ARTICLE PREMIER. — A partir du 1er octobre prochain, les

familles qui se proposent d'établir des sépultures dans le cimetière communal, ou de transférer ultérieurement les corps de leurs parents décédés, devront déposer provisoirement ces corps dans le caveau d'attente communal.

ART. 2. – Les demandes de dépôt devront être faites sur timbre et remises au secrétariat de la Mairie. Elles seront instruites par l'architecte communal et renvoyées au Maire qui accordera ou refusera l'autorisation demandée.

ART. 3. — Si l'autorisation est accordée, la demande sera ensuite adressée au service de la comptabilité qui établira les titres de recettes pour la perception des droits à recevoir suivant le tarif ci-après.

ART. 4. — La quittance remise par le receveur municipal devra être présentée au Maire qui délivrera alors le permis de dépôt au caveau d'attente.

ART. 5. — Tous les corps déposés au caveau d'attente devront être enfermés dans un cercueil en zinc ou en plomb. La mise en bière aura lieu en présence du commissaire de police qui scellera le cercueil et dressera de cette opération un procès-verbal, dont une expédition sera déposée au secrétariat de la Mairie.

ART. 6. — Le caveau sera toujours fermé. Personne n'y aura accès. Les clefs resteront entre les mains du concierge qui ne devra les remettre qu'à l'architecte où à son délégué.

Le concierge tiendra un registre indiquant :

1· Le nom des personnes déposées :

2· La date du dépôt ;

3· Le numéro de la case ;

4· Le nom de la personne à laquelle l'autorisation a été accordée ;

5· La date de la translation ;

6· La destination donnée au corps :

7· Une colonne d'observations.

Ce registre sera visé tous les mois par l'architecte communal et par le chef de la comptabilité.

ART. 7. — Le dépôt des corps au caveau d'attente ne pourra dépasser six mois, sans une autorisation spéciale du Maire.

Passé ce délai et quarante-huit heures après une mise en demeure, le corps sera enseveli dans la fosse commune aux frais du titulaire de l'autorisation.

Cette mesure s'appliquerait également, en cas de non paiement à terme échu, des droits qui vont être ci-après fixés, et quarante-huit heures après une mise en demeure régulière.

ART. 8. — Le tarif des droits de séjour au caveau d'attente communal est ainsi fixé :

1· Pendant les trois premiers mois, 2 francs par jour ;

2· Pendant tout le temps qui suivra, 3 francs par jour.

Le minimum de perception sera de dix jours payables d'avance.

En ce qui concerne les corps qui séjourneront plus de dix jours, la perception sera également faite tous les dix jours à l'avance.

Toute dizaine commencée sera due.

Le droit d'assistance du commissaire à la mise en bière est fixé à 10 francs, scellement du cercueil et rédaction du procès-verbal compris.

Le droit d'assistance de l'architecte au dépôt dans le caveau d'attente est fixé à 10 francs.

ART. 9. — L'architecte communal, le secrétaire de la Mairie, le receveur municipal, le chef de la comptabilité et le commissaire de police sont chargés, chacun en ce qui le concerne, de l'exécution du présent arrêté.

Bône, le 25 septembre 1884.

Le Maire,

P. DUBOURG.

Vu et approuvé :

Pour le Sous-Préfet empêché :

Le Secrétaire de la Sous-Préfecture,

ADRIEN MONCAUP.

SECTION III. — **Exhumations et Inhumations. — Tarifs des vacations**

Arrêté du 13 décembre 1887

Nous, Maire de la ville de Bône, chevalier de la Légion d'honneur,

Vu le décret du 12 juin 1804 ;

Vu la loi du 5 avril 1884 ;

Vu l'arrêté municipal du 15 juin 1873, portant règlement sur la police du cimetière européen et fixant le tarif des vacations allouées au commissaire de police pour les exhumations ;

Considérant que diverses opérations non prévues par l'arrêté sus-visé se présentent journellement et qu'il y a lieu d'en fixer aussi le tarif ; attendu qu'une juste rémunération est due au commissaire de police toutes les fois qu'il est appelé à prêter son concours à l'exhumation, à l'enlèvement, à l'arrivée ou à la réinhumation d'un corps,

ARRÊTONS :

ARTICLE PREMIER. — Le commissaire de police assiste aux opérations suivantes :

1· Exhumation ;

2· Mise en bière ;

3· Passage d'un corps venant d'une autre commune pour être embarqué et vice-versa ;

4· Réception d'un corps venant d'une autre commune pour être inhumé dans le cimetière de Bône ;

5· Inhumation dans une propriété privée ;

6· Embarquement d'un corps ;

7· Dépôt dans le caveau d'attente.

ART. 2. — La vacation due au commissaire de police pour chacune des opérations sus-désignées est fixée à vingt francs, sauf pour l'assistance au dépôt dans le caveau d'attente qui n'est que de dix francs.

Est fixée également à dix francs la rémunération due pour toute autre opération non prévue par le présent règlement et pour laquelle la présence du commissaire de police serait reconnue nécessaire.

ART. 3. — Il n'existe aucune distinction entre l'exhumation proprement dite et l'enlèvement d'un corps d'un caveau, quelle que soit l'époque à laquelle remonte l'inhumation primitive.

ART. 4. — Il y a autant d'opérations et par conséquent de vacations qu'il y a de corps à exhumer, à mettre en bière, etc., etc. Cependant, dans le cas de pluralité pour la même famille, la première vacation seule sera de vingt francs, la seconde ne sera que de dix francs et les autres de cinq francs seulement.

ART. 5. — Il n'est pas dû de vacation au commissaire de police pour son assistance à l'enlèvement d'un corps déposé provisoirement dans le caveau de la commune.

ART. 6. — Le Maire se réserve le droit, toutes les fois qu'il le jugera utile, de remplacer le présent tarif par une taxe spéciale.

ART. 7. — Le commissaire de police est chagé de l'exécution du présent arrêté.

Bône, le 13 décembre 1887.

Le Maire,

P. DUBOURG.

Accusé de réception de M. le Sous-Préfet en date du 15 décembre 1887.

CHAPITRE VIII

MESURES CONTRE LES INCENDIES

SECTION I. — **Fours et cheminées.**
— **Construction et nettoiement. — Ramonage.**

Arrêté du 3 janvier 1850

Le Maire de la ville de Bône,

Vu : 1· l'art. 3, § 5 du titre 2 de la loi du 16-24 août 1790 ;

2· L'art. 9 du titre 2 de la loi du 26 septembre-16 octobre 1791 ;

3· L'art. 2 de l'arrêté du gouverneur général du 8 octobre 1832 ;

4· L'article 471 du Code pénal qui punit d'une amende de 1 à 5 francs ceux qui auraient négligé d'entretenir, réparer ou nettoyer les fours et cheminées ;

Considérant que le mauvais état des fours et cheminées de cette ville et leur défaut de ramonage ont eu pour effet d'occasionner des incendies qui se sont renouvelés depuis quelque temps ;

Qu'il existe en ville des fours qui ne réunissent point les conditions de sécurité prescrites par les règlements,

ARRÊTE :

ARTICLE PREMIER. — A l'avenir, aucun four, quelle que soit sa destination, ne pourra être construit ni ouvert, dans toute l'étendue de la commune, sans une autorisation du Maire, laquelle ne sera délivrée qu'après qu'on se sera assuré qu'il présente, par sa position et sa construction, des garanties suffisantes pour la sécurité publique.

ART. 2. — Un membre du Conseil municipal, délégué par nous, et assisté du commissaire de police et d'un ramoneur, sera chargé de faire, dans la quinzaine qui suivra la publication du présent arrêté, la visite des fours et cheminées chez tous les habitants de la commune.

ART. 3. — Cette visite sera renouvelée tous les ans, dans la dernière quinzaine d'octobre, et deux fois l'année, chez les fourniers, à la date précitée et vers la fin du mois d'avril.

ART. 4. — Il sera dressé procès-verbal contre les personnes dont les fours et cheminées n'auront point été trouvés nettoyés et en bon état de réparation.

Le ramonage et les travaux nécessaires pourront être ordonnés d'office, à leurs frais, sans préjudice des peines ci-dessus mentionnées.

Bône, le 3 janvier 1850.

Le Maire,
LACOMBE.

Vu et approuvé :
Le Sous-Préfet,
DESVERNAY.

Arrêté du 14 novembre 1877

Nous, Maire de la ville de Bône,

Vu les lois des 16-24 août 1790, 26 septembre, 16 octobre 1791 et l'article 471, § 1er, du Code pénal :

Pour faire suite aux arrêtés de nos prédécesseurs des 3 janvier 1850 et 31 octobre 1855, relatifs à la construction et à l'ouverture des fours, et prescrivant tous les ans la visite des fours et cheminées par un délégué de l'administration municipale, afin de s'assurer de leur état de propreté et de leur bonne construction,

AVONS ARRÊTÉ CE QUI SUIT :

Les habitants de la ville sont tenus de faire ramoner leurs cheminées tous les ans, vers le commencement du mois d'octobre, et les fours deux fois par an, à la même époque et vers le commencement du mois d'avril, sous peine d'encourir l'application des §§ 1 et 15 de l'art. 471 du Code pénal.

Sont exceptés de cette disposition les fours et cheminées dans lesquels on aurait renoncé à faire du feu et qui seraient dans un état parfait de propreté.

Le commissaire de police, l'architecte de la ville et l'agent voyer sont, chacun en ce qui le concerne, chargés de l'exécution du présent arrêté.

En conséquence, les habitants de la ville de Bône sont invités à se conformer sans retard aux prescriptions ci-dessus.

Bône, le 14 novembre 1877.

Le Maire,

P. DUBOURG.

SECTION II. — **Meules de fourrage. — Matières combustibles.**

Arrêté du 15 juillet 1856

Nous, premier adjoint au Maire de la ville de Bône, chevalier de la Légion d'honneur, suppléant le Maire en congé,

Vu les lois des 16-24 août 1790, 28 septembre 1791, l'art. 30 de l'ordonnance royale du 28 septembre 1847 et l'art. 458 du Code pénal ;

Considérant que la loi met au nombre des objets de police confiés à la vigilance et à l'autorité des corps municipaux le soin de prévenir, par des précautions convenables, les accidents et fléaux calamiteux, tels que les incendies, etc. :

Vu la circulaire en date du 12 de ce mois par laquelle M. le Sous-Préfet, appelant toute la sollicitude des Maires de l'arrondissement sur ce point important, les invite à prendre, sur-le-champ, des mesures énergiques pour prévenir, autant que possible, le retour des incendies si fréquents et toujours si menaçants à l'époque de la sécheresse :

Pour faire suite aux arrêtés municipaux des 24 juillet et 31 octobre 1855.

AVONS ARRÊTÉ CE QUI SUIT :

ARTICLE PREMIER. — Aucun dépôt de fourrages ou matières combustibles quelconques pouvant présenter quelque danger par leur agglomération ne pourra être fait ni subsister dans l'intérieur de la ville de Bône, ou des villages de la commune, ni à l'extérieur, *à moins de 300 m. de distance des murs d'enceinte.*

Sont exceptés de cette prohibition les approvisionnements de charbon de terre, entreposés sur le port, pour les besoins de la marine militaire ou marchande.

ART. 2. — Défense est faite :

1° d'abandonner sur la voie publique des tas quelconques de fourrages, pailles, copeaux ou autres matières combustibles susceptibles de s'enflammer, comme aussi de les laisser exposer en plein air, dans les cours intérieures des maisons, sur les terrasses ou sur des terrains même clos et non isolés ;

2° De pénétrer soit de jour, soit de nuit avec des pipes ou des cigares allumés, avec des lumières qui ne seraient pas renfermées dans des lanternes bien closes, dans les magasins, greniers, caves et écuries où se trouveraient des matières inflammables, aussi bien que des liquides spiritueux ;

3° De faire du feu dans les rues, de mettre des réchauds allumés sur les terrasses sans rebords, sur les balcons ou appui des fenêtres donnant sur la voie publique.

ART. 3. — Il est également interdit aux chasseurs de se servir de papier ou autres matières inflammables pour charger leurs armes, la plupart des incendies dans les campagnes étant occasionnés par l'emploi de ces sortes de bourres.

Art. 4. — Toute contravention au présent arrêté sera poursuivie conformément à la loi.

Art. 5. — Le commissaire de police, la gendarmerie, les gardes-champêtres sont chargés de l'exécution du présent arrêté.

Fait à Bône, le 15 juillet 1856.

L'Adjoint ff ons de Maire,

BRONDE.

Vu et approuvé :

Pour le Sous-Préfet en congé :

Le Secrétaire délégué par le Préfet,

TOUTAIN.

Arrêté du 22 juin 1859

Le Maire de la ville de Bône, chevalier de la Légion d'honneur,

Vu la loi du 16 août 1790, titre XI, art. 3, § 5, et celle du 28 septembre 1791, titre II, art. 10 ;

Vu les articles 458 du Code pénal et 148 du Code forestier ;

Vu l'art. 30 de l'ordonnance du 28 septembre 1847 ;

Considérant que par suite de l'imprudence des fumeurs ou de la négligence de certains individus qui ont abandonné dans la campagne des restes de feu mal éteint, des incendies considérables ont, depuis plusieurs années, éclaté à diverses reprises dans la commune de Bône ;

Considérant qu'il importe de prendre des mesures pour prévenir le retour de semblables sinistres, surtout aux environs de la ville, où se trouvent amoncelées des quantités considérables de fourrages appartenant à l'Etat ou à des particuliers,

ARRÊTE :

ARTICLE PREMIER. — Il est défendu de fumer aux alentours

du parc aux fourrages et sur tout le parcours des voitures qui se rendent à cette destination.

Cette interdiction s'étend aux livranciers comme à toute personne chargée de conduire les chargements.

Art. 2. — Il est également défendu d'allumer du feu, de faire brûler des allumettes chimiques, de tirer des pièces d'artifice et de porter des lumières sans précautions suffisantes contre l'incendie :

1· Dans l'intérieur et à moins de deux cents mètres des bois et forêts ;

2· Dans les champs, à moins de cent mètres des maisons, édifices, bruyères, bois, vergers, plantations, haies, meules, tas de grains, paille, foin, fourrage (sur pied ou fauché), ou tout autre dépôt de matières combustibles.

Art. 3. — Aucun aérostat ou montgolfière ne pourra être enlevé sans la permission expresse de l'autorité.

Art. 4. — Les contraventions au présent arrêté seront punies conformément à la loi.

Art. 5. — Le commissaire de police, la gendarmerie, les gardes-champêtres sont chargés de son exécution.

Fait à Bône, le 22 juin 1859.

Le Maire,

LACOMBE.

Vu et approuvé :

Le Sous-Préfet,

VICOMTE J. DE GANTÈS.

Arrêté du 10 juillet 1871

Nous, Maire de la ville de Bône,

Vu la loi des 16-24 août 1790, titre XI, art. 3, § 5, l'art. 30 de l'ordonnance royale du 28 septembre 1847 et l'art. 471, § 15, du Code pénal;

Considérant que la loi met au nombre des objets de police confiés à la vigilance des corps municipaux le soin de prévenir par des précautions convenables les accidents, fléaux calamiteux, tels que les incendies, les épidémies, etc., etc.;

Considérant que des incendies, qui ont eu les suites les plus fâcheuses, se sont récemment produits dans des magasins d'épicerie par suite de l'inflammation des allumettes chimiques qui y étaient renfermées;

Considérant qu'il résulte des investigations auxquelles l'administration s'est livrée, que ces sinistres auraient été occasionnés par le frottement provenant de l'érosion par les souris et les rats du phosphore dont ces allumettes sont enduites;

Considérant qu'en se déclarant dans des établissements, contenant souvent de grandes quantités de matières très combustibles, et dans des centres populeux, ces incendies présentent, sous le rapport de la sécurité des habitants, les plus grands dangers et pourraient entraîner les conséquences les plus déplorables;

Afin de prévenir le retour de semblables accidents,

ARRÊTONS :

ARTICLE PREMIER. — Il est expressément enjoint aux marchands d'allumettes chimiques de tenir leurs produits renfermés dans des récipients en métal, en grès ou en verre, lesquels devront être soigneusement fermés au moyen de couvercles de la même matière.

ART. 2. — Ces récipients devront être isolés des autres marchandises et placés dans un lieu assez apparent pour qu'une surveillance facile puisse être exercée par le service de la police.

ART. 3. — Toutes contraventions au présent arrêté seront poursuivies conformément à la loi.

ART. 4. — Le commissaire de police est spécialement chargé de l'exécution du présent arrêté.

Fait à Bône, le 10 juillet 1871.

Le Maire,

P. DUBOURG.

Vu et approuvé :
Bône, le 11 juillet 1871.
Le Sous-Préfet,
SÉGUY-VILLEVALEIX.

Arrêté du 27 juillet 1883

———

Le Maire de la ville de Bône, chevalier de la Légion d'honneur,

Vu la loi des 16, 24 août 1795, titre XI, art. 3, § 5, qui place les incendies au premier rang des accidents et des fléaux calamiteux et qui confie à l'autorité municipale le soin de les prévenir par des mesures de précaution convenablement prises ;

Vu la loi du 17 juillet 1874 ayant pour objet de prévenir les incendies dans les régions boisées de l'Algérie ;

Attendu qu'il résulte des divers rapports qui nous ont été adressés par M. le commandant de place, par M. le commandant du génie et par le service de la police que plusieurs cas d'incendie ont été signalés sur les pentes boisées des Santons et de la Casbah, que ces incendies sont dus à la malveillance et que plusieurs arrestations d'Européens et d'indigènes sur lesquels pesaient de graves soupçons ont été opérées ;

Attendu qu'il est de notoriété publique que ces boisements servent de refuge à tous les vagabonds et à tous les gens sans aveu ; qu'il y a un intérêt de premier ordre à mettre fin à ce regrettable état de choses :

Considérant que le meilleur remède à y apporter est d'interdire l'accès de toutes les pentes boisées des Santons et de la Casbah, surtout pendant la période des chaleurs :

Après nous être entendu avec l'autorité militaire,

ARRÊTONS :

ARTICLE PREMIER. — Il est formellement interdit aux Européens et aux indigènes de pénétrer, pendant la période des chaleurs, c'est-à-dire du 1er juillet au 1er novembre, dans les massifs boisés qui couvrent les pentes de la Casbah et des Santons.

Les promeneurs pourront, comme par le passé, circuler librement sur les routes qui mènent à la Casbah et aux Santons et sur la petite traverse qui, longeant la partie nord du presbytère, conduit à cette dernière caserne.

ART. 2. — Outre les peines prévues en cas d'incendie par les lois sus-visées et par le Code pénal, tout contrevenant au présent arrêté sera poursuivi conformément à l'art. 471 § 15 dudit Code.

Art. 3. — Le service de la police prendra, de concert avec l'autorité militaire, toutes les mesures nécessaires pour l'exécution du présent arrêté.

Bône, le 27 juillet 1883.

Pour le Maire et le 1ᵉʳ Adjoint, absents :

Le 2ᵉ Adjoint,

J. CORDIER.

Vu et approuvé :

Bône, le 30 juillet 1883.

Le Sous-Préfet,

J. REYNARD.

Arrêté du 3 juin 1885

Nous, Maire de la ville de Bône, chevalier de la Légion d'honneur,

Vu la loi du 5 avril 1884, art. 97, qui place les incendies au premier rang des accidents et fléaux calamiteux que l'autorité municipale doit prévenir par des précautions convenablement prises ; .

Considérant qu'il existe dans la banlieue de Bône beaucoup de meules de fourrages à proximité des maisons d'habitation et d'exploitation et que cette proximité peut occasionner des incendies qu'il importe de prévenir ;

Considérant qu'il y a lieu de les éloigner également des routes ou chemins publics, attendu que par suite de l'imprudence d'un fumeur le feu pourrait s'y communiquer ;

Considérant, enfin, qu'il y a lieu de prendre des mesures exceptionnelles afin de prévenir des incendies qui sont dus, la plupart du temps, à l'insouciance et à l'incurie des propriétaires, et d'éviter à la population et à l'armée des fatigues que la fréquence des sinistres pourrait leur occasionner,

ARRÊTONS :

ARTICLE PREMIER. — Il est formellement interdit de placer des meules de fourrages à moins de cinquante mètres des bâtiments d'habitation ou d'exploitation et de trente mètres des routes ou chemins publics.

Les meules devront être distantes entre elles d'au moins vingt-cinq mètres. Le terrain environnant les meules devra être labouré et nettoyé dans un rayon d'au moins vingt-cinq mètres. Toutes ces distances sont comptées à partir des bords de la meule.

ART. 2. — Les meules construites en dehors de ces conditions devront être démolies par les propriétaires. Après une mise en demeure préalable restée sans résultat, cette démolition aura lieu par les soins de la commune aux frais des intéressés.

ART. 3. — En dehors des maisons d'habitation, il est défendu d'allumer des feux à moins de cent mètres desdites meules de fourrages.

ART. 4. — Il devra y avoir un gardien de jour et de nuit à toute agglomération de meules afin d'empêcher les vagabonds et les malfaiteurs de venir y chercher un refuge pendant la nuit. Ce gardien devra être agréé par l'autorité municipale. Il devra être muni, pour porter les premiers secours : d'une pelle, d'une pioche, d'un baquet rempli d'eau et d'un seau.

ART. 5. — Toutes contraventions au présent arrêté seront poursuivies conformément à la loi.

ART. 6. — La gendarmerie, le service de la police, les gardes-champêtres sont chargés d'assurer l'exécution du présent arrêté.

Bône, le 3 juin 1885.

Le Maire,

P. DUBOURG.

Vu et approuvé :
Bône, le 8 juin 1885.
Le Sous-Préfet,
DE CHANCEL.

CHAPITRE IX

SERVICE DES EAUX. — CONCESSIONS. COMPTEURS & ROBINETS LIBRES.— BORNES-FONTAINES.

———

Section I. — **Règlements généraux et tarifs.**

———

Arrêté du 31 juillet 1893

———

Nous, Maire de la ville de Bône, chevalier de la Légion d'honneur,

Vu la loi du 5 avril 1884 ;

Vu les divers arrêtés en date des 3 novembre 1875, 7 novembre 1887, 23 décembre 1889, 14 avril 1891 et 6 avril 1893, portant règlement sur le service des eaux, déterminant le mode des concessions à accorder et fixant les tarifs des redevances à percevoir sur les abonnés ;

Considérant que certains articles des arrêtés sus-visés sont tombés en désuétude, que, d'autre part, quelques-uns de ces arrêtés contiennent des prescriptions contradictoires ; qu'il importe, par conséquent, de les coordonner et de les refondre en un seul règlement renfermant toutes les dispositions concernant cet important service,

ARRÊTONS :

ARTICLE PREMIER. — Les abonnements aux eaux de la ville sont souscrits sous forme de soumission acceptée par le Maire.

ART. 2. — Le mode de délivrance des eaux a lieu d'après l'un des systèmes suivants :

1° Au robinet libre, établi dans l'intérieur des habitations et des cours, à écoulement intermittent ;

2° Au compteur, à écoulement intermittent ou continu, selon les besoins des abonnés.

Pour une même propriété, il ne sera admis qu'un seul mode de délivrance des eaux.

Art. 3. — L'abonnement au robinet libre et à écoulement intermittent est concédé pour le service exclusif du ménage. Il est desservi par un robinet généralement placé sur l'évier de chaque appartement, et auquel l'abonné ne peut adapter aucun tuyau ou appareil fixe pour remplir les réservoirs alimentant les lavabos, toilettes, water-closets, bains, etc.

L'adjonction d'un pas de vis au robinet de service est aussi formellement interdite. Le robinet d'évier est ordinairement calibré à un débit de cinq litres par minute; il ne doit être ouvert qu'au moment où l'abonné a besoin de prendre de l'eau.

Les abonnements au robinet libre ne sont pas applicables aux appartements ou locaux dans lesquels s'exerce un commerce ou une industrie donnant lieu à l'emploi de l'eau. Les concessionnaires seront tenus dans ce cas d'adopter l'abonnement au compteur.

Des robinets, dits robinets de cour à écoulement libre et intermittent, sont aussi accordés dans les cours des maisons où il ne s'exerce ni commerce ni industrie donnant lieu à l'emploi de l'eau.

Ces robinets sont destinés uniquement aux usages domestiques des habitants de la maison.

Il sera également concédé des robinets à écoulement libre et intermittent pour le service des cabinets de toilette, water-closets, salles de bains, buanderies, écuries, et pour les abonnements temporaires accordés aux constructeurs, aux forains ou aux personnes qui n'exercent leur industrie que pendant quelques mois de l'année.

Tous ces robinets ne peuvent être ouverts qu'au moment où l'abonné a besoin de prendre de l'eau ; il est donc expressément interdit de les laisser ouverts d'une façon continue, inutile ou abusive.

Aucun abonnement à robinet libre ne peut être accordé à une personne ayant un jardin contigu à son habitation.

L'administration municipale se réserve le droit d'accorder des abonnements à forfait ou de gré à gré dans certains cas exceptionnels, sauf à en référer au Conseil municipal dans la séance qui suivra.

Art. 4. — Le compteur devra être établi à l'entrée de la prise d'eau dans la propriété du concessionnaire; il sera de l'un des systèmes adoptés par l'administration municipale.

Cet appareil sera placé dans un lieu de facile accès; il sera soumis à l'expérimentation préalable et poinçonné par les agents de la ville.

Il est expressément interdit à l'abonné d'apporter aucune modification dans es organes du compteur et de ses accessoires.

Il est défendu à toutes personnes, notamment aux serruriers, ferblantiers et plombiers, d'enlever les compteurs susceptibles de réparations et de les remplacer sans en avoir reçu une autorisation écrite du service des eaux. Toute infraction à cette défense sera poursuivie en vertu de l'art. 471 § 15 du Code pénal.

Dès qu'il se manifestera le moindre dérangement dans le fonctionnement du compteur, l'abonné sera tenu d'en informer les agents du service des eaux et de faire les réparations nécessaires sous la surveillance de ces derniers.

Si la réparation n'est pas terminée dans un délai de huit jours, l'abonné sera tenu de placer un compteur de rechange. L'eau consommée pendant les réparations sera évaluée d'après les moyennes des quatre derniers trimestres.

Les raccords sur les tuyaux à l'arrivée et à la sortie du compteur seront plombés avec l'empreinte du cachet de la ville.

Les quantités d'eau débitées par le compteur seront constatées à la fin de chaque trimestre, et plus souvent si l'administration le juge convenable.

Les relevés seront faits contradictoirement.

Art. 5. — Chaque maison devra avoir un branchement séparé, avec prise d'eau distincte sur la voie publique.

L'abonné au compteur ne pourra conduire tout ou partie de l'eau qui lui est délivrée dans une propriété qui lui appartiendrait, que si celle-ci est contiguë à la première, et dans le cas où l'eau serait utilisée directement par lui, sauf les exceptions indiquées à l'art. 3.

Art. 6. — Tous les frais d'installation et d'entretien des prises d'eau, branchements et appareils de distribution, tant à l'intérieur qu'à l'extérieur, seront à la charge des concessionnaires.

Les ouvrages extérieurs depuis la prise d'eau jusqu'à la limite de la propriété ou jusqu'au compteur, si ce dernier mode d'abonnement est adopté, seront exécutés sous la direction des agents du service des eaux.

Les travaux de pavage et de bitumage sur la voie publique

seront également exécutés, aux frais des concessionnaires, par les soins des agents de la voirie.

Art. 7. — A l'origine de chaque branchement sera placé sur la voie publique un robinet de prise et d'arrêt avec bouche à clef dont les agents de la ville seuls auront la clef et qui sera exclusivement manœuvré par eux.

Outre le robinet d'arrêt sur la voie publique, le branchement particulier de l'abonné devra être muni à l'intérieur de la maison d'un second robinet ayant une clef différente de celle du robinet extérieur. Ce robinet pourra être manœuvré par l'abonné, notamment en cas d'accident.

Art. 8. — Tous les travaux d'établissement et d'entretien des appareils de distribution des eaux à l'intérieur des propriétés sont exécutés par les abonnés, sous la surveillance et sous le contrôle des agents de la ville, mais sans que ce contrôle puisse engager la responsabilité de cette dernière.

Les robinets libres sont de l'un des modèles adoptés par la ville.

Art. 9. — L'abonné est chargé d'assurer de la manière qu'il juge convenable, à ses risques et périls, l'écoulement des eaux provenant de sa concession tant à l'intérieur qu'à l'extérieur de l'immeuble.

Art. 10. — Lors de la mise en service d'un abonnement, la ville reconnaîtra, contradictoirement avec l'abonné, la nature, la disposition et le diamètre des tuyaux de la distribution intérieure, le nombre et l'emplacement des robinets et orifices d'écoulement, l'origine et la position des branchements extérieurs. Ces renseignements reconnus par l'abonné et le directeur du service de la voirie et des eaux seront résumés dans le plan ou dans la description joints à la minute de l'acte de concession.

L'abonné ne pourra apporter aucune modification à l'état de choses ainsi constaté sans le consentement exprès et par écrit du Maire.

Toute installation de nouveaux robinets libres ou toute modification dans les dispositions primitivement adoptées, faites sans l'assentiment de la municipalité, entraînera la pose immédiate d'un compteur aux frais de l'abonné, sans préjudice du prix de l'abonnement qui remontera pour les robinets ainsi placés à l'époque de la dernière installation autorisée.

L'administration municipale se réserve également le droit

d'imposer l'abonnement au compteur à tous abonnés au robinet libre qui seraient signalés comme abusant habituellement de l'eau.

Art. 11. — Le tarif des abonnements au robinet libre et à écoulement intermittent est fixé de la manière suivante :

1° Abonnement pour un ménage ou par appartement pour un ou deux robinets à la volonté de l'abonné, par an...... 36 »

2° Abonnement par chaque robinet supplémentaire en plus de deux, pour un même appartement ou pour un même ménage, par an............................. 18 »

3° Chaque effet d'eau pour cabinets d'aisances, par an. 12 »

Chaque robinet pour baignoire et lavabo, par an..... 12 »

Chaque robinet pour buanderie, ailleurs que dans les cours, par an..................................... 18 »

4° Les abonnements temporaires pour constructeurs, forains, ou toutes autres industries sont calculés sur une consommation journalière d'un mètre cube, soit 10 francs par mois.

Pour les consommations supérieures comme pour les cas non prévus au présent règlement, il sera traité de gré à gré.

Pour un haquet de 500 litres par jour pris à la distribution du marché aux grains : 5 francs par mois.

5° Abonnement pour un robinet de cour, accessible à tous les habitants de la maison :

Pour un ou deux ménages, par an................... 36 »

Pour trois ou quatre ménages, par an.............. 54 »

Pour cinq ou six ménages, par an.................. 72 »

Pour chaque ménage en sus de six, par an.......... 12 »

Les appartements qui ne seront pas loués au moment de la conclusion de l'abonnement, entreront en ligne de compte chacun pour un ménage, dans le calcul du prix d'abonnement.

Toutefois, pour les maisons occupées par plus de six ménages, un dégrèvement pourra être accordé dans le cas où un ou plusieurs locaux resteraient inoccupés pendant plus de six mois. Ce dégrèvement, calculé sur le pied de 12 fr. par an et par logement vacant, ne courra que du premier jour du trimestre qui suivra l'expiration de ce délai de six mois et cessera le premier jour du trimestre pendant lequel le local sera de nouveau loué.

Néanmoins, pour les maisons de cette catégorie, l'abonnement ne pourra être abaissé au-dessous de 72 francs par an.

Art. 12. — Le prix de l'abonnement au compteur est fixé à 35 cent. le mètre cube avec un minimum de perception de 36 fr. par an, quelle que soit la quantité d'eau consommée.

ART. 13. — Les abonnements au robinet libre et au compteur sont payables par trimestres et à terme échu.

Le montant des abonnements temporaires est payable par mois et d'avance. Tout mois commencé est dû.

A défaut de paiement régulier, le service des eaux sera suspendu après une mise en demeure préalable. L'interruption de la jouissance de la concession ne donnera lieu ni à réduction de la redevance, ni à indemnité, ni à résiliation de l'abonnement, sans préjudice du recouvrement par la commune de la redevance arriérée.

L'eau ne sera rendue qu'après paiement de la redevance et remboursement des frais occasionnés par la fermeture et la réouverture des prises d'eau. Ces frais ne seront jamais inférieurs à DEUX francs.

La ville pourra user, pour tous les recouvrements à effectuer, de la voie d'exécution autorisée par les articles 153 et 154 de la loi du 5 avril 1884.

L'eau ne sera mise à la disposition des abonnés qu'après la conclusion de l'abonnement, le paiement de tous les frais de timbre, d'enregistrement, d'expédition et le solde des travaux qui auront pu être exécutés par la commune sur la voie publique, pour le compte de l'abonné.

ART. 14. — Tous les abonnements courront du premier jour du trimestre dans lequel ils auront été consentis.

Dispositions générales

ART. 15. — L'abonné reste exclusivement responsable, vis-à-vis des tiers, des accidents, dommages ou dégradations qui peuvent se produire à l'extérieur ou à l'intérieur, soit par suite de rupture de tuyau, soit par vice d'installation des appareils de distribution, soit par défaut d'entretien des tuyaux ou robinets de service, soit enfin pour toutes autres causes quelconques, que les travaux aient été exécutés ou non par la ville.

ART. 16. — L'abonné ne pourra réclamer aucune indemnité pour les interruptions momentanées du service, résultant soit des sécheresses et des réparations de conduites, aqueducs et réservoirs, soit des causes de force majeure ; mais il lui sera tenu compte, en déduction du prix de l'abonnement, de tout le temps d'interruption qui excéderait huit jours consécutifs et qui serait causé par les travaux de l'administration.

Art. 17. — Il est formellement interdit à tout abonné d'embrancher ou de laisser embrancher sur sa conduite, soit à l'intérieur, soit à l'extérieur, aucune prise d'eau au profit d'un tiers, sans autorisation expresse de l'administration.

Il lui est également interdit, sauf le cas d'incendie, de disposer ni gratuitement, ni à prix d'argent, ni à quelque prix que ce soit, en faveur d'un autre particulier, de la totalité ou d'une partie des eaux qui lui seront fourn...s.

Art. 18. — Les distributions d'eau pratiquées dans l'intérieur des propriétés particulières et dans les appartements seront soumises à l'inspection des agents de la ville, et les abonnés devront leur donner toutes les facilités nécessaires, sous peine de fermeture de la concession.

Les abonnés ne pourront s'opposer aux travaux d'entretien et de réparation des tuyaux, robinets, compteurs et autres appareils établis pour le service de leurs concessions, lorsque les travaux auront été reconnus nécessaires, par les agents de la ville et lorsque les concessionnaires négligeront de les faire exécuter. Les états ou mémoires de dépenses seront réglés par la ville et remboursés par l'abonné.

Les agents de la ville auront le droit d'établir, aux frais de l'administration et sur le branchement de chaque abonné, un compteur ou tout autre appareil qui leur permettra de constater au besoin la consommation.

Art. 19. — Il est interdit aux abonnés et à tous leurs ayants-droit de rémunérer, sous quelque prétexte et sous quelque dénomination que ce soit, aucun agent du service des eaux.

Art. 20. — Tout concessionnaire qui désirerait changer la nature de sa concession ou se substituer un autre abonné, devra en informer le Maire.

Si la demande est admise, il sera aussitôt établi un avenant au titre primitif de concession, mais l'effet de cet avenant ne courra qu'à partir du premier jour du trimestre qui suivra la demande.

Il sera procédé dans la même forme pour les demandes d'augmentation ou de réduction des abonnements au robinet libre. En ce qui concerne les demandes d'augmentation, l'effet de l'avenant courra du premier jour du trimestre pendant lequel l'augmentation se produira ; en ce qui concerne les demandes de réduction, l'effet de l'avenant ne courra que du premier jour du trimestre qui suivra la demande.

Art. 21. — Toute demande concernant le service des eaux peut être faite soit verbalement, soit par écrit. Dans ce dernier cas, elle doit être rédigée sur papier timbré.

Art. 22. — Les abonnements seront contractés avec les propriétaires et les usufruitiers des immeubles ou avec les locataires, mais dans ce dernier cas avec le consentement exprès et par écrit des propriétaires ou usufruitiers.

Art. 23. — Les concessions seront attachées aux immeubles au profit desquels elles auront été contractées et ne pourront être transportées d'une propriété dans une autre. La mutation de la propriété ou de la jouissance n'entraînera pas la résiliation. Le concessionnaire primitif restera responsable des obligations par lui contractées, à moins que le nouveau propriétaire ou usufruitier ne souscrive une substitution complète et que le Maire n'accepte cette substitution.

Art. 24. — Tout abonnement, hormis ceux accordés à titre temporaire, doit être contracté pour une année au moins ; il ne pourra avoir son terme dans le cours d'un exercice et sera toujours prolongé jusqu'au 31 décembre de l'année d son expiration, quelle que soit d'ailleurs la date à laquelle il aura pris cours.

L'abonnement sera ensuite continué d'année en année par tacite reconduction, à défaut par la ville ou l'abonné de faire cesser l'abonnement en se prévenant réciproquement et par écrit avant le 1er octobre de l'année à la fin de laquelle ils veulent rompre le contrat.

Art. 25. — Le concessionnaire paiera, pour la première année, les frais de timbre, d'enregistrement et d'expédition auxquels donnera lieu son contrat d'abonnement. Pour les années suivantes, ces frais, ainsi que ceux d'établissement de rôles, seront ajoutés à son décompte trimestriel. Ils seront calculés à raison de 2 0/0 sur le montant de la redevance en arrondissant à 20 francs les fractions au-dessous de cette somme.

Tous les frais auxquels donneront lieu les avenants d'augmentation, de réduction, les actes de substitution, de résiliation et tous autres, ne sont pas compris parmi ceux auxquels le droit de 2 0/0 est destiné à faire face. Ils seront supportés directement par le concessionnaire.

Art. 26. — Les contraventions au présent règlement seront constatées par le service de la voirie et des eaux, qui en dresseront procès-verbal.

Toutes les clauses du règlement étant librement consenties et librement acceptées seront exécutées selon leur forme et teneur et ne pourront être réputées comminatoires.

Art. 27. — Toutes les concessions faites dans le passé sont maintenues jusqu'à expiration, mais les nouveaux règlements et tarifs leur sont applicables à partir du 1er janvier prochain.

Toutes les concessions actuellement en cours expirent le 31 décembre 1896 ; elles seront en conséquence soumises à la tacite reconduction, si elles ne sont dénoncées par les titulaires ou par la commune avant le 1er octobre 1896. Afin que les concessionnaires n'en ignorent, notification leur sera faite de cette disposition dans les trois mois qui suivront l'approbation du présent règlement.

Art. 28. — Tous les arrêtés antérieurs sur le service des eaux sont abrogés.

Bône, le 31 juillet 1893.

Le Maire,

J. BERTAGNA.

Vu et approuvé :
Constantine, le 1er septembre 1893.

Pour le Préfet :

Le Conseiller délégué,

H. CHAUMOND.

Arrêté du 11 juillet 1894

Nous, Maire de la ville de Bône, chevalier de la Légion d'honneur,

Vu la loi du 5 avril 1884 ;

Vu l'arrêté municipal du 31 juillet 1893, portant règlement général sur le service des eaux;

Vu la délibération en date du 7 mai dernier, approuvée par M. le Préfet, le 2 juillet suivant, par laquelle le Conseil municipal a décidé qu'afin de prévenir les pertes considérables d'eau qui se sont produites depuis quelques mois par suite de fuites survenues dans les conduites particulières encastrées soit dans le sol, soit dans les murs, il y aurait lieu, à l'avenir, de faire placer toutes les conduites privées à découvert, comme cela se pratique pour le gaz, et d'obliger les propriétaires à les faire exécuter en tuyaux de plomb renforcés,

ARRÊTONS :

ARTICLE PREMIER. — L'art. 6 du règlement général sur le service des eaux est complété par l'adjonction entre les § 2 et 3 actuels, d'un nouveau paragraphe ainsi conçu :

« Les conduites et branchements intérieurs devront être placés à découvert et exécutés en tuyaux de plomb renforcés. »

ART. 2. — Ces dispositions seront applicables à partir de ce jour, à toutes les nouvelles installations exécutées chez les particuliers.

ART. 3. — Les anciennes installations devront également être mises à découvert et exécutées en tuyaux de plomb renforcés à la première réparation qui y deviendra nécessaire.

ART. 4. — Le chef du service des eaux est chargé d'assurer l'exécution du présent arrêté.

Bône, le 11 juillet 1894.

Pour le Maire, absent :
Le 1er Adjoint,

F. MARCHIS.

Section II. — **Prescriptions et interdictions diverses**

Arrêté du 28 juin 1879

Nous, Maire de la ville de Bône,

Vu les lois des 14 décembre 1789, art. 50; 16-24 août 1790, titre XI, art. 5, n° 1; 19-22 juillet 1791, titre I, art. 46; le Code pénal, art. 257 et 471, n° 15; l'art. 1384 du Code civil;

Vu l'art. 30 de l'ordonnance royale du 28 septembre 1847 :

Vu l'arrêté réglementaire sur les abonnements aux eaux de la ville de Bône, du 3 novembre 1875, dûment approuvé,

Arrêtons :

Article premier. — Il est défendu à toute personne de séjourner devant les bornes-fontaines, autrement que pour y puiser de l'eau, d'y faire des lavages quelconques et des ablutions. Les porteurs d'eau devront, à toute réquisition, céder la place aux personnes de la ville qui viendront s'approvisionner aux bornes-fontaines.

Art. 2. — Défense est faite à qui que ce soit de puiser de l'eau aux bornes-fontaines de la ville et des faubourgs, autrement que pour les besoins ménagers, d'y remplir des gargoulettes avec filtre et des tonneaux ou vases d'une capacité supérieure à dix litres.

Art. 3. — Les industriels usant de grandes quantités d'eau : limonadiers, fabricants de liqueurs, débitants de boissons, commerçants en vins, restaurateurs, boulangers, blanchisseuses lavant à domicile, loueurs de voitures, entrepreneurs de transports ou autres qui, n'ayant point d'abonnement au compteur, préfèrent s'alimenter aux bornes-fontaines, ne le pourront qu'avec l'autorisation de la municipalité et en se conformant aux dispositions de l'art. 21, § 5, de l'arrêté réglementaire du 3 novembre 1875.

Art. 4. — Les auges des abreuvoirs étant spécialement destinés à l'alimentation des animaux, il ne peut y être puisé de l'eau sous n'importe quel prétexte et par qui que ce soit; les lavages ou ablutions dans les auges sont également interdits.

Art. 5. — Il est expressément défendu de conduire aux abreuvoirs situés à l'intérieur ou à l'extérieur de la ville, des animaux attelés et plus de dix bêtes à cornes à la fois; l'accès des abreuvoirs est interdit aux bêtes malades ou soupçonnées atteintes de morve ou de farcin.

Art. 6. — Toute infraction aux dispositions qui précèdent sera constatée par procès-verbal et poursuivie conformément à la loi.

Les arrêtés précédents pris sur le même objet sont abrogés en ce qu'ils pourraient avoir de contraire au présent arrêté.

Art. 7. — L'agent voyer communal, les agents de ce service, le commissaire de police et les agents placés sous ses ordres et les gardes-champêtres de la commune sont chargés, chacun en ce qui le concerne, de l'exécution du présent arrêté.

Bône, le 28 juin 1879.

Le Maire,
P. DUBOURG.

Vu et approuvé :
Le Sous-Préfet,
DUNAIGRE.

TITRE III

Boulangerie et boucherie

CHAPITRE PREMIER

BOULANGERIE

Arrêté du 27 octobre 1874

Nous, Maire de la ville de Bône,

Vu l'arrêté de M. le gouverneur général, en date du 14-16 juillet 1863 ; ensemble les instructions du même jour qui accompagnent ledit arrêté, relatif à l'exercice de la boulangerie en Algérie ;

Considérant qu'un grand nombre de plaintes nous ont été formulées par la population sur le poids et la qualité du pain mis en vente dans les boulangeries de Bône ;

Vu l'article 471, § 15, du Code pénal,

ARRÊTONS :

ARTICLE PREMIER. — Les boulangers et débitants de pain de la commune de Bône seront tenus d'afficher ostensiblement, dans leurs boutiques, le prix qu'il leur conviendra de fixer pour la vente du kilogramme de pain de chaque qualité.

La déclaration de ces fixations devra être faite dans les quarante-huit heures qui suivront la mise à exécution du présent arrêté, c'est-à-dire sa publication et son affichage, au commissaire, chef du service de la police de Bône.

Cette déclaration devra être renouvelée tous les quinze jours, et, le cas échéant, à chaque changement de tarif.

Il sera délivré récépissé de ces déclarations, qui seront également publiées dans les journaux de la localité.

Art. 2. — Le pain, dont le prix sera réglé au poids, devra être pesé en présence de l'acheteur.

A cet effet, les boulangers et débitants de pain devront toujours avoir sur leurs comptoirs les balances et poids nécessaires.

Art. 3. — Les pains dits *de luxe*, c'est-à-dire ceux qui subissent une cuisson spéciale et ne dépassent pas le poids de cinq cents grammes (poids déterminé par la jurisprudence de la cour de cassation), continueront à être vendus sans obligation de pesage et à prix débattu amiablement entre le vendeur et l'acheteur.

Art. 4. — Tous arrêtés précédents, sur l'exercice de la boulangerie, sont abrogés.

Art. 5. — Les contraventions au présent arrêté seront poursuivies par les soins de M. le commissaire, chef du service de la police, à Bône, sans préjudice des peines exceptionnelles qui pourront être encourues par les délinquants.

Bône, le 27 octobre 1874.

Le Maire,
P. DUBOURG.

Vu et approuvé :
Le Sous-Préfet,
BERNELLE.

CHAPITRE II

BOUCHERIE

Arrêté du 14 août 1868

Nous, Maire de la ville de Bône, chevalier de la Légion d'honneur,

Vu l'art. 52 de l'ordonnance du 25 mai 1844 et l'art. 16 du

décret impérial du 29 août 1862, portant que nul ne peut exercer les fonctions de *schohet*, ou sacrificateur chargé d'abattre la viande dite *kascher* nécessaire à la consommation de la nation israëlite, s'il n'a obtenu une autorisation spéciale du consistoire de la circonscription ;

Considérant que, nonobstant ces prescriptions formelles, des bouchers israëlites non autorisés se sont immiscés dans les fonctions de *schohet*, qu'il importe de mettre un terme à cet abus qui porte atteinte aux règlements établis et aux principes fondamentaux du culte israëlite ;

Vu les instructions de M. le Préfet, en date du 10 de ce mois ;

Vu l'art. 30 de l'ordonnance du 28 septembre 1847 ;

Vu l'art. 471, n· 15, du Code pénal,

ARRÊTONS :

Nul individu ne pourra exercer, dans toute l'étendue de la commune de Bône, les fonctions de *schohet*, s'il n'est porteur d'une autorisation régulière, délivrée par le Consistoire provincial israëlite et visée par nous.

Cette défense n'interdit en aucune façon aux Israëlites le droit d'exercer la profession de boucher ni d'abattre les animaux destinés à être vendus aux autres consommateurs, sans distinction de religion.

Toute contravention aux dispositions qui précèdent sera poursuivie conformément à la loi.

La police, la gendarmerie et les gardes-champêtres sont chargés de l'exécution du présent arrêté.

Fait à Bône, le 14 août 1868.

Le Maire,
LACOMBE.

TITRE IV

Administration des populations musulmanes

CHAPITRE PREMIER

RÈGLEMENT SUR LES DELLALS

Arrêté du 20 mai 1874

Nous, Maire de la ville de Bône,

Vu l'arrêté ministériel en date du 5 mars-28 avril 1855, portant règlement sur la profession de dellal en Algérie, et notamment les art. 9 et 10;

Vu l'arrêté, en date du 26 mars 1874, par lequel M. le Préfet de Constantine a reconstitué à Bône la corporation des dellals, qui avait cessé d'exister,

ARRÊTONS :

ARTICLE PREMIER. — L'adjudication définitive des objets mis en vente sera prononcée dans un local situé à Bône, place Bugeaud.

ART. 2. — Cette opération pourra avoir lieu tous les jours, de huit heures du matin à midi, et le jeudi, jour de marché, pendant toute la durée de ce marché.

ART. 3. — M. l'adjoint indigène et M. le commissaire de police sont chargés d'assurer l'exécution du présent arrêté.

Bône, le 20 mai 1874.

Le Maire,
P. DUBOURG.

CHAPITRE II

INSTITUTION DES OUAKAFS

Arrêté du 19 octobre 1889

Nous, Maire de la ville de Bône, chevalier de la Légion d'honneur,

Vu la loi du 5 avril 1884, art. 97, qui donne au Maire les pouvoirs nécessaires pour assurer le bon ordre, la sûreté et la salubrité publiques ;

Considérant que les indigènes du territoire de la commune de Bône sont répandus sur une assez vaste surface ; qu'ils ne forment pas d'agglomération proprement dite ; que, dans ces conditions, le service de surveillance et de transmission des ordres ne se fait que difficilement et laisse forcément à désirer ;

Considérant que la création de plusieurs emplois de ouakaf, chargé d'assurer la transmission des ordres et de signaler à l'administration tous les faits saillants, serait un remède efficace à cet état de choses ; qu'en tous les cas, le titre de ouakaf donnerait à l'indigène, qui en serait investi, une autorité tout au moins morale sur ses coreligionnaires ;

Attendu qu'il convient d'appliquer, dès maintenant, cette mesure dans la tribu des Karézas où un service de gardes routes vient d'être organisé pour assurer la surveillance de la route de Bône à Philippeville ;

Sur la proposition de l'adjoint indigène de la commune de Bône,

ARRÊTONS :

ARTICLE PREMIER. — Il est institué cinq postes de ouakaf dans la tribu des Karézas, commune de Bône.

ART. 2. — Sont nommés ouakafs : ....

ART. 3. — Il n'est pas institué de ouakaf pour les indigènes habitant aux environs de l'Allélik ; le garde-champêtre indigène leur transmettra directement les ordres de l'autorité.

ART. 4. — Les fonctions de ouakaf sont purement honorifiques ; leurs attributions consistent à servir d'intermédiaires entre l'administration et les indigènes de leur fraction ; ils transmettent les ordres, en surveillent l'exécution et rendent compte à l'administration de tous les faits saillants. Nommés par le Maire, sur la proposition de l'adjoint indigène, ils sont révoqués dans les mêmes formes dès que l'administration n'est plus satisfaite de leurs services.

Art. 5. — L'adjoint indigène de la commune de Bône et les gardes-champêtres sont chargés de l'exécution du présent arrêté qui sera soumis à l'approbation de M. le Préfet.

Bône, le 19 octobre 1889.

Le Maire,

J. BERTAGNA.

Vu :

Le Sous-Préfet,

GÉLINET.

Par délibération du Conseil municipal, en date du 6 avril 1893, approuvée par M. le Préfet, le chiffre des ouakafs a été fixé à quatre entre lesquels ont été réparties toutes les populations indigènes de la commune. Aux attributions énumérées dans l'art. 4 de l'arrêté qui précède ont été ajoutées les suivantes : faciliter, à titre officieux, la tâche des agents du Trésor et de la commune chargés de l'assiette et du recouvrement des impôts ; veiller tout spécialement à ce que les déclarations de naissance et de décès, de mariage et de divorce, soient faites exactement par leurs coreligionnaires à l'officier de l'état civil.

Par circulaire, en date du 8 mai 1893, M. le Gouverneur général a décidé que les ouakafs ou chefs de fraction devront toujours être choisis parmi les habitants de la tribu ou du douar dans lequel ils seront appelés à exercer leur mission. Ils seront nommés par le Sous-Préfet et révoqués par le Préfet sur la proposition de l'administrateur ou du Maire et l'avis du Sous-Préfet. Ils n'auront aucun signe de commandement (plaque, burnous, cachet, etc.). mais une simple lettre de service manuscrite portant le cachet de la sous-préfecture et signée par le Sous-Préfet.

Leur rétribution consistera dans l'exemption des soins de garde, de corvées, de travail personnel et manuel pour les prestations, et, dans des cas particuliers, à titre de récompenses, dans l'allocation de gratifications lorsque la situation financière de la commune le permettra.

(Recueil des actes de la Préfecture, année 1893, page 197).

TITRE V

AFFICHAGE

Interdiction d'afficher sur les immeubles communaux

Arrêté du 19 avril 1886

Nous, Maire de la ville de Bône, chevalier de la Légion d'honneur,

Vu la loi du 5 avril 1884 ;

Vu la loi du 29 juillet 1881,

ARRÊTONS :

ARTICLE PREMIER. — Il est défendu de placarder des affiches particulières sur tous les immeubles communaux, ainsi que sur les piliers des galeries du cours National, de la place d'Armes et de la rue Saint-Augustin. Ces emplacements sont réservés pour l'affichage des actes émanant des autorités judiciaires ou administratives.

ART. 2. — Toute contravention aux dispositions qui précèdent sera punie des peines portées à l'art. 2 de la loi du 29 juillet 1881.

ART. 3. — M. le commissaire de police et les agents sous ses ordres sont chargés de l'exécution du présent arrêté.

Bône, le 19 avril 1886.

Le Maire,

P. DUBOURG.

TITRE VI

Comptabilité communale

CHAPITRE PREMIER

FRAIS RELATIFS AUX ADJUDICATIONS

Arrêté du 3 mars 1881

Nous, Maire de la ville de Bône, chevalier de la Légion d'honneur,

Vu la loi du 7 messidor, an II ;

Vu le cahier des clauses et conditions générales du 16 novembre 1866 ;

Vu l'ordonnance du 28 septembre 1847 ;

Attendu qu'il est d'un intérêt d'ordre administratif de régler et de déterminer les frais à la charge des adjudicataires ; qu'il importe, au point de vue de la régularité, que ces opérations comptables soient dûment constatées et établies,

ARRÊTONS :

ARTICLE PREMIER. — A partir du 1er mars prochain, tous les frais relatifs aux adjudications, tels que : ceux de timbre, d'affichage, d'expédition du devis, du bordereau des prix, du détail estimatif, du procès-verbal d'adjudication, des plans et les droits d'enregistrement seront réglés sur un état arrêté par nous.

ART. 2. — Le receveur municipal fera recette et dépense du montant de ces frais au titre des services hors budget.

ART. 3. — Le receveur municipal, le secrétaire de la mairie sont chargés, chacun en ce qui le concerne, de l'exécution du présent arrêté.

Fait à Bône, le 3 mars 1881.

Le Maire,

P. DUBOURG.

CHAPITRE II

RÈGLEMENT DES MÉMOIRES
DES ENTREPRENEURS

Arrêté du 25 septembre 1884

Nous, Maire de la ville de Bône, chevalier de la Légion d'honneur,

Vu la loi du 5 avril 1884 ;

Considérant qu'il est arrivé quelquefois que des travaux d'entretien et de grosses réparations ont été exécutés sans qu'au préalable il ait été établi un devis estimatif permettant de juger approximativement l'importance de la dépense ;

Considérant que cette manière de faire est contraire aux règlements de la comptabilité publique ; que, d'un autre côté, les entrepreneurs souffrent assez souvent de longs retards dans le règlement de leurs mémoires par suite du non accomplissement de cette formalité ;

Attendu qu'il y a lieu de réglementer à nouveau cette branche de l'administration communale,

ARRÊTONS :

ARTICLE PREMIER. — A partir du 1er octobre prochain, aucun ouvrier ou entrepreneur ne devra exécuter de travaux quels qu'ils soient s'il n'est porteur d'un ordre par écrit délivré par l'ingénieur chargé des travaux communaux ou par l'architecte communal et visé par le Maire.

ART. — 2. — Toutes les fois qu'il s'agit d'exécuter des réparations un peu importantes, le service compétent remettra au Maire un devis de la dépense. L'exécution de ces réparations, si elles sont jugées nécessaires, aura lieu conformément au devis au bas duquel se trouvera l'autorisation du Maire.

Lorsque la dépense excèdera 300 francs l'entrepreneur devra s'engager, par écrit, au bas du devis, à exécuter les travaux et son engagement sera visé par le Maire, si ce magistrat est autorisé à les faire exécuter par économie. Dans le cas contraire, le devis et l'engagement seront soumis à l'approbation du Conseil municipal et du Préfet.

Art. 3. — Sauf le cas d'urgence, aucun travail ne pourra être exécuté si le crédit nécessaire pour le solder n'est régulièrement ouvert.

Art. 4. — Tous travaux qui auraient été exécutés en sus de ceux indiqués dans le devis, et sans une autorisation supplémentaire et par écrit, ne seront point payés par l'administration.

Art. 5. — L'entrepreneur, qui aura exécuté un travail, devra remettre, dans la quinzaine au plus tard, son mémoire au secrétariat de la mairie. Ce mémoire sera envoyé de suite au service compétent pour être réglé.

Dans la quinzaine de ce renvoi, le service compétent devra reconnaître si les travaux ont été exécutés convenablement et régler l'état ou le mémoire.

Art. 6. — Il sera tenu au secrétariat de la mairie un registre sur lequel seront inscrits au fur et à mesure de leur remise tous les mémoires des entrepreneurs, avec la date de leur réception, celle du renvoi au service compétent, celle du retour et de l'envoi au bureau de la comptabilité chargé de l'ordonnancement.

Art. 7. — Il ne sera reçu aucun mémoire ou état pour travaux exécutés dans plusieurs propriétés communales ou dans plusieurs services. Chaque mémoire ne doit contenir que les travaux faits dans un seul et même service ou dans une seule et même propriété. Il doit toujours correspondre à un sous-détail du budget.

Art. 8. — MM. l'ingénieur chargé du service des travaux communaux, l'architecte communal, le secrétaire de la mairie, le receveur municipal, le chef de la comptabilité et tous les chefs des divers services communaux sont chargés, chacun en ce qui le concerne, de l'exécution du présent arrêté.

Bône, le 25 septembre 1884.

Le Maire,

P. DUBOURG.

Vu et approuvé :

Pour le Sous-Préfet, empêché :

Le Secrétaire de la Sous-Préfecture,

ADRIEN MONCAUP.

CHAPITRE III

PÉPINIÈRE COMMUNALE

Arrêté du 12 juin 1888

Nous, Maire de la ville de Bône,

Vu la loi du 5 avril 1884 ;

Vu la délibération du Conseil municipal, en date du 5 du courant, arrêtant le mode de paiement, par les particuliers, des produits par eux achetés à la pépinière, et dont le montant ne dépasse pas dix francs,

Arrêtons :

Article premier. — Le directeur de la pépinière est autorisé à délivrer directement et sur la demande verbale des particuliers : les arbres, arbustes, plantes, fleurs, bouquets, etc., dont le montant ne dépassera pas dix francs.

Art. 2. — A cet effet, il lui sera remis des carnets à souche divisés comme suit :

Quittances de 0,25, sur papier couleur (bulle) ;

Quittances de 0,50, sur papier couleur (verte) ;

Quittances de 1 fr. sur papier couleur (rouge).

En détachant les volants, il aura soin d'inscrire sur la souche les noms des personnes auxquelles il les aura délivrés.

Art. 3. — Tous les mois ou chaque fois que le receveur municipal le jugera convenable, il effectuera entre les mains de cet agent comptable le versement des sommes perçues, en l'appuyant d'un état nominatif des acheteurs et d'un état indicatif des produits vendus.

Art. 4. — Le receveur municipal, le chef de service de la pépinière et le directeur de cet établissement sont chargés, chacun en ce qui le concerne, de l'exécution du présent arrêté.

Bône, le 12 juin 1888.

Le Maire,

J. BERTAGNA.

CHAPITRE IV

POLICE MUNICIPALE
CAISSE DES SERVICES PAYÉS

Arrêté du 8 février 1889

Nous, Maire de la ville de Bône, chevalier de la Légion d'honneur,

Vu la loi du 5 avril 1884 ;

Considérant qu'il y a lieu de réglementer le fonctionnement de la caisse dite « des services payés, » alimentée par les rétributions allouées au personnel de la police municipale, par les particuliers ou par l'administration pour bals, représentations théâtrales, concerts, arrestations, etc., caisse qui jusqu'à ce jour a été partagée mensuellement et par parts égales entre tous les agents du service de la police ;

Attendu qu'il convient de considérer cette répartition comme une sorte de gratification allouée aux anciens serviteurs ou aux agents ayant déjà un certain temps de service et qui ont fait preuve de zèle et de bonne volonté dans l'exercice de leurs fonctions ;

Sur les propositions de M. le commissaire de police, chef de service,

ARRÈTONS :

ARTICLE PREMIER. — Il est institué, au profit du personnel de la police municipale, une caisse dite « des services payés, » alimentée par les rétributions allouées aux agents, pour les bals, représentations théâtrales, concerts et pour les arrestations en vertu de contraintes, ou autres arrestations, lorsque l'agent qui les a opérées n'a pas le mérite de la découverte.

ART. 2. — Le receveur municipal est chargé de la tenue de cette caisse. Il fait recette des rétributions au titre des services hors budget.

ART. 3. — Le montant de la caisse, dite « des services payés, » est partagé aux agents, à la fin de chaque semestre, le 30 juin et le 31 décembre.

Art. 4. — Pour être compris dans la répartition, il faut compter six mois de présence dans le service de la police, à Bône. L'agent qui entre en fonctions dans le courant d'un semestre n'a droit qu'au partage du semestre suivant.

Art. 5. — Tout agent qui quitte volontairement le service dans le courant d'un semestre n'a droit à aucune part dans la répartition. Il peut simplement, si le Maire le juge convenable, recevoir une indemnité qui est prélevée sur le montant de la caisse ainsi qu'il va être spécifié à l'art. 12.

Art. 6. — La caisse ne fait pas partie intégrale du traitement ; elle sert à récompenser et à encourager les bons agents ; des retenues sur leur part de caisse peuvent, par conséquent, être infligées à ceux qui font preuve de négligence ou de mauvaise volonté, de même qu'à ceux qui, à la suite d'une faute grave, ont été l'objet d'une mesure disciplinaire.

Art. 7. — Les retenues de caisse sont infligées par le commissaire chef de service, spécialement délégué à cet effet par le Maire. Elles constituent un fonds de réserve dont l'emploi est indiqué à l'art. 12 ci-après.

Art. 8. — Tout agent révoqué ou mis en demeure de démissionner ne peut recevoir ni part de caisse ni indemnité à prélever sur le montant de ladite caisse.

Art. 9. — Tout agent qui se fait porter malade plusieurs fois dans le courant d'un semestre peut être privé de tout ou partie de sa part de caisse, si le montant réuni des journées de repos dépasse une semaine.

L'importance de la retenue à exercer dans ce cas est fixée par le Maire, sur la proposition du commissaire de police. Cette retenue est versée au fonds de réserve. Les mêmes retenues peuvent être faites aux agents permissionnaires.

Art. 10. — Les commissaires de police et le garçon de bureau ne participent pas au partage de la caisse.

Art. 11. — Il est institué un fonds de réserve qui se compose :

1º Des retenues de caisse infligées par mesure disciplinaire en vertu de l'art. 6 ;

2º Des privations de part de caisse pour cause d'absence ou de maladie, opérées en vertu de l'art. 9.

Art. 12. — Ce fonds de réserve est destiné :

1° A allouer des indemnités aux agents qui quittent volontairement le service dans le courant d'un semestre et qui n'ont été l'objet d'aucun blâme ou d'aucun reproche depuis la dernière répartition ;

2° A augmenter la part des agents qui se sont distingués par des services exceptionnels ;

3° A encourager les agents qui, quoique n'ayant pas six mois de services, ont fait preuve de zèle et de dévouement ;

4° A récompenser tous services exceptionnels rendus soit par les commissaires de police, soit par le garçon de bureau, bien que ces derniers ne participent pas au partage de la caisse.

ART. 13. — Le receveur municipal fait dépense des sommes ainsi allouées ou réparties au titre des services hors budget.

ART. 14. — Le receveur municipal et le commissaire de police sont chargés, chacun en ce qui le concerne, de l'exécution du présent arrêté, dont l'effet remontera au 1er janvier 1889.

Bône, le 8 février 1889.

Le Maire,

J. BERTAGNA.

CHAPITRE V

RÈGLES A SUIVRE EN DIVERS CAS

Arrêté du 25 septembre 1891

Nous, Maire de la ville de Bône, chevalier de la Légion d'honneur,

Vu la loi du 5 avril 1884 ;

Considérant que certaines pièces de dépenses sont, d'après les errements suivis jusqu'à ce jour, certifiées et ordonnancées ensuite par nous, ce qui a pour conséquence de conférer au Maire ordonnateur des attributions diverses peu compatibles avec les règles de la comptabilité communale ;

Considérant que ce mode de procéder, quoique consacré par l'usage, tend à placer le chef de l'administration municipale sous le coup d'une double responsabilité qui, rationnellement, ne peut lui incomber ;

Voulant mettre un terme à une anomalie que, dans l'intérêt d'une bonne gestion financière, il importe de faire disparaître le plus tôt possible,

ARRÊTONS :

ARTICLE PREMIER. — Toutes les pièces de dépenses communales, jusqu'à ce jour certifiées par nous, seront à l'avenir certifiées par les chefs des différents services qu'elles concernent, conformément au tableau ci-joint.

ART. 2. — Les mandats de paiement sur états collectifs pour traitements, salaires, gratifications, etc., d'employés municipaux, précédemment émis en notre nom, seront à partir de ce jour ordonnancés au nom du chef du bureau de la comptabilité déjà chargé des fonctions de régisseur comptable.

ART. 3. — Le receveur municipal, le chef du bureau de la comptabilité communale et les divers chefs de services intéressés sont chargés, chacun en ce qui le concerne, de l'exécution du présent arrêté.

Fait à l'hôtel de ville, le 25 septembre 1891.

Le Maire,
J. BERTAGNA.

TABLEAU des chefs de service chargés de la certification des pièces de dépenses et de l'acquit des mandats de paiement.

ARTICLES du BUDGET	DÉSIGNATION DES CHEFS DE SERVICE chargés de la certification des pièces de dépenses	DÉSIGNATION des personnes au nom desquelles doivent être émis les mandats
§ 1er. — Personnel		
ART. 52. — Bureaux de la mairie. ART. 53. — Frais de tenue du Conseil municipal.	Le secrétaire de la mairie.	Le chef du bureau de la comptabilité communale.
ART. 69. — Traitement des gardes-champêtres.	Le commissaire de police, chef de service.	id.
ART. 85. — Traitement des gardiens de cimetières. ART. 128. — Personnel du théâtre municipal.	L'architecte chargé du service des bâtiments communaux.	id.
ART. 78. — Compagnie des sapeurs-pompiers.	Le capitaine commandant la compagnie.	Le capitaine commandant la compagnie.
ART. 96. — Collège communal (suppléments de traitements alloués par le département).	Le principal du collège.	Le principal du collège.
Autres dépenses budgétaires.	Le secrétaire de la mairie.	Le chef du bureau de la comptabilité communale.
§ 2. — Matériel, fournitures et frais divers		
ART. 52. — Achat et entretien du matériel de la mairie.	L'architecte chargé du service des bâtiments communaux.	Les créanciers de la commune.
ART. 52. — Autres dépenses, fournitures diverses.	Le secrétaire de la mairie.	
ART. 53. — Frais de tenue du Conseil municipal (frais d'impressions).	id.	

ARTICLES du BUDGET	DÉSIGNATION DES CHEFS DE SERVICE chargés de la certification des pièces de dépenses	DÉSIGNATION des personnes au nom desquelles doivent être émis les mandats
§ 2. — Matériel, fournitures et frais divers *(suite)*		
ART. 54. — Fournitures de bureaux et d'impressions.	Le secrétaire de la mairie.	
ART. 55. — Abonnements à diverses publications.	id.	
ART. 56. — Frais de registres de l'état civil.	id.	
ART. 57. — Frais de timbre et d'enregistrement.	id.	
ART. 76. — Frais d'inhumation des indigents.	id.	
ART. 80. — Chemins vicinaux (frais de timbre).	L'agent voyer cantonnal.	Les créanciers de la commune.
ART. 92. — Frais d'accouchement (secours en nature).	Le secrétaire de la mairie.	
ART. 98. — Cours secondaires (frais de timbre).	La directrice des cours secondaires.	
ART. 100. — Instruction primaire (frais de timbre et d'impressions).	Le secrétaire de la mairie.	
ART. 110. — Dépenses imprévues (dépenses spéciales en dehors des attributions des autres chefs de service).	id.	
Autres dépenses budgétaires.	id.	

Vu pour être annexé à notre arrêté en date de ce jour.

Bône, le 25 septembre 1891.   *Le Maire,*

J. BERTAGNA.

CHAPITRE VI

ETUDES SURVEILLÉES
DANS LES ÉCOLES PRIMAIRES

Arrêté du 30 avril 1893

Nous, Maire de la ville de Bône, chevalier de la Légion d'honneur,

Vu la loi du 5 avril 1884 ;

Vu la délibération en date du 9 avril 1885, par laquelle le conseil municipal de la ville de Bône a institué des études surveillées dans les écoles primaires de la ville ;

Vu la lettre de M. le Préfet en date du 27 janvier suivant, chargeant la caisse des écoles :

1· De percevoir les cotisations versées par les parents ou par les personnes qui apprécient les bienfaits de la surveillance ; ·

2· D'indemniser les instituteurs chargés de ce service;

Sur les propositions de M. l'inspecteur primaire,

ARRÊTONS :

ARTICLE PREMIER. — Il sera institué des études surveillées dans les écoles de garçons et de filles de la ville de Bône. Ces études fonctionneront conformément aux règles suivantes :

ART. 2. — Tous les élèves qui y seront admis verseront à la caisse des écoles une rétribution qui est fixée à deux francs par mois.

ART. 3. — La perception de la rétribution sera faite par les soins d'un encaisseur désigné par nous et qui recevra pour ses peines dix pour cent des encaissements qu'il effectuera.

Cette rétribution ne devra en aucun cas être perçue par les soins des fonctionnaires de l'école.

ART. 4. — La surveillance sera faite par autant de maîtres ou de maîtresses qu'il y aura de groupes comprenant quarante élèves. Toute fraction dépassant vingt élèves comptera pour un groupe.

Art. 5. — Chaque maître ou maîtresse pourra, s'il le désire, prendre part à la surveillance de cette étude. Dans ce cas, tous y consacreront le même temps et recevront la même indemnité. Un roulement sera établi.

Art. 6. — Le tableau de roulement du service de l'étude, contresigné par chaque maître ou maîtresse, sera soumis à l'approbation de l'inspecteur primaire et affiché dans le cabinet du directeur ou de la directrice.

Art. 7. — L'étude se fera tous les jours de classe ; la durée en sera d'une heure au moins, d'une heure et demie au plus.

Art. 8. — En vue de venir en aide aux familles peu aisées, dix pour cent environ des places de l'étude seront accordées gratuitement par la commune. La liste des boursiers ou boursières sera arrêtée par une commission nommée par le Maire et après examen seulement de la situation de fortune des parents.

Art. 9. — Le directeur ou la directrice de l'école fournira, tous les mois, du 15 au 20, la liste des élèves surveillés avec le nom et l'adresse des parents ou tuteurs.

Art. 10. — Les indemnités seront calculées à raison de quarante francs par mois et par groupe d'élèves. Elles seront payées par la caisse des écoles et mandatées sur le vu d'un état collectif, émargé par chacun des intéressés.

Dans le cas où les recettes provenant des études surveillées seraient insuffisantes pour rétribuer les maîtres ou maîtresses à raison de quarante francs par mois, ce dernier chiffre pourra être réduit dans la proportion nécessaire pour équilibrer les recettes et les dépenses.

Art. 11. — Le directeur ou la directrice de l'école, bien que n'étant chargé spécialement d'aucun groupe, touchera, pour ses soins personnels, la surveillance générale et les travaux d'écriture, une indemnité fixée ainsi qu'il suit :

20 fr. pour deux groupes ;

40 fr. pour trois groupes et au-dessus.

Pour un seul groupe, il ne sera alloué aucune indemnité de ce genre. Le directeur ou la directrice ne pourra, en aucun cas, recevoir une indemnité supérieure à celle qui est attribuée pour la surveillance d'un groupe.

ART. 12. — Le présent règlement sera mis à exécution à partir du 1er mai 1893.

Bône, le 30 avril 1893.

Le Maire,
J. BERTAGNA.

Vu le règlement des études surveillées, approuvé par M. le Ministre à la date du 1er avril 1893.

L'art. 3 du présent règlement est rapporté.

Les directeurs des écoles sont chargés de recouvrer, sans frais, les cotisations, et d'en répartir le montant d'après un état approuvé par M. l'inspecteur primaire.

Cette disposition sera mise en vigueur à partir du 1er janvier 1894.

Bône, le 25 décembre 1893.

Le Maire,
J. BERTAGNA.

TITRE VII

Arrêtés préfectoraux portant règlement
sur diverses matières

———

CHAPITRE PREMIER

PORT DE BONE

———

SECTION I. — **Police intérieure. — Règlement spécial**

———

Arrêté préfectoral du 4 janvier 1883

———

TITRE I. — **Mouvements et stationnements des navires**

———

ARTICLE PREMIER. — Le port de Bône se compose actuellement :

1· D'un avant-port avec mouillage de six à huit mètres de profondeur, sous la jetée Babayaud;

2· D'une darse bordée par deux quais, nord et ouest, et par une jetée sud.

ART. 2. — Les capitaines ou patrons auront le droit, à leur arrivée, sauf le cas de patente brute, d'entrer directement dans la darse, sous l'obligation de satisfaire à l'accomplissement des formalités sanitaires.

Tout mouvement dans le port doit être autorisé par le service du port.

Tout navire en mouvement devra porter son pavillon au mât de misaine.

A leur arrivée, les capitaines sont tenus de faire leur déclaration d'entrée au bureau du port et de demander leur place aux quais.

A leur départ, les capitaines sont tenus de faire leur déclaration de sortie au bureau du port et recevoir un billet de sortie qu'ils doivent remettre au pilote qui les sortira.

Le temps le permettant, ils devront quitter le mouillage de la darse vingt-quatre heures après avoir reçu leurs expéditions de douane.

Art. 3. — La darse est réservée aux navires soit du commerce, soit de l'État, pour le chargement et le déchargement.

Art. 4. — *(Voir à la suite l'arrêté préfectoral du 4 septembre 1894).*

Art. 5. — Le quai ouest est spécialement affecté au stationnement des navires à voiles.

Art. 6. — Les navires en darse auront leur bout dehors du beaupré rentré ; ceux qui seront placés à quai seront solidement amarrés sur les canons placés à cet effet, de manière à pouvoir soutenir l'effort d'un navire évoluant en darse.

Le mode d'accostage sera désigné par le capitaine du port d'après l'encombrement du quai et la nature du chargement.

Pour tous les navires, l'ordre d'accostage à quai sera celui de leur inscription au registre d'entrée.

Art. 7. — Les capitaines ou patrons de navires, qui attendront leur place à quai et qui se relèveront après y avoir séjourné le temps réglementaire, devront amarrer leurs bâtiments : l'avant au large, sur une ancre mouillée avec une touée d'au moins quarante mètres ; ils auront deux amarres de l'arrière fixée sur les canons ou sur les organeaux. Tous les navires, ainsi amarrés, auront entre eux une traversière de l'avant qui sera fournie par le dernier suivant.

Tous les bâtiments amarrés dans la darse, soit en pointe, soit le long du quai, devront au besoin recevoir une aussière de tout autre navire qui aurait à se touer ou à se mettre en appareillage ; seront poursuivis et responsables des avaries les capitaines qui couperaient ou largueraient des aussières avant la fin du mouvement du navire qui aura demandé à les placer.

Il est expressément défendu de placer des amarres engageant les escaliers pratiqués sur les quais et d'y amarrer des embarcations qui puissent en gêner le libre abordage.

Art. 8. — Les chaloupes, chalands et autres bâtiments désarmés devront être amarrés dans l'avant-port, aux points qui seront désignés par le capitaine du port, dans la darse, le long de la traverse Cigogne et le long de la jetée sud. Les chaloupes servant au transport des personnes pourront être mouillées près des escaliers des quais, à la condition de n'en pas gêner l'accès.

ART. 9. — L'entrée de la darse de Bône et l'accostage aux quais sont formellement interdits aux bateaux corailleurs de toutes les nationalités, sauf dans les cas de force majeure qui restent à l'appréciation du capitaine du port de commerce.

ART. 10. — Les bateaux corailleurs devront mouiller le long du chemin de l'avant-port entre l'ancienne aiguade et l'enracinement de la jetée Babayaud. Ils se conformeront, pour le mouillage, aux instructions qui seront données par le capitaine du port.

ART. 11. — Les conditions dans lesquelles les mouillages des navires devront se faire dans l'avant-port sont les suivantes :

Le mouilage d'été, du 15 avril au 15 octobre, se fera dans le nord du chenal sur n'importe quel point, avec une ancre et une touée d'au moins quarante mètres de chaîne.

Le mouillage d'hiver, du 15 octobre au 15 avril, devra se faire dans le nord de l'alignement du poste de la douane au Cazarin et du musoir de la jetée Babayaud, avec deux ancres affourchées pour les vents du large sur une touée de quarante mètres de chaîne sur chaque ancre.

Titre II. — **Chargements et déchargements**

ART. 12. — Le temps accordé pour le chargement et le déchargement des navires à voiles est fixé comme il suit :

Au-dessous de deux cents tonnes de chargement effectif déclaré sur manifeste ou connaissement, il sera accordé un jour ouvrable pour chaque vingt-cinq tonnes; au besoin il pourra être accordé, par permission expresse du capitaine du port, cinq jours pour tous les petits chargements, jusqu'à cent tonnes.

En cas d'encombrement, le délai d'un jour pour vingt-cinq tonnes pourra être réduit jusqu'à moitié pour les déchargements faciles.

De deux cents à cinq cents tonnes, on ajoutera deux jours pour chaque cent tonnes.

Au-dessus de cinq cents tonnes, il sera accordé quinze jours au maximum.

Ces délais commenceront à courir vingt-quatre heures après l'accostage à quai, d'où le navire se relèvera aussitôt, si les opérations se terminent avant le temps réglementaire.

ART. 13. — Le temps accordé aux bateaux à vapeur accostés au quai nord pour leur chargement ou déchargement est fixé comme il suit :

Les bateaux à vapeur accostés bord à quai devront fournir un travail par vingt-quatre heures de deux cents tonnes en poids ou cinq cents mètres en volume pour les marchandises légères et encombrantes, telles que fourrages, alfas, liège.

Le temps de séjour à quai commencera pour les vapeurs du moment de leur accostage. Il est fait exception à cette règle pour les bateaux à vapeur des compagnies embarquant des passagers et qui sont tenus à des escales de courte durée.

TITRE III. — **Lestage et délestage**

ART. 14. — Tout dépôt et tout stationnement de lest dans un emplacement dépendant de la voirie ou du domaine public est interdit.

L'entrepreneur du service du lestage aura seul le droit de déposer ou d'approvisionner du lest sur le terrain situé le long de l'avant-port, entre la grue à charger les blocs et les hangars du Cazarin, à 80 mètres environ de la jetée Babayaud.

TITRE IV. — **Précautions contre les incendies**

ART. 15. — En cas d'incendie dans le port ou ses dépendances, il appartient au capitaine du port seul de donner des ordres ou de prendre telles mesures qu'il jugera convenables pour combattre le sinistre.

ART. 16. — Les navires chargés de pétrole, poudre, dynamite ou tout autre matière dangereuse, inflammable ou explosible, ne pourront entrer en darse et stationner dans l'avant-port.

En ce qui regarde la poudre, il est fait exception pour le navire postal qui pourra entrer en darse pour y faire son opération, mais devra débarquer ou embarquer les poudres dans l'avant-port.

ART. 17. — Les capitaines, dont les navires auront à bord des matières dangereuses, devront en faire leur déclaration, dès leur arrivée, au bureau du port et à la douane.

On ne pourra débarquer ni embarquer lesdites substances qu'à la petite rade située dans l'avant-port, au pied de l'escalier de la porte Casbah, ou à l'escalier placé dans l'avant-port, en face du bureau de la santé.

Art. 18.— Les allèges et embarcations quelles qu'elles soient, qui serviront au transport desdites substances, ne devront contenir aucune espèce de marchandise.

Art. 19. — Aucun entrepôt de pétrole ne pourra être établi sur le terrain dépendant du port.

Art. 20. — Il n'est permis d'avoir du feu et de la lumière à bord des bâtiments à vapeur amarrés ou mouillés dans la darse que pour les besoins de l'équipage et des passagers, pour les visites, les réparations et le service des machines.

Art. 21.— L'usage du feu à bord des navires à voiles mouillés dans la darse est interdit, mais il pourra être toléré à charge de se conformer aux dispositions suivantes :

Tout capitaine qui aura besoin de faire du feu pour la marche des treuils ou pour une réparation intérieure devra, après en avoir obtenu l'autorisation, avoir à bord un surveillant ou garde-feu. Les frais de gardiennage seront réglés d'après le tarif et les dispositions de l'art. 30 du présent règlement.

La lumière à bord des navires à vapeur et à voiles doit être renfermée dans des fanaux.

Art. 22. — Les capitaines de navires, de quelque lieu qu'ils viennent, sont obligés, à leur entrée dans le port, de faire, dans les vingt-quatre heures, au bureau des douanes, ou, à défaut, au commissariat de la marine, la déclaration des poudres qu'ils ont à bord et de les déposer, le jour suivant, dans les magasins de l'Etat ou de la régie.

Art. 23. — Les poudres ou artifices seront débarqués ou embarqués au Cazarin, dans l'avant-port, sous la surveillance du poste de la douane.

L'entrée de la darse est interdite à tout navire ayant à embarquer ou à débarquer de la poudre ou de la dynamite.

Art. 24. — Tout navire ayant à embarquer ou à débarquer de la poudre, dynamite ou des artifices dans l'avant-port, devra, pendant tout le temps de cette opération, conserver une flamme rouge arborée à l'un des mâts ou au bout d'une vergue. Ce signe distinctif sera également obligatoire pour les embarcations qui feront le batelage.

Les poudres placées dans les embarcations seront couvertes d'un prélart ou d'une toile.

Art. 25. — Il est expressément défendu à tous chaloupiers

ou bateliers de déposer des poudres, artifices ou de la dynamite sur le point de débarquement désigné jusqu'à ce que les voitures qui doivent les enlever soient en mesure de les prendre.

Même défense est faite aux propriétaires et charretiers qui en transporteraient à quai jusqu'à ce que les chaloupes puissent les embarquer pour les emporter à bord.

Art. 26. — Le cabotage et la circulation des poudres ne pourront s'effectuer que sur un permis délivré par la régie des contributions diverses visé par l'autorité compétente.

Art. 27. — Le transport des poudres par voitures marchant autrement qu'au pas est formellement interdit. Une escorte sera commandée pour surveiller le transport des poudres, soit pour l'embarquement, soit pour le débarquement.

Art. 28. — Les capitaines de navires qui devront embarquer ou débarquer des fourrages, de l'alfa ou de la paille, qui auront ou prendront de ces marchandises sur le pont, devront en déclarer la quantité au service du port qui désignera l'endroit où l'opération devra être faite.

Sauf pour les navires à vapeur qui pourront terminer leurs opérations dans la journée, pour partir aussitôt après, l'endroit désigné sera toujours l'avant-port, jusqu'à ce qu'il en soit autrement ordonné.

Art. 29. — Pendant la nuit, les balles d'alfa et de fourrage qui séjourneront sur les quais de la darse seront recouvertes d'une bâche ou prélart les enveloppant complètement.

Ces marchandises ne pourront séjourner plus de quarante-huit heures sur les quais.

Art. 30. — Des gardiens seront placés par le capitaine du port, soit à bord des navires, soit sur les allèges et quais de dépôt pour la surveillance des opérations d'embarquement ou de débarquement des pétroles et autres matières très inflammables, des fourrages, de l'alfa, etc. Ces gardiens seront payés à raison de 3 francs pour chaque séance de douze heures et 1 fr. 50 pour une séance de six heures et au-dessous.

Art. 31. — Les gardiens devront veiller à l'exécution des mesures prescrites par les articles 20 et 21 du présent arrêté; ils devront empêcher de fumer à bord des navires chargés de poudre, de pétroles, de fourrage ou d'alfa, et surveiller sans interruption tous les détails des opérations. A cet effet, aucun d'eux ne sera assujetti à une garde de plus de douze heures consécutives, et un gardien choisi parmi les agents du port ne pourra être chargé de la surveillance des opérations dont il s'agit qu'après avoir été relevé momentanément de ses fonctions habituelles.

Art. 32. — Les frais de gardiennage, réglés d'après le tarif fixé à l'article 30, seront acquittés solidairement par le capitaine du navire et par le consignataire de la marchandise sur un état dressé par le capitaine du port.

Titre V. — **Construction, carénage et démolition des navires**

Art. 33. — Les constructions, les réparations, les refontes d'embarcations et leur démolition auront lieu sur la plage du Cazarin et dans l'anse Babayaud, en dedans de la jetée, jusqu'à ce que l'établissement d'un chantier définitif ait été désigné par l'autorité supérieure.

Titre VI. — **Police du port et des quais**

Art. 34. — Il est défendu de jeter des terres, des décombres, des ordures ou autres matières quelconques dans les eaux du port et ses dépendances, d'y verser des liquides insalubres.

Il est défendu de tailler des pierres sur le quai, ou d'y faire aucun ouvrage de charpente, de menuiserie ou autre, sans l'autorisation des ingénieurs du port ; de ramasser des moules ou autres coquillages sur les ouvrages du port, sans une autorisation spéciale.

Il est défendu de déposer, même momentanément, des marchandises de quelque nature que ce soit, depuis l'arête du quai jusqu'à la limite de la chaussée pavée. Elles devront être déchargées directement sur le terre-plein entre la chaussée pavée et la voie charretière et seront enlevées au fur et à mesure qu'elles auront subi la vérification de la douane, et, au plus tard, vingt-quatre heures après cette vérification, sauf pour les bois, liège, tanin, fourrage, alfa et autres matières très encombrantes pour lesquelles il pourra être accordé quarante-huit heures.

Art. 35. — Il est défendu de faire rouler des brouettes, tombereaux, voitures, sur les dalles de couronnement des quais ; d'embarquer ou de débarquer des pavés, des blocs, des métaux ou autres marchandises pouvant dégrader les couronnements des quais, sans avoir couvert le dallage de planches pour le protéger ; de décharger ou de transborder des tuiles, briques, moellons, terres, sables, cailloux, pierrailles, du lest, de la houille ou autres matières menues ou friables, sans avoir placé, entre le navire et le quai, ou, en cas de transbordement, entre les deux navires, une toile ou prélart bien conditionné et solidement attaché.

Les marchandises infectes ne peuvent rester déposées sur le quai ; elles doivent être immédiatement embarquées ou enlevées après leur mise à terre ; faute de quoi elles seront mises en fourrière aux frais du propriétaire de la marchandise et à la diligence des officiers du port.

Chaque soir, à la fin du travail, les ranches, échelles, planchons, etc., qui auront servi dans la journée, seront rangés sur le terre-plein du quai, de manière à ne pas gêner la circulation.

Les voitures, charrettes, camions, tombereaux ou brouettes, affectés au transport des marchandises placées sur le terre-plein de dépôt du quai ouest de la darse, ne devront accéder sur ce terre-plein que par les passages réservés à cet effet.

Art. 36. — Tout navire à voiles ou à vapeur accosté au quai de la darse de Bône devra entretenir, à ses frais, la propreté du quai et du terre-plein jusqu'à la voie charretière au droit de la place qu'il occupe.

Les agents des compagnies, courtiers ou consignataires de navires, sont tenus de faire nettoyer la place dans un délai de deux heures après le départ du bateau.

Art. 37. — Toutes les fois qu'un navire embarquera des bestiaux, l'agent de la Compagnie devra établir, à ses frais, sur le terre-plein du quai, un parc volant, dans lequel les bestiaux seront conduits et soigneusement enfermés.

Tout animal errant sur la voie publique ou sur le terre-plein des quais sera immédiatement conduit en fourrière.

Titre VII. — **Dispositions générales**

Art. 38. — Les contraventions au présent arrêté seront constatées par des procès-verbaux dressés par les conducteurs des ponts et chaussées, les officiers et maîtres de port et le service de la police.

Art. 39. — Lorsqu'en exécution du présent arrêté il sera fait d'office certains frais à la charge du capitaine, de l'armateur ou propriétaire du navire, ou lorsqu'il aura été dressé un procès-verbal pouvant donner lieu à une amende à la charge du capitaine armateur ou propriétaire, le capitaine du port ajournera la délivrance du billet de sortie jusqu'à ce que le capitaine du navire ait consigné le montant de l'amende en principal et décimes, les frais du procès-verbal, et, s'il y a lieu, ceux de réparations,à la caisse du receveur des contributions diverses, à moins qu'il ne soit présenté à ce comptable une caution solvable.

Le montant de l'amende et des frais mis à la charge du contrevenant sera arbitré provisoirement par l'agent verbalisateur, conformément au tableau ci-après :

Les contraventions aux articles 1, 2, 3, 4, 5, 6, 7, 8, 9 et 10 entraineront une consignation de 24 fr. 95 au minimum et de 379 fr. 95 au maximum en amende, décime et frais, savoir : *amende*, 16 à 300 francs ; *décime* 4 à 75 francs ; *frais* 4 fr. 95. (Loi du 29 floréal an 10, décret du 10 avril 1810, ordonnance d'août 1681).

· Toute contravention à l'article 12 entrainera une consignation de 24 fr. 95 au minimum et de 29 fr. 95 au maximum, savoir : *amende*, 16 à 20 francs ; *décime*, 4 à 5 francs ; *frais* 4 fr. 95. (Mêmes loi, décret et ordonnance que ci-dessus).

Toute contravention à l'art. 14 entrainera une consignation de 36 fr. 20 au minimum et de 629 fr. 95 au maximum, savoir : *amende*, 25 à 500 francs ; *décime*, 6 fr. 25 à 125 francs ; *frais*, 4 fr. 95. (Lois du 29 floréal an 10 et du 28 mars 1812, décret du 10 avril 1810, ordonnances d'août 1681 et du 25 mars 1765).

Les contraventions aux articles 16, 17, 18, 19, 20, 21, 22, 23, 24, 25, 26, 27, 28, 29, 30, 31 et 32 donneront lieu à une consignation de 11 fr. 20, savoir : *amende*, 5 fr.; *décime*, 1 fr. 25; *frais*, 4 fr. 95. (Application des mêmes lois, décrets et ordonnances que ci-dessus).

Toute contravention aux articles 33 et 34 donnera lieu à une consignation de 24 fr. 95 au minimum, à 379 fr. 95 au maximum, savoir : *amende*, 16 à 300 francs ; *décime*, 4 à 75 francs ; *frais*, 4 fr. 95 (Idem).

Toute contravention à l'article 35 donnera lieu à une consignation de 36 fr. 20 au minimum, à 629 fr. 95 au maximum, savoir : *amende*, 25 à 500 fr.; *décime*, 6 fr. 25 à 125 fr.: *frais*, 4 fr. 95. (Idem).

Les contrevenants aux articles 36 et 37 devront consigner 11 fr. 20, savoir : *amende*, 5 fr.; *décime*, 1 fr. 25 ; *frais*, 4 fr. 95. (Idem).

Aux sommes portées ci-dessus il y aura lieu d'ajouter, le cas échéant, les frais de réparations, d'après l'estimation qui en sera faite au procès-verbal.

Art. 40. — Le contrevenant est tenu d'élire domicile dans le département ; à défaut par lui d'élection de domicile, toute notification lui sera valablement faite au secrétariat de la mairie de Bône.

Art. 41. — Sont rapportés les arrêtés préfectoraux du 27 mars 1869, du 4 septembre 1874, des 1er janvier et 26 août 1875, du 22 janvier 1876 et des 25 juillet, 29 octobre et 12 décembre 1877 sur la police intérieure du port de Bône.

Art. 42. — Le Sous-Préfet de l'arrondissement, le directeur des contributions diverses du département, l'ingénieur en chef des ponts et chaussées de la circonscription de Bône et le capitaine du port de commerce de ladite ville sont chargés, chacun en ce qui le concerne, d'assurer l'exécution du présent arrêté, dont un exemplaire restera constamment affiché à l'endroit le plus apparent du bureau des courtiers maritimes et des agents des compagnies des bateaux à vapeur.

Fait à Constantine, le 4 janvier 1883.

Pour le Préfet en tournée :
Le Secrétaire général,
A. ESMÉNARD.

Vu et approuvé :

Pour le Gouverneur général :
Le Secrétaire général du Gouvernement,
DURIEU.

Arrêté préfectoral du 4 septembre 1894

Le Préfet du département de Constantine, chevalier de la Légion d'honneur,

Vu la lettre en date du 13 mars 1894, par laquelle M. le président de la Chambre de commerce de Bône fait connaître que cette assemblée consulaire a émis le vœu que l'article 4 de l'arrêté préfectoral du 4 janvier 1883, réglementant la police intérieure du port de Bône, soit révisé ;

Vu les avis conformes de MM. les ingénieurs des ponts et chaussées de la circonscription de Bône ;

Vu la décision de M. le Ministre des travaux publics du 22 août 1894, approuvant la modification proposée par la Chambre de commerce,

ARRÊTE :

ARTICLE PREMIER. — L'article 4 de l'arrêté sus-visé est modifié de la manière suivante :

Le quai nord de la darse est spécialement affecté au stationnement des bateaux à vapeur, mais seulement pour le temps nécessaire à leurs opérations de chargement et de déchargement.

Particulièrement, l'emplacement nécessaire à l'accostage à quai d'un navire est réservé dans les conditions qui viennent d'être indiquées à la compagnie concessionnaire du service des paquebots-poste.

Un autre emplacement analogue est réservé pour un navire de l'une des autres compagnies dont les bateaux fréquentent régulièrement le port de Bône. Lorsque ces emplacements réservés ne seront pas occupés, le capitaine de port pourra autoriser tout autre navire, vapeur ou voilier, à s'y placer, mais à la charge par ce navire d'avoir débarrassé le quai deux heures après en avoir reçu l'ordre du capitaine de port.

ART. 2. — L'ingénieur en chef des ponts et chaussées de la circonscription de Bône est chargé d'assurer l'exécution du présent arrêté qui sera publié et affiché à Bône et inséré au *Recueil des actes de la préfecture*.

Fait à Constantine, le 4 septembre 1894.

Pour le Préfet :
Le Secrétaire général,
H. CHAUMOND.

Section II. — **Règlement pour l'exploitation des voies ferrées**

Arrêté préfectoral du 15 juin 1888

Le Préfet du département de Constantine, chevalier de la Légion d'honneur,

Vu la loi du 15 juillet 1845 et l'ordonnance royale du 15 novembre 1846 ;

Vu la loi du 11 juin 1880 et le décret réglementaire du 6 août 1881 ;

Vu la circulaire, en date du 23 avril 1888, de M. le Ministre des travaux publics,

Arrête :

Article premier. — L'exploitation des voies ferrées du port de Bône et de l'embranchement qui relie ces voies à la gare de Bône est soumise aux conditions déterminées par le présent arrêté.

Art. 2. — La traction des wagons entre la gare et les quais peut être faite au moyen de chevaux ou de machines locomotives.

Pour les manœuvres des wagons sur les voies des quais, on peut employer les mêmes moteurs ou des appareils de traction installés à cet effet.

Art. 3. — La compagnie chargée de l'exploitation n'est autorisée à effectuer la conduite des wagons de la gare aux quais ou inversement, ainsi que les manœuvres à faire pour répartir le matériel vide ou chargé à l'arrivée ou pour la formation des trains au départ, qu'aux heures et suivant les conditions de détail qui résultent des arrêtés préfectoraux spéciaux réglementant ces heures et manœuvres.

Les manœuvres ont lieu par les soins du personnel de la gare, sous la responsabilité du chef de gare ou de l'agent qu'il aura désigné pour le remplacer.

Les wagons ne peuvent être amenés sur les voies des quais que pour le chargement ou le déchargement des marchandises en provenance ou à destination des navires, sauf dans le cas où une dérogation à cette règle a été autorisée, en raison de circonstances exceptionnelles, par un arrêté préfectoral homologué par M. le Ministre des travaux publics.

Les wagons ne sont admis à stationner sur les voies des quais que pendant le temps nécessaire aux opérations de chargement ou de déchargement, ainsi qu'aux manœuvres à l'arrivée et au départ.

ART. 4. — Quand les manœuvres désignées à l'article précédent sont faites avec des chevaux ou à l'aide des appareils spéciaux du port pour les manœuvres de quai, les employés chargés de la conduite du matériel doivent se tenir constamment à la portée des freins, prêts à les faire agir au besoin.

A cet effet, chaque train ou chaque tranche de wagons attelés doit compter au moins un wagon sur trois muni de freins; les wagons sans freins, non attelés à des wagons à freins, ne peuvent être manœuvrés qu'isolément, et on doit se servir des engins spéciaux usités en pareil cas, soit pour modérer leur marche, soit pour les mettre à l'arrêt.

Sur les voies en pente, les chevaux doivent être attelés à l'arrière des wagons et les remorquer parallèlement à l'un des côtés de la voie.

A la traversée des ponts, les chevaux doivent toujours être attelés en tête des wagons.

Sur les voies des quais, ainsi qu'à la traversée des rues, routes et chemins publics, les chevaux doivent être constamment conduits au pas.

ART. 5. — Lorsque la traction du matériel vide ou chargé est faite à l'aide de machines, tout employé chargé de diriger la manœuvre doit s'assurer, avant de donner le signal de marche, que la voie est complètement libre, et avertir le public à l'aide de plusieurs coups de cornet saccadés; cet avertissement est répété, s'il y a lieu, pendant la manœuvre, pour écarter les piétons et les voitures de la voie que doit suivre la machine.

Un coup de corne prolongé donne le signal de marche; la vitesse ne doit pas dépasser celle d'un homme allant au pas.

Un agent, porteur d'un drapeau rouge roulé pendant le jour ou d'un feu blanc soit pendant la nuit, soit en temps de brouillard, doit se tenir à vingt mètres en avant de la machine, si elle est attelée en tête des wagons, ou du premier wagon lorsque la machine sera attelée en queue.

Cet agent marche en dehors de la voie, du côté droit, dans le sens du mouvement, de façon de permettre au mécanicien d'apercevoir les signaux en tout temps : si un obstacle quelconque s'opposait à ce que le mécanicien pût bien voir ces signaux, d'autres agents, en nombre suffisant et convenablement placés, les lui transmettraient.

L'arrêt immédiat est commandé, soit par le drapeau rouge déployé, soit par le drapeau roulé agité vivement ou par le feu blanc agité vivement.

Les mêmes précautions sont prises pour les mouvements des machines isolées.

En cas de refoulement par la machine, tous les wagons doivent être attelés avant d'être mis en mouvement.

Art. 6. — Quand un ou plusieurs wagons ont été mis à la disposition d'un expéditeur ou d'un destinataire et qu'ils doivent stationner sur les voies des quais, l'expéditeur ou le destinataire doit prendre toutes les mesures nécessaires pour éviter qu'ils soient mis en mouvement, soit par l'action du vent, soit par leur propre poids sur les pentes, soit par toute autre cause.

A cet effet, on doit abattre les freins qui seront maintenus au moyen des clavettes dont ils sont munis ; les wagons sans freins sont calés.

L'expéditeur ou le destinataire peut, sous sa responsabilité personnelle, exécuter ou faire exécuter, par les agents désignés par lui, tous les mouvements de wagons nécessaires au chargement ou au déchargement ; il veille à l'observation des prescriptions édictées par le présent article 6 pour immobiliser les wagons après les manœuvres.

Si les manœuvres sont faites avec des chevaux, l'expéditeur ou le destinataire ou ses agents sont tenus de prendre toutes les mesures de sécurité prévues à l'art. 4.

Immédiatement après le chargement ou le déchargement des wagons, tous les détritus qui proviennent de ces opérations sont enlevés par les soins de l'expéditeur ou du destinataire.

Art. 7. — Dans tous les cas, le lançage des wagons sur les voies ferrées est formellement interdit, même pour les manœuvres faites à bras d'homme.

Art. 8. — Dans les cas prévus par les articles 4 et 6, avant tout mouvement des wagons, les agents préposés aux manœuvres, soit par la compagnie, soit par l'expéditeur ou le destinataire, doivent s'assurer que la voie est libre; ils recourent en outre à tous les moyens en usage pour avertir le public et pour prévenir les accidents.

Art. 9. — Il est interdit aux personnes étrangères à la compagnie, autres que celles désignées à l'art. 6, de toucher aux véhicules stationnant sur les quais.

Toute avarie de matériel, tout accident résultant d'une infraction à ces prescriptions resteront à la charge des personnes qui en seront les auteurs.

Art. 10. — Il est formellement interdit de laisser séjourner des voitures sur les voies ferrées et d'y faire des dépôts, de quelque nature qu'ils soient, susceptibles d'entraver la circulation des trains et des machines.

À cet effet, une distance de 1ᵐ35 au moins doit toujours exister entre tout dépôt et les bords extérieurs des rails.

Par exception aux dispositions qui précèdent, les voitures en chargement ou en déchargement peuvent stationner sur les voies, à la condition expresse qu'elles seront toujours attelées et qu'elles seront déplacées à toute réquisition pour livrer passage aux trains et aux machines.

Art. 11. — Pendant la nuit ou en temps de brouillard, tout train en marche est éclairé : 1· par un feu vert à l'avant et un feu rouge à l'arrière, s'il est remorqué par des chevaux ; 2· par un feu blanc à l'avant et un feu rouge à l'arrière, s'il est remorqué par une locomotive.

Il en est de même pour une machine isolée.

Art. 12. — Le stationnement des wagons sur les voies des quais ne peut avoir lieu que conformément aux prescriptions des arrêtés préfectoraux spéciaux qui règlementent ce stationnement.

Art. 13. — Les agents de la compagnie, ceux des expéditeurs et des destinataires sont tenus de se conformer strictement aux ordres qui leur seront donnés par les officiers et maîtres du port, au sujet des manœuvres et du stationnement des machines et des wagons sur les voies des quais.

Ils restent soumis, en outre, à toutes les dispositions des règlements généraux de police du port, intervenus ou à intervenir, et auxquelles il n'aura pas été dérogé par les arrêtés spéciaux relatifs à l'exploitation des voies ferrées.

Art. 14. — Les contraventions aux dispositions qui précèdent seront constatées par des procès-verbaux.

Ces procès-verbaux seront dressés :

Par les officiers et maîtres de port, dans les limites du port;

Par les agents des ponts et chaussées dûment assermentés et par les commissaires de surveillance administrative, en dehors de ces limites.

Les officiers et maîtres de port verbaliseront notamment contre les auteurs des contraventions aux dispositions de l'art. 10 du présent arrêté, et ils feront, sans délai, dégager d'office les voies ferrées encombrées.

Les marchandises et voitures pouvant gêner la circulation des wagons et des locomotives seront enlevées et mises en dépôt; elles ne pourront ensuite être retirées du dépôt qu'après paiement des frais d'enlèvement et de transport et, s'il y a lieu, de magasinage et de gardiennage, suivant état arrêté et rendu exécutoire par le Préfet, sur la proposition de l'ingénieur en chef du port.

Art. 15. — Le présent arrêté ne s'applique pas aux voies ferrées séparées des voies publiques par des clôtures permanentes ou même par des clôtures temporaires fermées seulement pour le passage des trains.

Art. 16. — Sont abrogés tous les arrêtés préfectoraux antérieurs portant règlement de police de l'exploitation des voies ferrées des quais du port de Bône.

Fait à Constantine, le 15 juin 1888.

Pour le Préfet, en congé :
Le Secrétaire général,
ESMÉNARD.

Arrêté préfectoral du 2 juillet 1889

Le Préfet du département de Constantine, chevalier de la Légion d'honneur,

Vu l'arrêté en date du 15 juin 1888, réglementant l'exploitation des voies ferrées du port de Bône en ses articles 3, § 1er, et 12 ;

Vu la lettre du Ministre des travaux publics en date du 30 avril 1889,

ARRÊTE :

ARTICLE PREMIER. — Les heures pendant lesquelles les mouvements peuvent se faire sur les voies du port sont fixées ainsi qu'il suit :

Du 1er avril au 30 septembre, de six heures du matin à six heures du soir ;

Du 1er octobre au 31 mars, de sept heures du matin à cinq heures du soir.

En dehors de ces heures, aucun wagon ne pourra, sauf autorisation spéciale de l'ingénieur en chef ou de son délégué, rester sur les voies du port.

ART. 2. — Les wagons ne devront jamais stationner que sur la voie la plus près du quai et aussi peu de temps qu'il est nécessaire pour effectuer leurs opérations. L'autre voie longitudinale et les voies transversales ne serviront qu'à amener, sur la voie près de la mer, les wagons à charger ou à décharger et à les ramener en gare quand les opérations seront terminées.

Quand le mouvement de rentrée en gare se fera à bras d'homme ou à l'aide de chevaux, les wagons quittant la voie près de la mer devront se rendre en gare sans arrêt ; quand la rentrée devra se faire au moyen de locomotives, les wagons pourront stationner sur la voie de dégagement jusqu'à ce qu'ils soient groupés au nombre de six ; ils devront alors être ramenés en gare. Dans ce stationnement, les wagons seront placés l'un contre l'autre et de telle façon qu'ils ne se trouvent pas en face d'une des voies d'accès au port.

L'approche du quai des wagons venant de la gare se fera dans les mêmes conditions.

Les locomotives ne stationneront jamais sur les voies.

Les wagons devront se placer en face des navires qu'ils contribuent à charger ou à décharger ; ils ne devront pas occuper un espace plus grand que celui qui est occupé par le navire, et leur mouvement ne devra apporter aucun obstacle au chargement ou au déchargement par tout autre moyen.

ART. 3. — L'ingénieur en chef du service maritime et du

contrôle est chargé de veiller à l'exécution du présent arrêté qui sera notifié par ses soins à la compagnie.

Constantine, le 2 juillet 1889.

Le Préfet,
MENGARDUQUE.

Arrêté préfectoral du 2 juillet 1889

Le préfet du département de Constantine, chevalier de la Légion d'honneur,

Vu l'arrêté, en date du 15 juin 1888, réglementant l'exploitation des voies ferrées du port de Bône, en son article 3, § 3;

Vu la décision ministérielle approbative, en date du 30 avril 1889,

Arrête :

Article premier. — Le stationnement des wagons pour le chargement ou le déchargement des marchandises en provenance ou à destination de la ville est autorisé provisoirement sur la voie du quai ouest, la plus rapprochée de la voie charretière, aux heures pendant lesquelles ces mouvements peuvent se faire sur les voies du port.

Art. 2. — L'ingénieur en chef du service maritime ou son délégué pourra suspendre la faculté accordée, si les besoins du commerce maritime l'exigent.

Art. 3. — L'ingénieur en chef du service maritime et du contrôle est chargé de veiller à l'exécution du présent arrêté, qui sera notifié par ses soins à la compagnie.

Constantine, le 2 juillet 1889.

Le Préfet,
MENGARDUQUE.

CHAPITRE II

GARE DU BONE-GUELMA

Arrêté préfectoral du 9 avril 1879

Le Préfet du département de Constantine,

Vu l'article 1er de l'ordonnance du 15 novembre 1846 sur la police, la sûreté et l'exploitation des chemins de fer ;

Vu la loi du 15 juillet 1845 sur la police des chemins de fer ;

Vu le projet de règlement proposé par l'ingénieur en chef du contrôle, pour la police des cours dépendant des gares et stations des lignes de Bône-Guelma et prolongements,

ARRÊTE :

TITRE I. — **Gares et stations de voyageurs**

ARTICLE PREMIER. — Les cours des gares et stations seront ouvertes une demi-heure au moins avant le départ ou l'arrivée du premier train du matin. Elles pourront être fermées après le départ ou l'arrivée du dernier train du soir.

ART. 2. — Partout où cela sera jugé nécessaire, les lieux de stationnement de différentes sortes de voitures, telles que diligences à diverses destinations, voitures de messageries, omnibus, fiacres, voitures à volonté, voitures particulières, seront désignés par le chef de gare, de concert avec le commissaire de surveillance administrative. A défaut de concert, le chef du contrôle statuera.

Les fonctionnaires du contrôle peuvent, toutes les fois qu'ils en reconnaissent l'utilité, attribuer aux voitures publiques faisant le même service, deux emplacements distincts selon qu'elles desservent tous les trains ou un certain nombre de trains.

ART. 3. — La mendicité et toute sollicitation importune pour l'indication d'hôtels, pour transport de bagages, pour offres de service, etc., seront interdites dans les cours des gares et stations et, en général, dans toutes les dépendances du chemin de fer.

Ceux qui troubleront l'ordre par des cris, injures, rixes ou par des attroupements gênant la circulation, seront poursuivis conformément aux lois.

Art. 4. — A l'exception des voyageurs et des personnes qui les servent ou qui les accompagnent, les préposés de la compagnie ou les agents des services de correspondance, agréés par elle, peuvent seuls prendre et porter les bagages des voitures à l'intérieur et de la station aux voitures. Aucune rétribution ne sera exigée pour ce service. Les cochers ne pourront quitter leurs chevaux pour s'occuper des bagages qu'en se conformant aux dispositions de l'article suivant :

Art. 5. — Les voitures qui entrent dans les cours des gares et stations doivent y circuler avec prudence et n'y stationner que sur les emplacements indiqués. Quand plusieurs voitures arrivent ou partent en même temps, elles doivent prendre la file sans essayer de se dépasser.

Il est interdit à tous charretiers, cochers ou postillons de voitures publiques ou particulières en stationnement dans ces cours :

1º De quitter leurs chevaux, à moins qu'ils ne soient solidement attachés ou tenus à la main ou à moins que les roues de la voiture ne soient maintenues au moyen d'une chaîne ou d'une grosse corde les reliant à la caisse ;

2º De débrider entièrement leurs chevaux pour leur donner à boire ou à manger ; ils peuvent seulement leur enlever le mors de la bouche et ils doivent alors se tenir à leur tête.

Art. 6. — Les diligences et voitures de messageries porteront sur les côtés extérieurs l'inscription apparente des localités qu'elles desservent et le nom de leurs propriétaires. Il en sera de même des omnibus qui porteront à l'extérieur l'inscription de leur service.

Art. 7. — A l'intérieur de chaque compartiment de voiture publique seront inscrits, d'une manière très apparente, le nombre de places qu'il comporte, le prix de chacune d'elles, ainsi que celui du transport des bagages. Si le transport des voyageurs ou de tout ou partie des bagages a lieu gratuitement, un avis constamment affiché dans la voiture doit faire connaître cette gratuité aux voyageurs.

Art. 8. — Les cochers et conducteurs de voitures publiques devront porter un uniforme ou tout autre signe distinctif.

Titre II. — **Gares de marchandises**

Art. 9. — L'entrée des gares de marchandises n'est permise qu'aux expéditeurs, destinataires et autres personnes venant pour affaires concernant le service du chemin de fer. Ne seront admises dans les cours de ces gares que les voitures venant y prendre ou y laisser leur chargement et celles des personnes ci-dessus mentionnées.

Art. 10. — Pour le stationnement, le chargement et le déchargement, les voitures se placeront le long des quais ou des voies de débord, de la manière et sur les points qui seront déterminés par la compagnie.

Art. 11. — Les animaux, à l'arrivée ou au départ, devront entrer ou sortir par la barrière désignée par le chef de gare.

L'entrée des gares pour les animaux ne peut être requise par les expéditeurs qu'une demi-heure au plus avant le moment où doit commencer le chargement. Il est interdit d'introduire dans les gares des animaux vicieux, dangereux ou malades qui pourraient compromettre la sécurité publique ou la santé des autres animaux à transporter par le chemin de fer.

Titre III. — **Dispositions générales**

Art. 12. — Après le coucher du soleil, toutes les voitures qui entreront dans les gares devront être éclairées.

Art. 13. — Toute infraction au présent arrêté rendu en exécution de l'article premier sus-visé, de l'ordonnance du 15 novembre 1846, sera réprimée conformément à l'article 21 de la loi du 15 juillet 1845.

Art. 14. — Le présent arrêté sera soumis à l'approbation de M. le Gouverneur général civil de l'Algérie. Il sera constamment affiché aux frais de la compagnie dans les cours des gares et stations et dans les salles d'attente.

Art. 15. — Le commissaire de surveillance administrative, les agents assermentés de la compagnie et la gendarmerie sont chargés, chacun en ce qui le concerne, de l'exécution du présent arrêté, dont l'ampliation sera transmise à l'ingénieur en chef du contrôle, au directeur de la compagnie et au commandant de la gendarmerie.

A Constantine, le 9 avril 1879.

Le Secrétaire général, Préfet par intérim,
A. VIGOUROUX.

Vu et approuvé :
Pour le gouverneur général civil, absent :
Le Conseiller de gouvernement
chargé de l'expédition des affaires civiles,
BELLEMARE.

CHAPITRE III

RÈGLEMENT SUR LA SONNERIE DES CLOCHES

Arrêté du 28 octobre 1884

L'Evêque de Constantine et le Préfet du département de Constantine,

Vu l'art. 48 de la loi du 18 germinal, an X, 8 avril 1802 ;

Vu les articles 100 et 101 de la loi du 5 avril 1884,

Ont arrêté, de concert, ce qui suit :

ARTICLE PREMIER. — Le curé ou desservant, ou, en son absence, le vicaire de la paroisse, aura seul le droit de faire sonner les cloches de son église pour appeler les fidèles au service divin et annoncer les offices, prières publiques et autres services religieux approuvés par l'Evêque diocésain, tels que :

1° *L'Angélus,* qui sera sonné tous les jours : le matin, à midi, et le soir ; 2° les dimanches et jours de fêtes conservées, *la messe paroissiale, les vêpres, saluts et sermons.* La messe et les vêpres seront annoncées à trois reprises et, pour la première fois, une heure avant la célébration ; 3° les jours ouvrables ou autres : *Les messes basses ou hautes, les processions, les catéchismes ou instructions religieuses, mariages, décès, enterrements et services funèbres, l'administration des sacrements*, le tout en se conformant aux usages du diocèse.

Art. 2. — Le curé ne pourra faire sonner les cloches, pour services religieux, *avant quatre heures du matin et après neuf heures du soir, depuis Pâques, jusqu'au 1er octobre ; ni avant cinq heures du matin et après huit heures du soir, depuis le 1er octobre jusqu'à Pâques,* excepté toutefois la nuit de Noël.

Art. 3. — En temps d'épidémie, les sonneries seront suspendues pour les cérémonies funèbres sur la simple invitation du Maire, autorisé préalablement par le Préfet.

Art. 4. — Le curé desservant ou vicaire devra faire sonner, dans les circonstances extraordinaires qui suivent : 1° lors de l'arrivée, du départ ou du passage de l'Evêque en cours de visite pastorale ; 2° à l'occasion des visites solennelles de son délégué ; 3° pour convoquer les fidèles aux prières publiques demandées par le gouvernement et ordonnées par l'Evêque ; 4° pour annoncer toutes autres prières prescrites par l'Evêque, à raison de quelque événement important ou de nécessité publique.

Art. 5. — Le Maire pourra requérir de faire sonner les cloches : 1° pour annoncer le passage officiel du Président de la République ; 2° la veille au soir des fêtes nationales ou patronales et les jours de mêmes fêtes au matin ; 3° lorsqu'il sera nécessaire de convoquer les habitants, pour prévenir ou arrêter quelque accident où leur concours est nécessaire, comme dans le cas d'incendie, d'inondation, d'invasion de l'ennemi et autres dangers de même nature. Dans ces circonstances, le maire, en cas d'absence du curé, pourra, lui-même, donner ordre au sonneur, lequel devra obtempérer aussitôt à l'injonction du Maire. Le sonneur recevra de ce chef une indemnité par le Conseil municipal.

Art. 6. — La durée de chaque sonnerie, soit religieuse, soit civile, ne pourra excéder dix minutes pour les cérémonies ordinaires et trente minutes pour les sonneries solennelles.

Art. 7. — La sonnerie des cloches en volée est interdite pendant les orages.

Art. 8. — La sonnerie des cloches est interdite depuis l'office du matin jeudi saint jusqu'à celui du samedi saint, sauf l'exécution, au besoin, des dispositions du § 3 de l'art. 5.

ART. 9. — Dans le cas où, en raison de l'état de solidité du clocher, le mouvement des cloches présenterait un danger réel, le Maire pourra, sur l'avis de l'architecte diocésain et après en avoir déféré au Préfet, interdire provisoirement la sonnerie.

ART. 10. — Les cloches des églises étant de leur nature affectées aux usages et actes religieux, ne pourront être sonnées pour aucune autre cause que celles ci-dessus prévues, sans qu'il en ait été référé par le Maire au Préfet par l'intermédiaire du Sous-Préfet, et par le curé à l'Evêque, et sans qu'il soit intervenu une décision des deux autorités supérieures, qui se concerteront à cet effet.

ART. 11. — Toute disposition contraire au présent règlement est et demeure abrogée.

Fait à Constantine, le 28 octobre 1884.

Pour le Préfet :
Le Secrétaire général,
A. ESMÉNARD.

L'Evêque de Constantine,
CLÉMENT.

CHAPITRE IV

POLICE GÉNÉRALE

SECTION PREMIÈRE. — **Logeurs en garni**

Arrêté préfectoral du 23 février 1893

Nous, Préfet du département de Constantine, chevalier de la Légion d'honneur,

Vu la loi du 5 mai 1855 rendue exécutoire en Algérie par le décret du 25 juin 1860 ;

Vu la loi du 22 juillet 1791 ;

Vu l'arrêté du gouvernement du 12 messidor, an VIII ;

Vu les art. 73, 154, 471, 475 du Code pénal.

ARRÊTONS :

ARTICLE PREMIER. — Toutes les personnes exerçant présentement ou qui voudraient exercer, à l'avenir, dans la ville et le département de Constantine la profession de maitre d'hôtel garni, aubergiste, logeur ; toutes celles qui louent présentement ou voudront louer en garni tout ou partie d'une maison, les exploitants des fondouks, bains et cafés maures, etc., donnant habituellement à loger à la nuit, devront en faire la déclaration par écrit au commissaire de police ou, à défaut, au maire qui en donnera acte. Cette déclaration sera renouvelée dans la même forme à chaque changement de domicile.

ART. 2. — Les maitres d'hôtels garnis, aubergistes, logeurs, loueurs de chambres garnies, exploitants de fondouks, bains et cafés maures où on donne à loger, devront placer à l'extérieur de leur maison et conserver constamment un tableau fixé au mur indiquant lisiblement ces industries.

ART. 3. — Conformément à la loi, les maitres d'hôtels garnis, aubergistes, logeurs, loueurs de chambres garnies, exploitants de fondouks, bains ou cafés maures, etc., donnant à loger, sont tenus d'avoir un registre, coté et paraphé par le commissaire de police ou par le maire, s'il n'existe pas de commissaire de police dans la commune, sur lequel ils inscriront de suite, jour par jour, sans aucun blanc ni interligne, les noms, prénoms, âge et profession, date et lieu de naissance, domicile habituel, dates d'entrée et de sortie de toute personne qui aura couché ou passé chez eux, même une seule nuit.

Il sera, en outre, mentionné sur ce registre si les personnes logées sont ou non munies de papiers de sûreté, quelle espèce de papiers, le lieu d'où l'on vient et celui où l'on va.

Les modèles du registre légal, qui sera établi en langues française et arabe, seront déposés dans les bureaux de police.

ART. 4. — Les hôteliers, aubergistes, logeurs, loueurs de chambres garnies, exploitants de fondouks, de bains et cafés maures, etc., donnant à loger, sont tenus de faire viser leur registre, le premier jour de chaque mois, par le commissaire de police ou, à défaut, par le maire de leur commune, et de le représenter à toute réquisition des commissaires de police, inspecteurs et agents de la gendarmerie.

Art. 5. — Les hôteliers, aubergistes, logeurs, loueurs de chambres garnies, exploitants de fondouks, de bains et cafés maures, etc., donnant à loger, remettront, chaque jour, avant huit heures du matin, au commissariat de police ou, à défaut, à la mairie de leur commune, un bulletin régulier et signé du maître de l'établissement, contenant les mêmes indications que le registre légal. Lorsqu'il s'agira d'étrangers, le bulletin indiquera, outre les mentions désignées en l'art. 3, les noms et prénoms des père et mère.

Les personnes qui donnent à loger en garni au mois sont autorisées à ne remettre le bulletin précité que les jours où auront lieu l'arrivée ou le départ de leurs locataires.

Art. 6. — Toute personne louant en garni et qui voudra cesser cette profession sera tenue d'en faire la déclaration au commissariat de police ou, à défaut, à la mairie, et d'y déposer l'acte de déclaration qui lui aura été délivré, ainsi que le registre légal.

Art. 7. — Toutes les dispositions contraires au présent arrêté sont abrogées.

Art. 8. — MM. les maires, administrateurs, commissaires de police et M. le commandant de la gendarmerie sont chargés de l'exécution du présent arrêté, lequel sera mis en vigueur à partir du jour de sa publication.

Fait à Constantine, le 23 février 1893.

Pour le Préfet :
Le Secrétaire général,
A. ESMÉNARD.

Nota. — Il est rappelé aux hôteliers, aubergistes, logeurs, loueurs de chambres garnies, exploitants de fondouks, bains et cafés maures, etc., donnant à loger, qu'aux termes des art. 73 et 154 du Code pénal, ils sont civilement responsables des restitutions, des indemnités et des frais adjugés à ceux à qui un dommage aurait été causé par un crime ou un délit commis par des personnes logées chez eux et qui n'auraient pas été inscrites sur le registre légal, et qu'ils commettaient un délit puni d'un emprisonnement de six jours à un mois, s'ils inscrivent sciemment sur ledit registre, sous des faux noms ou supposés, les personnes logées chez eux, le tout sans préjudice de la responsabilité qu'ils auraient encourue dans le cas prévu par les art. 1952 et 1953 du Code civil.

Section II. — **Cafés maures**

Arrêté préfectoral du 4 octobre 1881

Le Préfet du département de Constantine,

Vu les décrets du 29 décembre 1851 et 5 janvier 1852 sur les cafés, cabarets et débits de boissons;

Vu la circulaire ministérielle du 7 février 1865;

Considérant qu'un grand nombre de cafés maures exploités par des indigènes musulmans sont situés, soit au-dessus du rez-de-chaussée, soit au fond de cours et jardins et échappent ainsi à la surveillance de la force publique;

Considérant qu'il importe, au point de vue de l'ordre et de la sécurité publique, de remédier à cette situation,

ARRÊTE :

ARTICLE PREMIER. — Les cafés maures ne pourront, à l'avenir, être établis qu'au rez-de-chaussée, et leur entrée devra donner directement sur la voie publique.

ART. 2. — Tout café maure qui, dans un délai de six mois, à dater de la publication du présent arrêté ne se trouvera pas dans les conditions indiquées à l'article premier, sera immédiatement fermé.

ART. 3 — Les contraventions au présent arrêté seront, en outre, constatées et poursuivies conformément à la loi.

ART. 4. — MM. les sous-préfets, administrateurs et maires du département, M. le commandant de gendarmerie et MM. les commissaires de police sont chargés d'assurer l'exécution du présent arrêté.

Constantine, le 4 octobre 1881.

Le Préfet,

E. DOUCIN.

Section III. — **Police des jeux**

Arrêté préfectoral du 21 juillet 1894

Le préfet du département de Constantine,

Vu les art. 97 et 99 de la loi du 5 avril 1884;

Considérant que l'usage des jeux d'argent tend à se généraliser sur la voie publique et dans les théâtres, cafés, cafés-concerts, buvettes et autres lieux publics;

Que certains de ces jeux, bien que qualifiés de jeux d'adresse, présentent, par la manière dont ils sont pratiqués, les mêmes inconvénients que les jeux de hasard;

Que, dès lors, il convient, dans l'intérêt du bon ordre et de la moralité publics, d'interdire, dans ces établissements et sur la voie publique, non seulement les jeux de hasard, mais également les jeux dits d'adresse, lorsqu'ils ont pour objet des sommes d'argent ou des marchandises qui seraient reprises à prix d'argent par les tenanciers du jeu,

ARRÊTE :

ARTICLE PREMIER. — Sous la réserve des autorisations de petits chevaux, qui pourraient être concédées par l'administration supérieure en faveur des casinos, des stations balnéaires ou thermales, est interdit dans toute l'étendue du département de Constantine, sur la voie publique et dans les théâtres, cafés, cafés-concerts, buvettes et autres lieux publics, le fonctionnement de tous jeux d'argent, de quelque nature qu'ils soient, et de tous jeux ayant pour objet des marchandises qui seraient reprises à prix d'argent par les tenanciers.

ART. 2. — MM. les sous-préfets, commandants de gendarmerie, maires, commissaires de police et commissaires spéciaux de police sont chargés, chacun en ce qui le concerne, de l'exécution du présent arrêté.

Fait à Constantine, le 21 juillet 1894.

Le Préfet,

EM. LASCOMBES.

CHAPITRE V

RAGE. — CAPTURE DES CHIENS ERRANTS

Arrêté préfectoral du 29 juin 1893

Le Préfet du département de Constantine, chevalier de la Légion d'honneur,

Considérant que la recrudescence des cas de rage régulièrement constatés à certaine époque de l'année dans toute l'étendue du département peut être attribuée soit à la négligence des propriétaires de chiens, soit à un manque de concordance dans les règlements émanant des autorités locales ;

Considérant que cet état de choses porte atteinte à la sécurité publique et qu'il y a lieu de prendre des mesures pour y remédier ;

Vu l'art. 99 de la loi du 5 avril 1884 ;

Vu l'avis du conseil d'hygiène du département en date du 28 juin 1893,

ARRÊTE :

ARTICLE PREMIER. — Tous les ans, du 1er mai au 30 septembre, et jusqu'à ce qu'il en soit autrement ordonné, les chiens non tenus en laisse ou non muselés seront mis en fourrière.

ART. 2. — Les chiens errants, de race kabyle, seront abattus immédiatement ; les chiens d'autres races seront abattus vingt-quatre heures après leur capture s'ils n'ont pas été retirés de la fourrière pendant ce laps de temps.

ART. 3. — MM. les administrateurs des communes mixtes, MM. les maires des communes constituées, la gendarmerie et tous agents assermentés sont chargés d'assurer l'exécution du présent arrêté, qui est mis en vigueur à partir de ce jour.

A Constantine, le 29 juin 1893.

Le Préfet,

MENGARDUQUE.

CHAPITRE VI
DESTRUCTION DES SAUTERELLES
ET DES CRIQUETS

Arrêté préfectoral du 17 mai 1889

Le Préfet du département de Constantine, chevalier de la Légion d'honneur,

Vu la loi du 5 avril 1884, art 91, 94, 97 et 99 ;

Vu les art. 471, § 15, 475, § 12, et 478 du Code pénal ;

Vu l'arrêté de M. le Gouverneur général de l'Algérie du 30 mars — 6 avril 1846 et l'arrêté préfectoral du 1er mai 1877 ;

Considérant que les criquets exercent actuellement des ravages dans cinquante-cinq communes du département ; que, malgré l'ensemble des mesures prises pour combattre ce fléau, le nombre des travailleurs occupés dans les chantiers de destruction est insuffisant ; qu'il est nécessaire de faire appel au concours de tous les habitants, Européens et indigènes ; que la circulaire préfectorale du 26 avril 1888, relative à cet objet, ne reçoit pas l'application générale que commandent les circonstances,

ARRÊTE :

ARTICLE PREMIER. — Dans chaque commune atteinte par le fléau, tous les habitants européens et indigènes sont tenus d'obtempérer aux réquisitions qui leur seront faites par l'autorité municipale.

ART. 2. — Ils devront se transporter sur les points et aux jours et heures qui leur seront indiqués pour y exécuter les travaux prescrits.

ART. 3. — L'autorité municipale prendra toutes les mesures utiles pour éviter les émanations putrides, provenant des criquets détruits, et la corruption des eaux.

ART. 4. — Les propriétaires des puits, norias, sources et abreuvoirs sont tenus aux mêmes obligations.

ART. 5. — Toute contravention aux dispositions qui précèdent sera poursuivie conformément à la loi et aux arrêtés ci-dessus visés.

ART. 6. — Les maires et administrateurs sont chargés de l'exécution du présent arrêté.

Fait à Constantine, le 17 mai 1889.   *Le Préfet,*

MENGARDUQUE.

Arrêté préfectoral du 20 juin 1889

Le Préfet du département de Constantine, chevalier de la Légion d'honneur,

Vu la loi du 24 décembre 1888 ;

Considérant que, des bandes de criquets ont pris leurs ailes dans un grand nombre de communes du département et menacent d'envahir d'autres communes ;

Qu'il y a lieu de prescrire les mesures nécessaires pour arrêter ou prévenir les dommages qui pourront être causés par eux à l'agriculture ;

Considérant que, pendant les périodes d'accouplement et de ponte, les criquets, rassemblés, peuvent être encore détruits dans une proportion importante :

Vu l'urgence ;

Vu l'autorisation de M. le Ministre de l'agriculture,

ARRÊTE :

ARTICLE PREMIER. — Dans toutes les communes déjà envahies par le fléau ou qui le seront, il devra être procédé à la destruction des insectes ailés pendant les périodes d'accouplement et de ponte.

Cette destruction sera effectuée par écrasement au moyen du battage avec branchages, balais, battoirs, etc. ou par tout autre moyen usuel.

ART. 2. — Les propriétaires, fermiers, colons ou métayers, usufruitiers ou usagers sont tenus d'exécuter les mesures prescrites ci-dessus sur les immeubles qu'ils possèdent et cultivent et dont ils ont la jouissance et l'usage. Ils devront ouvrir leurs terrains pour permettre la vérification ou la destruction à la réquisition des agents.

L'Etat, les communes et les établissements publics et privés sont astreints aux mêmes obligations sur les propriétés leur appartenant.

ART. 3. — Toutes contraventions au présent arrêté seront poursuivies et punies conformément aux prescriptions des art. 3, 4 et 5 de la loi sus-visée.

Art. 4. — MM. les maires et adjoints, administrateurs, officiers de gendarmerie, commissaires de police, gardes-forestiers et gardes-champêtres sont chargés de l'exécution du présent arrêté.

Constantine, le 20 juin 1889.   *Le Préfet,*

MENGARDUQUE.

CHAPITRE VII

TÉLÉPHONES

ETABLISSEMENT D'UN RÉSEAU AÉRIEN
DANS LA COMMUNE DE BONE

Arrêté préfectoral du 16 mars 1892

Le Préfet du département de Constantine,

Vu l'ordonnance royale du 4 août 1731 ;

Vu le décret du 27 décembre 1851 ;

Vu la loi du 28 juillet 1885 ;

Vu les décrets du 18 août 1853 et du 11 septembre 1869 portant promulgation en Algérie des décrets du 27 décembre 1851, ci-dessus rappelé, et du 8 février 1868 sur les occupations temporaires ;

Vu notre arrêté du 6 décembre 1886 ;

Vu la demande formée par M. le directeur des postes et télégraphes du département de Constantine ;

Considérant que l'établissement d'un réseau téléphonique aérien dans la commune de Bône, autorisé par arrêté du Ministre du commerce, de l'industrie et des colonies, en date du 12 décembre 1891, présente un caractère d'urgence pour des motifs d'intérêt général,

ARRÊTE :

ARTICLE PREMIER. — Le Directeur des postes et télégraphes et les agents sous ses ordres sont autorisés à procéder, dans le territoire de la commune de Bône, à toutes les opérations que comporte l'établissement d'un réseau téléphonique aérien concédé à cette commune. Les travaux pourront commencer immédiatement.

Le Directeur et les agents sous ses ordres sont autorisés à pénétrer, pour l'exécution des travaux, dans les propriétés privées non closes et sur les bâtiments, dont ils auraient à utiliser les toits ou terrasses, à la condition d'y accéder par l'extérieur.

Ils pourront faire, le long des fossés ou talus des routes, les dépôts du matériel nécessaire pour l'établissement et l'entretien des lignes du réseau téléphonique.

Art. 2. — Les poteaux à placer le long des routes, chemins ou sentiers, seront établis à droite ou à gauche, selon qu'il sera reconnu utile, sur l'arête intérieure du fossé ou du talus, à la distance de l'accotement qu'il sera jugé convenable.

Art. 3. — Les propriétaires riverains sont mis en demeure de couper et d'élaguer les plantations qui, sur une hauteur de 7 mètres 50 au-dessus du sol de la route, présenteraient des branches en saillie, sur l'arête extérieure du fossé et des talus ou des murs de clôture des jardins, et pourraient toucher aux fils.

Art. 4. — Il sera procédé d'office, par les soins de l'administration des ponts et chaussées et aux frais de celle des lignes télégraphiques, à l'élagage et à la coupe des plantations mentionnées à l'article précédent.

Art. 5. — Dans les parties du tracé bordées de maisons, les poteaux seront placés à 1 mètre 20 en avant des constructions, et, dans celles bordées de simples murs de clôture, ils seront plantés le plus près possible de ces murs.

Art. 6. — Dans la ville de Bône et ses faubourgs, afin de ne pas obstruer la voie par des poteaux, il pourra être établi sur les maisons et constructions particulières, partout où cela sera jugé nécessaire, des supports ou tous points d'appui destinés à soutenir les fils électriques, sauf à réparer les dégradations et sans préjudice de tous droits d'indemnités à faire valoir ou à réclamer par les propriétaires ou les tiers intéressés.

Art. 7. — La hauteur minimum des fils dans la ville et ses faubourgs, ou dans les passages de voies transversales, sera de 6 mètres 50 au-dessus de la chaussée.

Art. 8. — Les fils électriques et tout le matériel du réseau téléphonique sont mis sous la protection de M. le Maire de la commune de Bône, de la gendarmerie, des cantonniers et de tous les autres agents de l'administration publique.

Art. 9. — Le présent arrêté sera immédiatement notifié aux personnes sur les propriétés desquelles des travaux devront être exécutés, inséré au *Recueil des Actes administratifs* et affiché en placard dans la commune de Bône.

M. le Maire de la ville de Bône, M. l'Ingénieur en chef des

ponts et chaussées de l'arrondissement de Bône, M. le Commandant de la gendarmerie de Bône et M. le Directeur des postes et télégraphes sont chargés d'en assurer l'exécution, chacun en ce qui le concerne.

Fait à Constantine, le 16 mars 1892.

Pour le Préfet :
Le Secrétaire général,
A. ESMÉNARD.

SUPPLÉMENT

contenant les arrêtés pris depuis le commencement de l'impression

---

MARCHÉ AUX CÉRÉALES
DROITS DE PESAGE
MODIFICATIONS AUX TARIFS & RÈGLEMENTS

Arrêté du 28 juin 1894

Nous, Maire de la ville de Bône, chevalier de la Légion d'honneur,

Vu la loi du 5 avril 1884 ;

Vu les arrêtés municipaux des 1er avril 1851, 17 décembre 1852 et 10 juin 1873, portant règlements et tarifs du marché aux céréales ;

Considérant que ce marché n'est presque plus fréquenté et que cette situation est due à diverses causes, parmi lesquelles il importe de citer notamment : 1o le système de vente en usage dans cet établissement public où l'on n'autorise que le mesurage, alors que, dans le commerce, les transactions se font généralement au poids; 2⁰ les droits un peu élevés qui y sont perçus;

Considérant que si l'autorité municipale installait au marché aux céréales des bascules à la disposition des particuliers, leur laissant ainsi le choix entre les deux modes de vente (mesurage ou pesage); que, si, d'autre part, elle abaissait pour le pesage les droits actuellement perçus, elle arriverait peut-être à ramener dans ce marché un certain nombre de clients qui n'en sont détournés que par l'élévation des droits et par l'impossibilité de vendre ou d'acheter au poids;

Considérant, d'autre part, que l'intervention de peseurs et de mesureurs publics constitue une garantie sérieuse pour le producteur qui se méfie souvent, à tort ou à raison, des appareils de pesage ou de mesurage mis à sa disposition par les particuliers; que, lorsqu'il sera assuré de trouver sur notre marché et à bon compte toute la sécurité désirable, il s'empressera probablement d'en reprendre le chemin;

Vu la délibération du Conseil municipal, en date du 4 juin courant, approuvée par M. le Préfet le 26 du même mois, décidant que les deux modes de vente, au poids et à la mesure, seront, à l'avenir, mis en usage au marché aux céréales, au choix des intéressés, et fixant les tarifs des nouveaux droits de pesage,

ARRÊTONS :

ARTICLE PREMIER. — A partir du 1ᵉʳ juillet prochain, les deux modes de vente, au poids et à la mesure, seront mis en usage, au marché aux céréales, au choix des intéressés.

ART. 2. — Les droits de pesage sont ainsi fixés :

Blé....................*par 100 kilogr.* » 40
Orge et légumes secs........   —   » 25

Pour les blés, les fractions se décompteront ainsi :

De 1 à 25 kilogr...................... » 10
De 26 à 50 — .... » 20
De 51 à 75 — .... » 30
De 76 à 100 — .... » 40

Pour l'orge et les légumes secs, elles se décompteront de la manière suivante :

De 1 à 20 kilogr...................... » 05
De 21 à 40 — .... » 10

De 41 à 60 kilog...................... » 15
De 61 à 80 — .... » 20
De 81 à 100 — .... » 25

ART. 3. — Les droits de mesurage sont maintenus aux tarifs actuellement en vigueur, savoir :

Blé........................ *l'hectol.* » 60
Orge et légumes secs......... — » 40

Ils seront perçus d'après le poids réel.

ART. 4. — Toute opération exécutée par les peseurs ou les mesureurs donnera lieu à la délivrance d'un reçu extrait d'un registre à souche qui sera remis au vendeur chargé, en principe, de l'acquittement des droits de pesage ou de mesurage, ou, à l'acheteur, si c'est ce dernier qui acquitte lesdits droits.

ART. 5. — Aucune marchandise ne pourra être enlevée du marché sans la présentation de ce reçu au préposé chargé de la police de cet établissement.

ART. 6. — Les droits de pesage ou de mesurage seront perçus sur toutes les marchandises exposées en vente, qu'elles soient ou non l'objet de transactions.

ART. 7. — Les marchandises non vendues pourront séjourner pendant trois jours sur le marché. Passé ce délai, elles seront soumises à un double droit de pesage ou de mesurage, conformément aux dispositions de l'art. 3 de l'arrêté municipal du 1er avril 1851.

Les marchandises vendues devront être enlevées avant la fin de la journée, après présentation du reçu dont il est parlé aux art. 4 et 5 qui précèdent.

ART. 8. — Le receveur municipal, l'inspecteur des produits communaux et le commissaire de police sont chargés, chacun en ce qui le concerne, d'assurer l'exécution du présent arrêté.

Bône, le 28 juin 1894.

Pour le Maire, absent :
Le 1er Adjoint,
F. MARCHIS.

POISSONNERIE
FIXATION DU DROIT DE RESSERRE

Arrêté du 28 juin 1894

Nous, Maire de la ville de Bône, chevalier de la Légion d'honneur,

Vu la loi du 5 avril 1884 ;

Vu l'arrêté municipal du 31 août 1834, portant règlements et tarifs du marché aux poissons ;

Considérant qu'il y a lieu, afin d'éviter des abus, d'empêcher la sortie du marché des poissons non vendus le soir et qui doivent être exposés de nouveau en vente, le lendemain, sur les tables du marché ;

Considérant qu'une resserre, convenablement aménagée, a été installée dans ce marché pour y emmagasiner, pendant les heures de fermeture, tous les poissons non vendus ;

Vu la délibération du Conseil municipal en date du 7 mai dernier, approuvée par M. le Préfet, le 26 du même mois, et fixant le droit de resserre ou emmagasinage à payer par les pêcheurs qui voudront profiter de cette faculté,

ARRÊTONS :

ARTICLE PREMIER. — Tous les poissons entrés à la halle et qui demeureront invendus après la séance du soir, seront emmagasinés dans la resserre de ce marché pour être exposés de nouveau en vente le lendemain, s'ils sont encore en état d'être livrés à la consommation,

Les poissonniers conserveront, néanmoins, le droit d'emporter leur marchandise, s'ils le désirent, mais elle ne pourra plus reparaître sur le marché sans payer, de nouveau, les droits d'entrée habituels.

ART. 2. — Le droit de resserre est fixé à dix centimes par corbeille et par nuit. Il est payable d'avance et aucune corbeille ne pourra être emmagasinée avant que son propriétaire ait acquitté le droit.

ART. 3. — La commune n'est pas responsable des dommages, quels qu'ils soient, qui pourraient être occasionnés aux marchandises ainsi entreposées, à moins qu'il ne soit prouvé que ce dommage provienne d'une faute commise par un des préposés de la commune.

Art. 4. — Le receveur municipal, l'inspecteur des produits communaux et le service de la police sont chargés, chacun en ce qui le concerne, de l'exécution du présent arrêté.

Bône, le 28 juin 1894.

Pour le Maire, absent :

Le 1er Adjoint,

F. MARCHIS.

POIDS PUBLIC.— MODIFICATIONS RELATIVES AU PESAGE DES VINS

Arrêté du 1er août 1894

Nous, Maire de la ville de Bône, chevalier de la Légion d'honneur,

Vu la loi du 5 avril 1884, art. 94 et 97;

Vu l'arrêté municipal du 20 octobre 1891, portant règlements et tarifs du poids public dans la commune de Bône;

Vu la délibération du Conseil municipal, en date du 11 juillet dernier, approuvée par M. le Préfet le 28 du même mois, aux termes de laquelle cette assemblée a abaissé, pour une année, les tarifs du poids public, en ce qui concerne le pesage des vins en fûts ou en barriques,

ARRÊTONS :

ARTICLE PREMIER.— Du 1er août 1894 au 1er août 1895, le tarif du poids public, dans la commune de Bône, est modifié ainsi qu'il suit, en ce qui concerne le pesage des vins :

Vins en fûts ou en barriques :

Par parties de 1 à 5.000 kilogr............*par 100 kilogr.*   » 10

—   de 5,000 kilogr. et au-dessus..   —   » 05

Art. 2. — Les frais de transport des instruments affectés à ces opérations seront mis à la charge de la commune ou des intéressés, selon qu'il est indiqué à l'art. 6 de l'arrêté du 20 octobre 1891, précité.

Art. 3. — Le receveur municipal et l'inspecteur des produits communaux sont chargés, chacun en ce qui le concerne, de l'exécution du présent arrêté.

Bône, le 1er août 1894.

Pour le Maire et le 1er Adjoint, absents ·

Le 2e Adjoint,

L. LEGENDRE.

RAGE. — CAPTURE DES CHIENS ERRANTS

Arrêté du 17 octobre 1894

Nous, Maire de la ville de Bône, chevalier de la Légion d'honneur,

Vu la loi du 5 avril 1884 ;

Vu l'arrêté préfectoral, en date du 29 juin 1893, prescrivant la mise en fourrière des chiens non tenus en laisse ou non muselés, pendant la période du 1er mai au 30 septembre de chaque année ;

Considérant que les cas de rage ont été moins fréquents cette année que pendant les années précédentes et que les mesures prescrites par l'arrêté préfectoral, sus-visé, paraissent suffisantes pour conjurer la propagation de cette terrible maladie,

ARRÊTONS :

ARTICLE PREMIER. — Notre arrêté du 16 juin 1893, prescrivant la capture permanente et la mise en fourrière des chiens non tenus en laisse ou non muselés, est rapporté.

ART. 2. — L'arrêté municipal du 8 juin 1885, reproduit ci-après (1), est remis en vigueur. Toutefois, il ne sera pas applicable du 1er mai au 30 septembre de chaque année, dans celles de ses dispositions qui seraient contraires aux prescriptions de l'arrêté préfectoral du 29 juin 1893.

ART. 3. — Le commissaire de police, chef de service, est chargé d'assurer l'exécution du présent arrêté.

Bône, le 17 octobre 1894.

Le Maire,

J. BERTAGNA.

Accusé de réception de M. le Sous-Préfet, en date du 19 courant.

---

(1) Voir cet arrêté à la page 131 du présent recueil.

TABLE

des

MATIÈRES

TABLE DES MATIÈRES

CONTENUES DANS CE VOLUME

TITRE Ier. — Police des marchés, de l'abattoir, et de la voie publique

Pages.

TITRE II. — Mesures de sûreté et d'ordre public en général.

19

TITRE III. — Boulangerie et boucherie

Pages.

TITRE IV. — Administration des populations musulmanes.

TITRE V. — Affichage.

TITRE VI. — Comptabilité communale.

TITRE VII. — Arrêtés préfectoraux portant règlement sur diverses matières.

SUPPLÉMENT   279

*Tous les arrêtés contenus dans le supplément ont été répertoriés
à leur rang.*

---

*Un supplément paraîtra tous les ans afin de tenir le lecteur au
courant des modifications successives apportées au présent recueil.*

Bòne. — Imp. du *Courrier de Bòne* (PH. PUCCINI, propr.)
Place d'Armes & rue Vieille-Saint-Augustin.